Cuerpo, espacio y movimiento en psicoterapia

MARCELO R. CEBERIO

Cuerpo, espacio y movimiento en psicoterapia

El cuerpo del terapeuta como herramienta de intervención

TESEO

Ceberio, Marcelo R.
   Cuerpo, espacio y movimiento en psicoterapia : el cuerpo del terapeuta
como herramienta de intervención . - 1a ed. - Buenos Aires : Teseo, 2009.
   316 p. ; 20x13 cm. - (Interacciones)

   ISBN 978-987-1354-39-9

   1. Psicoterapia. I. Título
   CDD 616.891 4

ISBN 978-987-1354-39-9
Editorial Teseo

Foto de contratapa: Héctor Yáñez

Hecho el depósito que previene la ley 11.723

Para sugerencias o comentarios acerca del contenido de esta obra, escríbanos
a: info@editorialteseo.com

www.editorialteseo.com

Índice

INTRODUCCIÓN

Tenía cinco años cuando mi padre, que trabajaba en teatro vocacional, me llevaba hasta muy tarde a los ensayos de su compañía. Él con sus 35 años, desde los 20, despuntaba su arte sobre las tablas de un teatro que ahora se denominaría *under*. Tenía una vocación apasionada que explotaba ensayando y actuando en grupos de teatro barriales, grupos que a mediados del siglo XX funcionaban en clubes. Ensayaban y ensayaban durante todo el año, para representar una, tal vez dos veces, la obra que con tanto amor y sacrificio habían trabajado.

Esos grupos estaban conformados por gente de clase media o media baja. Algunos obreros, otros comerciantes, sin más estudios que la escuela primaria y ninguno de teatro, pero con una sensibilidad muy especial hacia la vida. Destellaban su amor por el arte en ensayos nocturnos de dos veces por semana, con pocos conocimientos teóricos pero con tesón y sacrificio, ya que muchos se levantaban a la madrugada siguiente para trabajar en las fábricas, muchas alejadas de la zona de residencia. Recuerdo a muchos de ellos: un gordo narigón que era propietario de una mercería, que se dedicaba a contar chistes con un refinado humor irónico. Otro, un ladronzuelo que se encontraba vagabundeando en el club y lo necesitaban porque faltaba un personaje. Una peluquera, un vendedor independiente, una ama de casa.

Yo también me recuerdo. Caminando, jugando y saltando entre bambalinas, al lado de la campana del traspunte, en camarines con espejos oxidados y sillas gastadas, desde el salón que estaba repleto de sillas de latón plegables pintadas y repintadas de colores rimbombantes. Mirando desde abajo del escenario, casi fascinado, los personajes que se creaban arriba. Para mí, era casi mágico.

Mi padre me enseñó el arte del teatro desde mis primeros años. Aprendía a recitar, a moverme en el escenario, a crear ficciones, a inventar realidades. Así, a mis 10 años, me creó mi primer personaje para una obra: un lustrabotas; aunque desde los seis ya hacía llorar de la emoción a las maestras (y se reían mis compañeros) en los actos patrios, cuando recitaba alguna poesía alegórica a la bandera, a un prócer o a la independencia.

Cuando paseaba con él, me llevaba a que observara a la gente. Me decía: *Mira, Mira, ¿qué te sugiere el rostro de ese hombre...? / Mira, Mira, cómo camina esa mujer..., necesita llamar la atención, ¿no te parece? / Esa persona camina encorvada, parece agobiada, ¿qué te sugiere?* Nos sentábamos en el autobús y cuando teníamos enfrente a personas sentadas, me secreteaba: *En qué estará pensando ese hombre; observa su rostro, está mirando al piso, está pensando, parece amargado, frunce toda su frente. / Cómo mueve las manos ese tipo, usa más la izquierda, con qué elegancia la coloca en el bolsillo.*

La *Psicología de los personajes*. ¡Si habré escuchado esa frase! Cuando todavía no sabía bien decodificar qué era la Psicología, ya estaba intentando entender qué expresaban el cuerpo de las personas, sus posturas, la gestualidad de su frente, de su mirada, sus manos. Sin duda, la historia y las vivencias personales delimitan, en cierta manera, la elección del futuro modelo terapéutico (Ceberio y Linares, 2005). Es algo así como fertilizar un campo para elegir a posteriori qué es lo que se va a cultivar.

Personas que tienen habilidad para contar cuentos, chistes, dirigiendo reuniones, se convierten en capaces contadoras de cuentos en el espacio terapéutico. Otras, que tienden a ver la vida desde el lado positivo de las cosas, son los terapeutas que naturalmente connotan positivamente o saben flexiblemente redefinir categorizaciones. También se encuentran las personas prácticas y resolutivas que se encargan de aprender a prescribir tareas con suma facilidad. Hay preguntones, curiosos, que aprenden a preguntar circularmente, mientras que otros, más cuestionadores y confrontativos, utilizan la provocación y el desafío. Contrariamente a estos últimos, los que se saben acomodar a los puntos de vista de los otros y nunca confrontan, se convierten en excelentes mediadores.

De la misma manera que se observa en estos ejemplos, los más histriónicos que conducen con maleabilidad su cuerpo y que han incursionado en técnicas teatrales, sin duda lograrán con facilidad hablar el lenguaje del paciente e implementar técnicas corporales.

Es claro que esta *Psicología de los personajes*, a la que hacían gala los estudios teatrales, estaba sostenida en la linealidad y la introspección y poco en la relación. Es decir, si bien la gestualidad compete al universo personal, no cabe duda de que la interacción pauta indefectiblemente las expresiones gestuales. Gestos y más gestos, posturas corporales, movimientos de manos, cadencias y tonalidades de discursos competen al territorio de lo paraverbal, territorio que como tal es un gran comunicador, aunque, lamentablemente, esté destinado al coprotagonismo del lenguaje verbal.

Nos entrenamos y estamos habituados a escuchar el contenido del mensaje y a desestimar los aspectos paraverbales. Sin embargo, cuando nos llaman la atención al respecto, todos estamos convencidos de la importancia del lenguaje analógico, pero no tomamos consciencia en la pragmática del grado de influencia de este. Cabe afirmar, a su vez, que en las investigaciones primeras acerca de la comunicación humana, la transmisión de información se ceñía al lenguaje verbal propiamente dicho, marginando al lenguaje corporal a un puesto semirrelevante.

De la misma manera, un claro canal de las expresiones afectivas es el cuerpo. No obstante, la preeminencia de lo verbal hace que se ejerciten poco las manifestaciones emocionales por este calibre. Los seres humanos, a veces, encuentran dificultades a la hora de abrazar, besar, palmearse, mirarse a los ojos, estrechar cuerpos en un saludo, acariciar, etc. Como también algunas personas tienen ciertas inhibiciones a la hora de hablar en público, y no son pocas las que se reprimen cuando deben hacer contacto corporal con los otros.

El cuerpo en un espacio. Tampoco somos muy conscientes de que nuestra masa corporal ocupa un lugar en los lugares. Poseemos un volumen que se posiciona sin resistencia en el vacío. Pero ese volumen de masa corporal también tiene movimiento. Un movimiento que se articula de manera equilibrada con los otros cuerpos. Cuando ese equilibrio se rompe, se rompe la complementariedad, y es, entonces, cuando esos cuerpos se colisionan, chocan, corriendo el riesgo de escalar simétricamente.

La coreografía relacional equilibrada de los cuerpos debe ser acorde con esa complementariedad verbal y viceversa. De la misma manera, la simetría de los cuerpos debe ser isomórfica con la simetría verbal. Es que gran parte de las confusiones comunicacionales, los supuestos, las cimientes de los embrollos, las profecías autocumplidoras mucho tienen que ver con los desajustes entre el lenguaje del cuerpo y el lenguaje verbal propiamente dicho.

Parte de estas disfuncionalidades comunicacionales son las que se trabajan en el ámbito del consultorio. Es donde se hacen explícitas, se denuncian y se intentan modificar. Pero, de la misma manera que la psicoterapia, en este caso sistémica, se analiza tanto el lenguaje analógico como el digital (tal como lo plantean los axiomas de la comunicación humana), y también es factible explorar cómo juegan el cuerpo del terapeuta y del paciente en el espacio de la consulta.

Es decir, algunos modelos terapéuticos –como el Psicodrama, la Expresión Corporal, la Bioenergética, la Gestalt– se destacaron en el estudio del cuerpo. Aprendieron a leerlo, a codificar y a entender sus mensajes. Utilizaron el cuerpo del paciente como una vía de transmisión de información: sentimientos, pensamientos y acciones se conjugaban en un gesto, una postura corporal o una cadencia de discurso. A decir verdad, poco se ha estudiado el cuerpo del terapeuta como una intervención terapéutica en sí misma. Resulta dificultoso dominar el lenguaje paraverbal: es más sencillo *ver* a nuestro interlocutor expresarse en sus gestos, que *verse* el terapeuta en su transmisión.

Permanentemente transmitimos en una perfecta sinergia entre palabras y gestualidad o, en peores situaciones (como ya lo hemos señalado), la incongruencia entre gestos y palabras dan cuerpo cimiente de la confusión. Expresamos cierto dominio de las palabras por ser un código aprendido y reglado: el lenguaje verbal es creado por el hombre, mientras que el lenguaje paraverbal es un proceso natural a la evolución humana. No tiene reglas, es indominable o, al menos, dominado parcialmente. Pero, es factible usar las calificaciones y atribuciones que se otorgan a los gestos e intentar, entonces, introducirlos en momentos claves de la sesión. En este sentido, la gestualidad tiene valor de intervención.

Todo el universo del lenguaje analógico del terapeuta tiene valor de intervención, pero intervención espontánea. Aunque también la gestualidad del paciente es una intervención para el terapeuta. Es posible sistematizar ciertas posturas y gestualidades en pos de enviar la información que creemos que influirá al paciente. Un ceño fruncido, una boca abierta, unos hombros levantados, un fruncimiento de boca hablan por sí mismos. Acercar la silla, sentarse al lado del paciente, ponerse de pie y dirigirse al paciente en total asimetría implica usar el espacio.

Nos han enseñado que el encuadre sugiere la regularidad y cierta constancia de una serie de aspectos de la psicoterapia. Por ejemplo, día, hora, honorarios, decoración del consultorio, etc. También, el uso de los espacios. Más allá del rol, en el espacio físico hay un lugar para el terapeuta y lugares para los pacientes. Acercarse o alejarse, ponerse de pie, caminar para expresar un contenido, mirar por la ventana mientras que se habla son intervenciones transgresoras de la pauta tradicional y dogmática de los espacios.

Esta forma de transmisión, este usufructo del lenguaje analógico, es apelar a un recurso intervencionista más en la dialéctica relacional terapéutica. Tal vez, de lo que se trata en el uso del modelo terapéutico es de incrementar el baúl de herramientas técnicas del terapeuta que, además de las intervenciones verbales, el uso del universo de la gestualidad, cadencia de discurso, tonalidad, posturas y acciones, amplían y mejoran notablemente el nivel de atención en estas difíciles y apasionantes lides de la psicoterapia.

Cuerpo, espacio y movimiento en psicoterapia. El cuerpo del terapeuta como herramienta de intervención es un texto que invita a reflexionar y, principalmente, concienciar el volumen y el lugar que ocupan el cuerpo del terapeuta y del paciente en la sesión, como también los movimientos que se desarrollan en tal coreografía relacional.

El libro se inicia con un desarrollo introductorio –"Complejidades y complicaciones de la comunicación humana"– que muestra cómo la interacción entre un alternativo emisor y receptor conforma un cuadro de alta complejidad, del que se hereda un sentido elevado de la responsabilidad que implica comunicarse. Desde la traducción, por parte del emisor, de la idea en una construcción lingüística sintáctica, hasta la construcción que elabora el receptor de la escucha de dicha construcción, hacen que la respuesta se erija tendenciosa y subjetiva.

Todo este interjuego muestra el énfasis que se le coloca a la comunicación verbal, relegándose los aspectos analógicos o, más bien, no otorgándoles la relevancia comunicativa que, en sí mismos, poseen. En dirección a esta descripción, se explica el proceso evolutivo –"Crece el lenguaje verbal en desmedro del analógico"– que observa a través del crecimiento cómo el lenguaje verbal comienza a ocupar el lugar principal en la comunicación, aunque a costa de sacrificar el lenguaje de la gestualidad. El capítulo recorre minuciosamente el primer año de vida y de manera más global, el resto de las etapas. Un niño es un universo de gestualidades, y las utiliza para establecer sus interacciones con el entorno. En la medida que comienza a desarrollar sus posibilidades del habla, empobrece y restringe notablemente su articulación analógica.

En el capítulo "Consciencia, volumen y presencia articulada", se describe al ser humano como una masa corporal articulada; un cuerpo con presencia interaccional que se mueve entre otros cuerpos, que impacta, perturba, equilibra. Conciar que somos un cuerpo sugiere aceptar nuestros movimientos, desde la motricidad más fina hasta los despliegues kinestésicos más rimbombantes. En este capítulo, pero más precisamente en el próximo –"Gestos y más gestos" –, se explora el lenguaje analógico en toda su dimensión. Una serie de micromúsculos que dan vida al gesto, y una suma de gestos que articulan un movimiento. Movimientos que estructuran acciones.

Se destacan las principales áreas de gestualidades, centradas en el rostro, el movimiento de manos, el tronco y sus posturas. Se presenta el lenguaje paraverbal como un gran blanco de atribuciones semánticas que pueden constituirse en cimientos de futuras confusiones. También se discriminan las contradicciones, es decir, qué es lo que se expresa con el cuerpo y qué es lo que se dice con la palabra. Por supuesto que la congruencia de ambos lenguajes hace efectiva la transmisión o, al menos, se reducen los márgenes de equivocaciones y malos entendidos.

Se entiende que un gesto del emisor genera otro gesto en el receptor que, sucesiva o simultáneamente, ofrecerá otro gesto de su repertorio que detonará movimientos o posturas corporales en el interlocutor que obrarán efectivamente en acciones de ambos. A todo este circuito de intercambio se le debe adjuntar la palabra como vehículo de comunicación, aunque no indispensable.

En este mismo capítulo, se analizan los mecanismos por los cuales se crean realidades a partir de la estructuración gestual. Con el riesgo que implican las generalizaciones (más aun en el lenguaje paraverbal donde parece imposible conceptualizarlo en estos términos), se describen los diseños gestuales de una serie de emociones como la tristeza, la alegría, la angustia, la envidia, la culpa, el miedo, entre otras.

La segunda parte del texto refiere específicamente a la "Comunicación paraverbal en psicoterapia". Una vez más, se hace referencia a la homologación del acto terapéutico como un intercambio de palabras. Se observa claramente cómo la mayoría de los modelos terapéuticos colocan el énfasis en el lenguaje verbal y se han dedicado a observar el cuerpo gestual de los pacientes y no el cuerpo del terapeuta como un transmisor de información. Muchos de los gestos del terapeuta tienen valor de intervención, gestos de los que no somos conscientes. Mientras tanto, le otorgamos a la palabra un lugar de relevancia y estamos (los terapeutas) convencidos del efecto de ciertas intervenciones verbales,[1] cuando posiblemente son algunos gestos los que han cobrado efecto de intervención terapéutica.

---

[1] Además de que estas mismas intervenciones no pueden entenderse aisladas del lenguaje analógico que opera en simultaneidad con ellas.

En el capítulo *Categorizaciones de gestos, actitudes y movimientos*, se observa el riesgo de no certificar con el paciente si la intuición del terapeuta (y la correspondiente atribución) acerca de un gesto, actitud, postura del paciente es correcta. La propuesta nodal de esta segunda parte es el uso del "Cuerpo del terapeuta como herramienta de intervención", en el intento de sistematizar ciertas intervenciones analógicas acoplando la palabra simultánea o sucesivamente a la gestualidad. Es decir, se puede intervenir mediante el gesto, o el gesto rematado por la palabra y viceversa, o por la palabra únicamente, aunque, a ciencia cierta, resulta dificultoso lograr discernir cuando es uno o es otro el móvil de intervención.

La propuesta es concienciar la gestualidad del terapeuta y lograr implementarla como intervención analógica. Lógicamente, no se debe caer en la utopía de intentar sistematizar el lenguaje paraverbal. Es de tal inconmensurabilidad y de multiplicidad de variables, que solamente pueden incorporarse selectivamente algunos de los tópicos que ofrece este lenguaje. Arbitrariamente, hemos desarrollado nuestra exploración en el uso de la mímica facial, las manos, tronco y piernas. El movimiento en la conducción del espacio y los otros cuerpos participantes de la sesión: cuándo acercarse y alejarse y en qué situaciones del desenvolvimiento de la sesión, cuyo paradigma de movimiento intervencionista (tanto del paciente como del terapeuta) se observa en la construcción de esculturas.

Desde esta perspectiva se codifican los "Silencios que hablan", en el afán de entender que existen numerosas formas de comunicar y que el silencio es ausencia de palabra pero presencia y vigencia –y mucha– de gestualidad. En pos del movimiento y el espacio, el trabajo con el equipo y con el espejo unidireccional resulta un tema muy interesante, no sólo por el colorido que implica trabajar con otros e intercambiar desde construcciones de hipótesis hasta intervenciones, sino por la serie de maniobras que implica trabajar con un espejo y un intercomunicador que medie entre el terapeuta de campo y el resto del *team* de colegas.

Atrevidas y transgresoras pueden parecer las "Intervenciones del uno por uno", en todas sus posibilidades. Esas pequeñas intervenciones que se gestan, casi espontáneamente, cuando se abre la puerta e ingresa el paciente en la consulta, por ejemplo, los estilos y formas que tiene al saludar: si es el abrazo, el beso, el dar la mano, el palmear, etc. Y, por último, las intervenciones de cierre ("Cuando se cierra la puerta"), en donde el terapeuta resalta el principal o los principales puntos de la sesión, con la especial intención de destacarlos por considerarlos relevantes para el paciente.

"Cuerpo y espacio en el caldeamiento" también demarca pautas de la conducción de los movimientos en espacios que exceden el marco del consultorio. Un terapeuta que inicia la sesión en la cocina, mientras que con el paciente prepara un café. Una pareja que sale al balcón a mirar el parque frente a la consulta en un día de sol: son situaciones que ayudan a ingresar en la problemática de consulta de manera sencilla y despaciosa. Más osado parece el trabajo fuera del consultorio. Y decir *fuera del consultorio* implica otros espacios que pueden ser utilizados como alternativos y ocasionales de atención. Un bar, una caminata en el parque, un domicilio pueden constituirse en el desarrollo de una consulta. Contextos que ayuden colateralmente al progreso del paciente.

El texto se encuentra escrito de manera sencilla, pero no por eso carece de erudición. Toda su primera parte abunda en teoría que da sostén a la segunda, evidentemente pragmática, poblada de ejemplos clínicos y acciones terapéuticas que bien pueden ser rotuladas como transgresoras por la psicoterapia clásica.

No es un libro-recetario de fórmulas terapéuticas, pero sí propone reflexionar sobre la flexibilidad del terapeuta y las pautas de rigidez que los modelos tradicionales impartieron como dogmas en los terapeutas noveles. Intenta, por sobre todo, agotar instancias de intervención, apelar a la creatividad y usar otros canales más allá de la palabra, con las expectativas lógicas de un terapeuta que desea ser eficaz en tiempos breves, en una época que así lo exige.

PRIMERA PARTE:
UN MUNDO PARAVERBAL

Complejidades y complicaciones
de la comunicación humana

Resulta imposible y hasta ingenuo entender el fenómeno de la comunicación como un hecho simple. En el marco de las interacciones humanas, a la hora de escuchar y responder, o de explicar motivos, causas, orígenes de lo sucedido, o simplemente entender la comunicación del interlocutor, se cae en reduccionismos (o superficialidades) que pierden de vista más de un factor que dé cuenta del porqué y para qué alguien dijo o hizo algo (y el porqué dijo o hizo ese algo).

De la misma manera sucede cuando se debe construir una hipótesis, es decir, toda una estructura conceptual que revele causas o proporcione explicaciones que clarifiquen un hecho comunicacional. Ni hablar de cuando priman las emociones y afectos en la relación: cuando prevalece este plano se tiende a observar poco analíticamente el fenómeno y a proceder más cercanamente por impulsos que a dar una respuesta racional o lógica.

La comunicación obedece a órdenes de alta complejidad, donde intervienen una serie de variables que pocas veces son tomadas en cuenta cuando tal complejidad se transforma en complicación. Por ejemplo, algo tan ínfimo o si se quiere imperceptible como el guiñar un ojo, torcer la boca, arrugar la frente –o cualquier actitud análoga–, puede constituirse en el detonante de un efecto *dominó*, en el que cada una de las piezas del juego relacional se derrumben de manera arrolladora.

Lejos del individualismo, cuesta aceptar profundamente que el ser humano es partícipe y cómplice de un gran entramado social –*la ecología humana*– que, a la vez, lo encuentra inmerso en diferentes sistemas: familia, grupos de trabajo, estudio, clubes, asociaciones, etc. Suele decirse que *integramos una sociedad* o que *somos parte de una red social*, pero esto queda sumido en un formulismo verbal. Nos consideramos personas independientes, sin responsabilizarnos en la práctica de la interdependencia que sugiere participar del entramado de la comunicación social.

De acuerdo a la psicología clásica, sobre la base teórica del viejo concepto de identidad, las personas creen que son y actúan de manera idéntica en los diversos sistemas: se es el mismo ser humano en la casa, en el trabajo, en el estudio, en la amistad, etc. Por cierto, esto implica renegar que las conductas de los integrantes de un sistema se influencian recíprocamente. Se pierde de vista, entonces, con quién intento comunicarme, quién es el otro para mí, quién soy para el otro, en síntesis, quién soy yo.

Quién es el otro para mí y *quién soy para el otro* marcan una esencia relacional mediante los roles y funciones que se ejercen en un sistema. No nos comunicamos de la misma manera ni con el mismo estilo cuando somos padres, cónyuges, empleados o amigos, simplemente porque el otro también posee historia, características de personalidad y funciones diferentes dentro del circuito comunicacional que compartimos. Cada relación nos invita a participar con algunas de nuestras múltiples facetas: somos temerosos e inseguros en ciertas interacciones, mientras que en otras, parecemos maestros dando consejos. Somos dadores y bondadosos en algunas, aunque envidiosos y destructivos en otras. Pero, entonces, ¿qué hace el otro para que yo reaccione de una manera determinada? Resulta lícito, entonces, preguntarse: ¿qué hago yo para que el otro desarrolle estas actitudes para conmigo?

El ser humano, en esta perspectiva relacional, parece asemejarse a un dado que, como todo cubo, tiene diferentes caras, aunque caras del mismo cubo. En algunas oportunidades es el seis, el uno, el tres, etc.; los números que salen en suerte y esta arbitrariedad dependen del dado (su peso, suavidad, color, etc.), de la mano del tirador (su habilidad, agilidad, flexibilidad, etc.), de la relación que se establece entre el objeto dado y el ser humano que ejecuta una tirada, del contexto donde se desarrolla la acción, entre otras variables.

Estos cuestionamientos obligan a pensar las conductas de manera recursiva y circular, más aun cuando la interacción no es entre un ser humano y un objeto sino con otro ser humano. Por lo general, una situación es analizada de manera unidireccional y lineal. Observamos y hasta criticamos las acciones de nuestro interlocutor, sin hacer la mínima referencia a nuestra *colaboración* en dichas acciones. O sea, cómo hemos influenciado con nuestros comportamientos a nuestro *partenaire* comunicacional.

Las preguntas, en acuerdo con una epistemología causal y lineal, con frecuencia se focalizan fundamentalmente en la búsqueda de los orígenes –*por qué*– en el intento de descubrir las intenciones inconscientes individuales de la persona, sin centrarse en el *qué* o el *para qué* de las actitudes humanas. Preguntas que nos remitirían al circuito de comunicación en el que estamos inmersos. Por lo tanto, nos convertimos en expertos en atribuir culpas, culminando en tramposas discusiones bizantinas en un juego sin fin. Es así como se segmenta y polariza la secuencia de comunicación, en frases elocuentes como: *Tú me has hecho hacer... / La culpa es tuya porque... / Porque tú... eres igual a tu padre / Porque eras igual en tu relación anterior...*, etc. El *tú* (y la consecuente recriminación) asegura el no involucrarse en el circuito de acciones recíprocas. Las personas se parapetan como meros espectadores sin asumir ningún tipo de protagonismo cuando, en última instancia, *no existen víctimas ni victimarios, todos somos parte del juego comunicacional en el que estamos inmersos y al cual nos sometemos.*

Pero este análisis no queda varado aquí. Entre otras cosas, el contexto –el dónde, en qué momento y situación se dice lo que se dice o se hace lo que se hace– también se pierde de vista. El contexto es una gran matriz de significados, que otorga sentido a las acciones humanas. Es común que en los diálogos humanos se aísle una frase del discurso descontextualizándola del eje temático y se la utilice como legítima defensa o como bastión de un análisis fiscalizante, o como elemento para imputarle algo al interlocutor que se ha convertido en rival. Tal vez, esa estructura sintáctica cobraría otro sentido si se encontrara inmersa dentro de un discurso más global, dicho en un lugar y en un momento determinados, como es en realidad.

Cuando se habla de lenguaje, por lo general, se lo asocia con la palabra. Pocas son las oportunidades en las que en la vida cotidiana se tiene en cuenta lo que se expresa a través de los gestos o, por lo menos, se le coloca un énfasis menor. En la comunicación, los humanos estamos sistematizados en el escuchar y no somos conscientes del grado de transmisibilidad que posee el lenguaje paraverbal.

Por esta razón, la relevancia que se le otorga al lenguaje verbal en desmedro del gestual se constituye en una de las mayores fuentes productoras de conflictos comunicacionales. Como veremos más adelante, mientras se está pendiente del contenido de *Lo que se dice*, no se observa el *Cómo se dice*. Este es uno de los clásicos malentendidos que se generan por una alteración o equívoco de niveles lógicos. O sea, confundir contenido con relación

o entender como literalidades el lenguaje metafórico (o
viceversa), alteración que ya observó Gregory Bateson
y su grupo en el Hospital de Veteranos de Menlo Park
(1972) en los inicios de las cimientes del modelo sistémico
en psicoterapia.[2]

---

[2] Los primeros esbozos del modelo sistémico en psicoterapia nacen hacia fines de los 50, principios de los 60, como consecuencia de la interacción de
dos grupos liderados por figuras de la talla de Gregory Bateson y Donald
D. Jackson que, impregnados por las ideas de nuevas teorías de información y comunicación, conformaron un modelo de estudio de las relaciones
humanas. Los avales teóricos en los que se apoyaron para desarrollar lo
que a posteriori se llamó *Pragmática de la comunicación,* fueron la *Cibernética*
de la mano de Norman Wiener (1954) y la *Teoría General de los Sistemas,* de
Von Bertalanffy (1968), teorías que tomaron propulsión en esa época. Son
los conceptos dependientes de estos modelos de pensamiento los que son
trasladados al plano de los vínculos humanos creando una nueva vertiente
epistemológica.
La posguerra abría campos de estudio y la necesidad de tratamientos de
urgencia en situaciones traumáticas. Diferentes tipos de conflictos personales, familiares, sociales, patologías y diversas clases de problemas, fueron
heredados del caos que había implicado la Segunda Guerra Mundial. Estas
secuelas llevaron a que se conformaran trabajos terapéuticos de acción rápida y eficaz. El movimiento de lo que se llamó *Terapia familiar* surge cuando
comienzan a ser observadas familias en vivo, en su lugar de interacción
familiar, en su seno, y no –como la tradición terapéutica lo indicaba– en el
consultorio. Diversas investigaciones fueron realizadas con familias humanas, paralelas al trabajo de campo que se venía desarrollando con familias
animales, obteniendo resultados que fueron corroborándose y desconfir-
mándose como todo trabajo científico. Estas acciones constituyeron una de
las primeras herejías, tal como lo señala Paul Watzlawick y otros (1967): a
pesar de que tenía una función investigativa y no de *tratamiento,* el trabajo
de incluir a miembros de una familia en una misma consulta (lo que sería
la base constitutiva de la futura terapia familiar) era una transgresión al
pensamiento psicoanalítico clásico, que sólo admitía al sujeto individual en
la labor terapéutica, considerándose una *contaminación* el hecho de involucrar
a otras personas en el espacio de la terapia.
Por aquellos años y paralelamente, algunos investigadores trabajan en el
campo de la psicoterapia, desarrollando las bases de la terapia familiar. Por
ejemplo, Carl Whitaker en Atlanta, Salvador Minuchin y E. H. Awerswald
en Nueva York, Murray Browen en Topeka y Nathan Ackerman en Nueva York, T. Lidz y S. Fleck en Yale, G. Bateson, D. Jackson, J. Haley, P.
Watzlawick, J. Weakland y Virginia Satir en Palo Alto. Todos estos profe-

El lenguaje de los movimientos corporales y de la gestualidad resulta un universo de transmisión de mensajes que no siempre son decodificados –o mejor dicho, codificados[3]– de manera correcta. Más aun, son un mayor blanco de proyecciones, por parte del interlocutor, que el lenguaje verbal. Es decir: si la palabra no está como elemento concreto de envío del mensaje, un gesto o un movimiento pueden parecer ambivalentes y como tales, ser interpretados a la debacle de los baremos del mapa del interlocutor. La sistematización de un vínculo a través del tiempo, la cotidianeidad, el hábito de *ver* al otro, es lo

---

sionales que operaban con familias no interpretaron a los grupos familiares como una suma de componentes individuales (método sumativo, analítico y lineal), sino como un sistema (holístico y ecológico) con sus propiedades y atributos. De esta manera, se revolucionó el campo de la salud mental. Pero más aun, se comenzó a gestar una nueva epistemología, una nueva manera de entender y resolver problemas, una nueva forma de conocimiento. Este cambio involucra a la concepción del síntoma, entre otros conceptos. El análisis del síntoma no se entiende desde preguntarse el por qué o su origen (representado por la lectura lineal) sino para cuestionar el para qué, el objetivo, cuál es su función en el sistema. Puesto que el síntoma puede sostener el equilibrio de todo sistema. Equilibrio estático, pero equilibrio al fin. Además, se redefinió la creencia de que por medio del *insight* (el darse cuenta) se produce el cambio. El trabajo terapéutico se centró en el problema, como así también, los tiempos de lo procesos terapéuticos (en comparación con los psicoanalíticos) se redujeron indefectiblemente. Estos son sólo algunos de los aspectos en los que varió la teoría y su práctica.

[3] Si se entiende que el interlocutor *decodifica* el mensaje que se le envía, se entiende que *descifra* lo que su compañero comunicacional intentó transmitirle. Pero lo que se cree descifrar es el <u>contenido</u> del mensaje, por más literalidad y concretismo que posea (aunque conlleve la gestualidad incorporada y se interprete todo en conjunto) y este proceso se establece desde el mapa conceptual del interlocutor. Un mapa que habla desde la historia personal, las propias creencias y valores, desde pautas familiares y modelos disciplinares, etc.; que sesga y recorta el envío y su contenido. Más acertado, entonces, es entender que la estructura cognitiva de cada uno de los interlocutores construye el mensaje del *partenaire*. Por tanto, *codifica*, es decir, le otorga sentido al mensaje. Un sentido que puede acercarse a lo que su compañero ha tratado de transmitir. Tal cual sucede en la interpretación de un libro o un filme: más allá del argumento que el autor o director trató de comunicar, el lector o el espectador es el que construye la obra. En tal caso es una co-construcción entre ambos.

que permite codificar los gestos de manera más clara, en tanto se ahonda y profundiza en el conocimiento de los códigos relacionales de los alternativos receptores y emisores.

Sin embargo, es importante no confiarse en extremo del conocimiento de los códigos cognitivos o emocionales del *partenaire*. Cuando se confía demasiado en que se codifica de manera precisa lo que intentó transmitir el compañero, se procede de manera asertiva y no se da lugar a la pregunta con intención de metacomunicar.[4] Por tanto, priman los supuestos y estos abren un claro juego de profecías autocumplidoras que, rápidamente, pueden llevar a la catástrofe. Los supuestos en la comunicación humana son uno de los mayores elementos que pueden obstaculizar y hundir a los interlocutores en el territorio de la confusión.

La suposición no es ni más ni menos que una construcción ideacional que conlleva categorizar o rotular las acciones del otro. Es esta la que confecciona profecías que autodeterminan realidades y que no permiten la confrontación acerca de qué trató de significar el otro con su actitud. Por ejemplo, si se supone que el gesto de nuestro interlocutor es de aburrimiento frente a nuestro discurso, se accionará de alguna manera especial para lograr agradarle, tratar de que se distraiga, o para despertarle el interés. En ninguna de estas posibilidades existe la espontaneidad en el diálogo, lejos estará de ser una conversación distendida, y cuanto más nos esforcemos para parecer simpáticos y entretenidos, se correrá el riesgo de transformar la situación en tensa y desagradable. Es factible que el resultado sea una ruptura vertiginosa del diálogo, con lo cual se podrá confirmar el supuesto inicial atribuyendo el aburrimiento del otro como causa de la interrupción.

---

[4] Una comunicación *meta* consiste en comunicar acerca de lo que se comunicó. Es decir, hablar acerca de lo que se habló con fines aclaratorios y de evitar malentendidos. De esta manera, el mensaje enviado será codificado de manera correcta.

De la misma manera sucede con las personas que poseen un nivel de baja autoestima. Transitan por un mundo de relaciones donde se posicionan asimétricamente por debajo de sus interlocutores, construyendo fantasías autodescalificantes sobre lo que los demás piensan de ellos. Se muestran inseguros y débiles, delimitando un perímetro de acciones que tiene por finalidad la búsqueda de afecto y reconocimiento. Más allá de que a todos los humanos les encanta ser apreciados y valorados, los desvalorizados tratan de encontrar afanosamente la valorización en el entorno, cuando en realidad el proceso es inverso: ¿cómo es posible dejar que los otros los valoren y confirmen, si son ellos mismos los que se encuentran tan alejados de su propia valoración? Este mecanismo termina por arrojar paradojas en las interacciones. Desde el supuesto se intenta hacer cosas para ser reconocido por el otro: tanto más se ejecutan dichas acciones, más dependiente se torna el sujeto en la relación, y por lo tanto, mayor es la inseguridad que aparece en el vínculo, y el rótulo emergente de *inseguro* o *débil* –al contrario– no favorece el elevar la autoestima, que era el objetivo inicial.

Paradojalmente, a pesar de que puede resultar simple preguntarle al interlocutor directamente sobre el significado de su acción, las personas *optan* por aferrarse al supuesto, con lo cual la respuesta emergente es al imaginario propio y no a la intencionalidad del interlocutor. Se complica, así, la complejidad de las interacciones. El supuesto, entonces, es una construcción ideacional o cognitiva que deviene del desarrollo de una acción en el plano interaccional o pragmático, y así se constituyen sendos circuitos emparentados con lo caótico.

Pero la comunicación se entorpecerá aun más si se categoriza la actitud del otro en forma lineal, analizando sus comportamientos sin tener en cuenta que nuestras conductas han creado en él ciertas reacciones. O sea, sin involucrarnos en el sistema y sin preguntarnos acerca de ¿qué he hecho yo para que el otro me responda así?, aislando la respuesta de nuestro interlocutor, como si nosotros no nos hallásemos en el campo de la interacción. La respuesta que surge será la correspondiente a lo que suponemos que el otro pensó o sintió, por lo tanto, la respuesta es autorreferencial: se contestará al mensaje que uno mismo elaboró.

Entonces, en las relaciones humanas, el emergente casi inevitable del supuesto, daría lugar a tres tipos de intervenciones:

1. La primera es una forma que desplaza a la categorización que uno establece, para dar lugar a preguntar abiertamente acerca de la descripción de lo que se muestra analógica o verbalmente: *¿Qué tratas de expresar con este gesto?* / *¿Qué tratas de decirme?*

2. En la segunda, se trata de preguntar sobre la categorización que uno desarrolla del interlocutor, o sea, sobre el supuesto propiamente dicho: *¿Esto que estamos discutiendo te da bronca?* (frente a un bostezo) / *¿Tienes sueño?* / *¿Te aburro?* Si bien se pone en juego la suposición, se metacomunica en pregunta, por lo tanto, equivale a decir *Yo supongo que estás con bronca, ¿es así?* / *Supongo que te aburro*, para poder corroborar o desconfirmar la categorización.

3. La tercera forma es la caótica; la opción sería directamente actuar como si nuestro supuesto fuese el válido. Es decir, se tiene la certeza de que lo que uno piensa que el otro siente <u>es</u>, con lo cual no existe la confrontación del metacomunicar y se opera en la pragmática de acuerdo a la propia atribución.

En conclusión, entonces, lejos de que primen las propias ideas acerca de la comunicación del *partenaire* y en pos de codificar de manera correcta el mensaje, es importante *preguntar en vez de suponer*.

El mundo de la comunicación y más aun el del lenguaje analógico, posee un alto grado de complejidad, tanto que la diferencia de interpretación entre lo que se intenta transmitir y lo que se capta sienta las bases de las disfuncionalidades relacionales (problemas vinculares de todo tipo, conflictos de pareja, entre padres e hijos, compañeros de trabajo, etc.) que transforman esa alta *complejidad* del acto comunicativo en *complicación*.

Es que sobre el lenguaje gestual, por ejemplo, es donde se es más proclive a depositar supuestos que se basan en categorizaciones. Las categorías son uno de los basamentos cognitivos (que encierran atribuciones de significados) más poderosos con que nos conducimos interaccionalmente con el mundo. Vivimos a través de categorías: distinguimos, describimos, adjetivamos, establecemos diferencias, comparamos, etc., mediante categorías. Razón por la cual, cuando se observa un gesto, se lo ingresa en una tipología y pocas veces se lo describe en su forma pura. Alguien arruga la frente y alguien codifica que está enojado, siente dolor de cabeza, o se halla aburrido, le duele la vista, está cansado, etc. Pero nadie pregunta: ¿por qué tienes la frente arrugada?, que es una descripción que se abstrae de categorías. Fácilmente podrá constituirse un problema si el interlocutor actúa de acuerdo al supuesto, es decir, de acuerdo a la categoría que proyectó en el gesto del compañero. Correrá el riesgo de convertirlo en realidad. Este pasaje de lo cognitivo a lo pragmático, del pensamiento a la acción, es sumamente riesgoso si no se metacomunica.

No obstante, también es cierto que la ambivalencia es factible desde el lenguaje verbal, aunque no es la sintaxis del discurso la que le otorga tal ambivalencia, sino la cadencia con la que se la inviste. Por ejemplo, la expresión *Bárbaro* puede ser entendida como un ser primitivo y animal si no se le adjuntan los signos de admiración y cierta cadencia –*¡Bárbaro!*–, entendiéndose como una expresión sinónima de ¡*Fantástico*! Para el uso de la ironía, hace falta otorgarle cierta tonalidad a la frase para que haga gala de ella. Si digo, *Es muy bueno lo que haces...* y no le doy la cadencia irónica o de sarcasmo adecuado, acompañándola de una peculiar gestualidad, la expresión significará un elogio y no una descalificación.

Como se observa, en la palabra escrita se dificulta transmitir toda la variedad de elocuencias afectivas o expresiones emocionales que logran manifestarse más precisamente con el lenguaje paraverbal mediante la gestualidad, la postura corporal o la tonalidad. Aunque signos como los de admiración intentan de manera estrecha reproducir emociones que no logran abarcar sus facetas cualitativas. Escribimos ¡*Bárbaro!* entre signos de admiración, pero no implica que no sea entendido bajo la significación de primitivo y animal; hace falta aclararlo.

La distinción que se establece en el axioma de la comunicación humana (1967) sobre los dos lenguajes, Digital y Analógico, que más adelante explicaremos, se homologan correlativamente con el lenguaje verbal, el primero, y el paraverbal, el segundo. A posteriori, textos de Haley como *Terapia no convencional* (1973) afirman que el lenguaje analógico no sólo se remite a la gestualidad y posturas corporales, sino también al verbal en el uso de analogías y metáforas, por tanto, el término analógico excede el marco al que hacíamos referencia en un primer momento.

En función de estas premisas, en el próximo cuadro (cuadro 1) pueden precisarse algunos mecanismos que se activan a la hora de comunicar. El cuadro típico describe un alternativo emisor y receptor que intentan comunicarse.

El emisor posee una idea, una construcción ideacional que intentará traducir en palabra. Por lo general, nuestras representaciones mentales se encuentran estructuradas con palabras que las invisten. En los diferentes procesos de aprendizaje, en los diversos ciclos evolutivos, asimilamos, acomodamos y organizamos la información, de manera que se asocia arbitrariamente representación con palabra. Es decir, F. Saussure (1984) refiere a la construcción del signo lingüístico compuesto por una imagen acústica y el concepto, elementos que retomará J. Lacan y los referirá como significante y significado.

Interesante resulta en esta descripción observar que las significaciones de la palabra competen a construcciones de primer orden. O sea, construcciones consensuadas por los criterios contextuales socioculturales de la lengua a la que pertenecen los vocablos, más allá de las particularidades del uso de la lengua en determinados países. Por ejemplo, el español de España no es el mismo español de Perú, Chile o Argentina. Si bien básicamente poseen la misma estructura gramatical y sintáctica, existen diferencias en la semántica y en la aplicación de ciertos términos. Pero no deben dejarse de lado las significaciones de segundo orden, aquellas semánticas particulares que irrumpen sobre la sintaxis con imágenes acústicas y conceptualizaciones propias. Nadie puede negar que el estereotipo de la palabra "mesa" sea una tabla con cuatro patas. Esta construcción ideacional compete al territorio del convenio lingüístico y el contexto donde este se desenvuelve. Pero cuando las personas piensan en la imagen que les aparece frente al término "mesa", seguramente no aparece el estereotipo sino una imagen que emerge de sus estructuras conceptuales particulares, posiblemente una imagen internalizada que tiene que ver con sus experiencias, su anecdotario y el resultado del recuerdo.

Quiere decir que cuando una persona intenta transmitir una imagen, seguramente no es la misma imagen que la que recibe el interlocutor. La cosa nombrada (el objeto imaginado) entra dentro de la categorización de primer orden, o sea, la tipología consensuada. Dentro del grupo *mesas* existirán diferentes clases de mesas (de diferentes materiales y formas), pero todas están englobadas en la misma categoría y el envío (la construcción de una imagen de mesa) responde a la selección de una de las clases, que se efectúa por distintas motivaciones, por ejemplo, historia, gustos, estética, preferencias, anecdotario, experiencias infantiles, etc. Lo que recibe el receptor es la palabra consensuada, no la imagen fiel que envió el emisor, a menos que este la explicite.

Todo este desarrollo remite a la imagen acústica que, como se observa, muestra un grado importante de relatividad y subjetivismo en su traducción. El mismo fenómeno sucede con la semántica. El significado de las palabras no puede quedar acotado a criterios de primer orden porque, además, existen términos que poseen múltiples significaciones. En palabras que nombran objetos concretos pueden coexistir diversas posibilidades de uso. En nuestro ejemplo, una mesa puede ser utilitariamente definida como un objeto que sirve para comer, aunque también se utilice como escritorio, mesa pequeña esquinera para apoyar una lámpara, etc. Si en un objeto concreto conviven diferentes semánticas, ni que hablar en términos abstractos, por ejemplo, que expresen sensaciones, emociones, etc. Palabras como fidelidad, felicidad, alegría, verdad, tristeza, amor, encuentran aun más significaciones dada la poca concreción de los términos. Es que tales palabras poseen escasa delimitación: sus configuraciones ideacionales son imposibles de construir –cómo puede construirse concretamente la imagen de *mentira* o *deseo*–, y por ende, si bien pueden tener cierto patrón de referencia, los perímetros semánticos son vastos e inciertos.

Por tanto, en el acto de comunicación, el emisor –en principio– *intenta transmitir* y el término *intenta*, entonces, no es azaroso: resulta una falacia creer que la idea que se desea comunicar es fiel en su reproducción en palabra. El emisor, como todo humano desde su estructura cognitiva, mediante su sistema de creencias, escala de valores, experiencias de su historia, normas familiares y socioculturales, modelos disciplinares, ideología, etc., como un gran reservorio de semánticas, construye una idea que, como estructura conceptual, da cuenta de su modelo de conocimiento. En este intento de transmisión, el lenguaje verbal encuentra una serie de elementos que limitan el libre fluir de una construcción sintáctica. Por ejemplo:

1. La lengua en la que se comunican tanto el emisor como el receptor se encuentra con una serie de signos lingüísticos que no logran abarcar completamente la génesis de la idea de manera pura y absoluta. La idea que aparece en nuestra mente como una imagen halla sus limitaciones en la lengua que se utilice para codificarla. Es decir, toda lengua está conformada por signos lingüísticos y un código que impone leyes en su estructura. De todo el vocabulario de la lengua, existen ciertas palabras que lograrán definir o expresar en un discurso tales imágenes representacionales de lo que se desea que el interlocutor entienda. Pero la elección es arbitraria, o sea, la elección como tal es subjetiva y, en cierta medida, dependerá de la cantidad de palabras, estructura de frases, signos lingüísticos que compongan la lengua de origen del locutor. Hay lenguas que poseen un glosario de términos más florido que otras. Se caracterizan por su precisión en los conceptos que se utilizan para describir, adjetivar, explicar, definir. En cambio, otras resultan si se quiere más pobres, y ciertos términos abarcan multiplicidad de interpretaciones, mientras que en las primeras existen multiplicidad de términos de semántica unívoca. Se observa por ejemplo, en el idioma inglés, donde no existe la diferenciación entre ser o estar como en la lengua española y se implementa *to be* para ambos casos. O la misma distinción entre por qué y para qué que se discrimina en el español, no así en el italiano, que implementa el *perché* en ambos casos. Hay términos que se piden prestados de otras lenguas y

se incorporan a la lengua de origen, cuando se hace imposible una traducción concepto por concepto y para definir la palabra es necesario toda una explicación que tampoco abunda en precisión. Es el caso de palabras de raíz inglesa como *pattern*, que significa patrón pero que es más que eso, o *marketing* para definir estrategias publicitarias destinadas a la promoción, o del italiano *atteggiamento* que significa actitud, aunque es más que una actitud, es algo más general que involucra emociones, cuerpo, pensamientos.

2. Las limitaciones de la retórica del emisor dentro de la lengua que habla: el repertorio de recursos del lenguaje que utiliza el emisor en la emisión o el receptor en la codificación es rudimentario.

3. Las limitaciones que imponen las características del contexto donde se desarrolla la interacción. El contexto impone ciertas reglas que influyen a la comunicación, que la pautan y lejos de estimularla, la limitan. También pueden existir ruidos ambientales que pueden perturbarla, por ejemplo, si existen ruidos o se halla en el más completo silencio, si en el lugar hay muchas personas que tratan de hablar al mismo tiempo, música fuerte, etc.

4. La persona del interlocutor y sus características. Si presenta un tinte psicopático o censurador. Si posee un estilo persecutorio, maltratador o descalificador.

5. La dificultad que implica colocar en palabras que signifiquen correctamente sentimientos, sensaciones, emociones, percepciones. Dada la racionalidad, parece más sencillo expresar pensamientos y descripciones de corte técnico o intelectual.

Todos estos elementos hacen que la estructura sintáctica del discurso se encuentre compuesta por una serie de puntuaciones arbitrarias que no permiten traducir fielmente la construcción cognitiva a la construcción de sintaxis verbal. Más allá

de que de no producirse estas limitaciones estos mismos factores por el contrario pueden resultar alentadores para la fidelidad de traducción y producción comunicativa, por ejemplo,
contextos de tranquilidad, buen clima afectivo, comodidad,
interlocutores valorizadores, amplios recursos de retórica, etc.

Por sobre la estructura sintáctica del mensaje que se
intenta transmitir, se encuentran los investimientos semánticos a los que hacíamos referencia anteriormente. Estos son
las atribuciones de significado con que se reviste el discurso.
De la articulación de la sintaxis con la semántica resulta el
sentido de la construcción. Lo que se comunica, entonces,
es un cuento. El emisor se cuenta y cuenta un cuento, una
versión de hechos –no los hechos en sí mismos–; por tal razón, el lenguaje abandona su concepción clásica representacional, es decir, no representa fidedignamente una realidad
externa a los ojos: muy por el contrario, es el lenguaje el que
se erige como constructor de realidades *ad hoc*.

H. Maturana y G. Verden-Zöller (1994) afirman que
Nosotros mantenemos, como ya dijimos, que los seres humanos existimos en
el lenguaje […] *y el mismo H. Maturana (1988) señala que* […]
la existencia en el lenguaje hace que cualquier quehacer humano tenga
lugar como una red de conversaciones que queda definida en su particu-
laridad por el emocionar que define a las acciones que coordinan en ella.

De acuerdo a esta óptica, lenguaje y realidad están íntimamente
relacionados, y si bien el modelo de las ciencias clásicas suele sostener
que el primero es la representación del mundo, o sea, el lenguaje como
representacional, las ciencias modernas sugieren lo contrario: el mundo
es la imagen del lenguaje, la realidad es una consecuencia de este.

Por lo tanto, si pensamos que la realidad se inventa por medio de
las atribuciones de sentido que nos permiten observar trazando distincio-
nes, describiendo, realizando abstracciones y elaborando hipótesis, el acto
de conocimiento se transforma en autorreferencial y subjetivo, y es entonces
el lenguaje el que crea el mundo. (Ceberio y Watzlawick, 1998).

Si es una versión la que cuenta el emisor, es lícito preguntarse qué es lo que escucha el receptor. El receptor, de

la misma manera, *intenta escuchar*, puesto que su escucha se halla influida por su propia estructura cognitiva. Sobre la sintaxis del discurso del otro es factible que depositen creencias, valores, deseos, carencias, ideales, etc., de respuesta y se realicen semánticas alternativas a las del emisor o, en la misma sintaxis, se puntúe de manera diferente, desvirtuando el verdadero significado del envío.

Estas puntuaciones de sintaxis dependen del trazado de distinciones que realice el receptor. Las distinciones perceptivas son un fenómeno inherente a la cognición humana. En el libro *Las leyes de la forma* (1973), G. Spencer Brown señala que cada vez que se percibe se distingue, es decir, se trazan diferencias: se segmenta el universo cognitivo. La percepción, entonces, es el resultado de realizar diferentes distingos, razón por la que lo que se observa puede ser descripto. Este es el primer proceso que lleva a gestar la circularidad en el acto de conocer: las distinciones que se establecen en la observación conllevan descripciones que consisten en acentuar distinciones acerca de lo observado.

Realizamos distinciones a fin de poder observar (como acto de conocimiento), y las descripciones tienen como finalidad describir lo distinguido, ratificando las distinciones: de esta manera se establece un circuito sin fin. Tal como lo menciona B. Keeney (1983): *Esta operación recursiva de establecer distinciones en las distinciones, vuelve a apuntar al mundo de la Cibernética, donde la acción y la percepción, la descripción y la prescripción, la representación y la construcción, están entrelazadas.*

Descripciones, adjetivaciones, calificaciones, categorizaciones, constituyen distinciones que devienen de la estructura cognitiva tanto del emisor como del receptor y dan cuenta de su modelo de conocimiento, sus valores, sus creencias. Por supuesto que las distinciones no solamente se establecen sobre la sintaxis de la estructura del mensaje sino que –y tal vez fundamentalmente– sobre el lenguaje paraverbal, como veremos más adelante.

El receptor, por lo tanto, ejecutará una construcción de la construcción que intentó transmitir el emisor. En síntesis, el *feedback* del receptor es un cuento que se cuenta del cuento que se contó el transmisor y que tentó de transmitirle. En este sentido, el receptor lejos se halla de *decodificar* un mensaje, más bien lo que hace es codificarlo: otorgarle un sentido a partir de su sentido. Comprender el mensaje es interpretarlo de acuerdo a los baremos particulares de las propias estructuras conceptuales.

Mensaje verbal (cuadro 1)

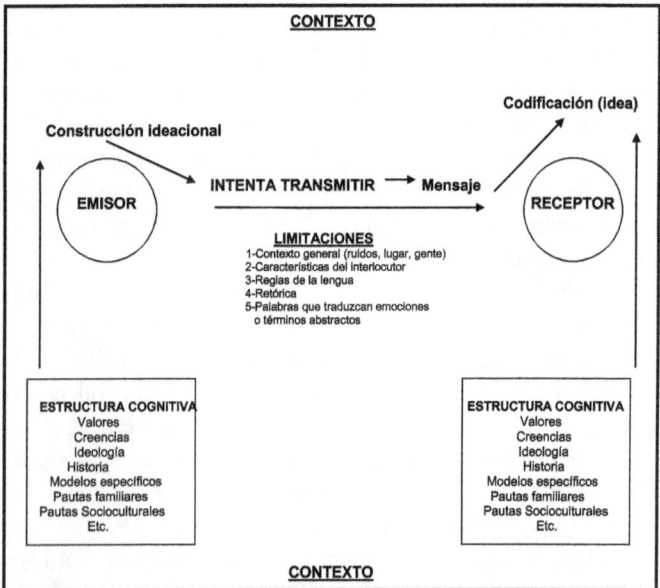

En función de la estructura de mensaje, en lo verbal, utilizamos dos formas lingüísticas que, en mayor o menor medida, pivotean en las alocuciones: analogías y literalizaciones. El uso de analogías, como metáforas, *adorna* la estructura del discurso describiendo una cosa mediante otra; mientras que en las literalizaciones se digitalizan conductas, es decir, se explican en concreto casi *tangiblemente*. Por ejemplo, un desajuste en el ritmo cardíaco puede explicarse en la primera como *en el pecho tengo un bombardeo*; en la segunda, *tengo taquicardia y palpitaciones*. En esta oscilación, entre metáforas y literalizaciones, deambula nuestro lenguaje verbal, de manera tal que nuestro interlocutor deberá entender cuándo implementamos una metáfora: no vaya a ser que la literalice y malinterprete lo que le intentamos transmitir.

El hecho de analizar el acto comunicativo desde los aspectos verbales propiamente dichos es sólo observar un aspecto de la comunicación. Sin dejar de reconocer sus flancos bioquímicos, orgánicos, neurofisiológicos, y la importancia de la transmisión verbal interviniente en el pasaje de información, el aspecto paraverbal o analógico es, sin duda, el lenguaje de mayor complejidad a la hora de entender el fenómeno.

De manera paralela a la emisión del mensaje (cuadro 2), las posturas corporales, gestualidad facial, ademanes de diversos movimientos del cuerpo, las entonaciones y cadencia del discurso lo revisten de intencionalidad y significado acentuando o desvirtuando la semántica (y en ocasiones la sintaxis). Por tanto, y con ánimo de aumentar la complejidad, no sólo se trata de *qué* se dice sino de *cómo* se dice, tal como lo describieron los estudiosos de la comunicación en el libro *La teoría de la comunicación humana* (Watzlawick, Jackson y Beavin, 1967), en el axioma que distingue el contenido del mensaje y la forma en que se comunica tal contenido. Se creará un problema si el emisor no fue coherente en su envío, por ejemplo, fue contradictorio entre la forma que emitió su mensaje y el contenido del mismo. Si el interlocutor responde al *cómo* del emisor y este no es consciente de su contradicción y remarca su *qué*, podrá señalarle su grado de incongruencia en la respuesta y constituirse en el comienzo de una escalada simétrica.

Si la respuesta de una esposa –de cara al pedido de su marido de una cena social con gente de su empresa– es *¡Vamos!* pero, paralelamente, acompaña su alocución con una gestualidad que bien puede codificarse de aburrimiento y tedio, la respuesta de su marido se estructurará a partir de alguno de estos dos niveles que se contraponen. Si elige la vía verbal y responde *¡Qué bien..., es a las 9 de la noche!*, ella podrá argumentarle *Que es un desconsiderado que no piensa en ella, que no tiene en cuenta su cansancio o que se la pasarán hablando de trabajo y ella qué pito toca en esa reunión.* Pero si elige la segunda opción y codifica lo paraverbal como aburrimiento y cansancio y dice *¡Ok, no vamos un cuerno a la reunión!* o *¡Bueno otra vez iré solo... parezco más un divorciado que un hombre de familia!* A lo que la esposa podrá decirle: *Si está loco o algo así, si no escuchó que le dije que sí...*

Todos los aspectos paraverbales que circulan paralelamente a las alocuciones verbales forman un todo complejo y difícil de diferenciar. Mientras que el lenguaje verbal es factible de ser conducido,[5] el segundo es espontáneo y escapa al manejo de la voluntad. Cuando el emisor se manifiesta mediante la palabra, coloca el énfasis y el pensamiento en lo que está diciendo. Razón por la que no piensa intentar transmitir mediante el lenguaje paraverbal pero, indefectiblemente, transmite. Este lenguaje es involuntario e inintencional y es imposible mentir, a menos que se ejercite cierto tipo de gestualidad que se proponga como reemplazo de cualquier alocución verbal. O sea, el lenguaje paraverbal se transforma en voluntario cuando se configura como respuesta en lugar de la palabra. Por ejemplo, un gesto de fruncimiento de labios o *labios en herradura* (expresando el

---

[5] Y relativamente, el lenguaje verbal puede aparecer bajo el no dominio de la consciencia a través de lo que Freud llamó *actos fallidos*. La persona permuta términos, cambia una palabra por otra, condensa palabras, etc., acciones que no tenía previstas.

desagrado) de cara a una propuesta que al interlocutor no le guste. Aunque también es factible que este tipo de respuesta sea involuntaria, es decir, sea la consecuencia del displacer del interlocutor y no medie la voluntad de expresarla.

El lenguaje analógico condensa mediante un simple gesto una vasta estructura verbal. Contrariamente al lenguaje verbal, es una vía más llana en la traducción de sensaciones y emociones pero ofrece mayores dificultades a la hora de expresar pensamientos. Emociones y sensaciones como *alegría, tristeza, bronca, rabia, placer*, etc., son claras expresiones gestuales. Pero, a diferencia del lenguaje verbal que se halla codificado y posee ciertas reglas para consolidar su estructura, el lenguaje analógico es anárquico y no describe una simbología de primer orden que determine los gestos apropiados para cada tentativa de expresión.

Los gestos se encuentran a la debacle de las interpretaciones de los interlocutores. Es decir, son permanentemente conceptualizaciones de segundo orden. El típico ejemplo de fruncir el ceño puede significar multiplicidad de interpretaciones: estar cansado, enojado, aburrido, dolor de cabeza, pesadez de estómago, forzar la vista, entre otros; ¿quién puede afirmar, entonces, cuál es el código correcto para dicho gesto? Tal código solamente logra (medianamente) estructurarse a través del acuerdo entre comunicadores. En tanto, la variable tiempo les posibilita conocerse, adecuarse y organizarse en la codificación de gestualidades, cadencias, posturas, etc., y que el interlocutor se acerque a la interpretación correcta del analógico de su compañero. No obstante, esto también trae sus complicaciones, dado que en la medida que confíen en que la codificación es precisa, darán por supuesto sin metacomunicar.

La recursividad de la interacción en el tiempo entre comunicadores hace que cada uno sea más *transparente* para el otro. Pero esta transparencia se encuentra acotada por las proyecciones de los interlocutores. Proyecciones y transparencias ingresan en un doble juego de complementariedades. En tanto que la gestualidad revista mayor elocuencia en la demostración, o sea, explicite más claramente su significación (o el mensaje que se intente transmitir voluntariamente o no) y deje menor margen para la duda, menor será el *quantum* de proyección que se depositará sobre el analógico. Inversamente, en tanto que el gesto sea más ambivalente o más emparentado con la micromotricidad fina, mayor será la posibilidad de proyección en la interpretación.

Las proyecciones toman cuerpo en los *supuestos*, que conforman parte del mapa de la realidad que construye cada ser interlocutor. Como explicamos con anterioridad, los códigos familiares, escala de valores, pautas y normas de conducta, sistema de creencias, de la estructura cognitiva, llevan a atribuir marcos semánticos a la experiencia de la comunicación. Palabra y gesto se encuentran revestidos de significaciones particulares que no sólo impregnan nuestra alocución, sino también la recepción.

Los *supuestos* no son ni más ni menos que las categorizaciones y adjetivaciones con que agrupamos los objetos, sujetos, situaciones, hechos, etc., que bien pueden ser llamadas distinciones perceptivas, a las que aludíamos anteriormente. Cognitivamente, una categoría, clase o tipología, es una abstracción organizadora de distinciones, que categoriza la descripción de una serie de gestos, acciones o verbalizaciones, identificándolas bajo un nombre.

Las categorizaciones forman parte del trazado de las distinciones. Se constituyen en una especie de libreto interno, que guía un trazado en el universo y lo cargan de significación. Cabría preguntarse, en función del proceso de la construcción de la realidad, ¿bajo qué patrones el observador traza distinciones en su acto perceptivo? Estos patrones se construyen mediatizados por su estructura cognitiva, y por ende, darán cuenta de su epistemología.

El antropólogo Gregory Bateson, en su obra *Espíritu y naturaleza* (1979), define dos niveles lógicos de distinciones: las descripciones puras y las categorizaciones o también denominadas clasificaciones de forma. Ambos niveles involucran distintos órdenes de recursión que van de menor a mayor complejidad, en donde se discriminan las acciones simples, las interacciones, hasta llegar a las *coreografías* como el nivel más complejo.

La clasificación de la forma corresponde a la categorización que se le atribuye a las acciones simples. Es el rótulo que se le adjudica a una acción determinada, que en la medida en que se obtenga respuesta del interlocutor y que alcance mayor complejidad, cobrará el status de interacción o coreografía.

Cuando se refiere a descripción del proceso, involucra a la observación *pura* de las acciones propiamente dichas. O sea, sin marcos semánticos que la integren a un rubro, por ende, sin atribuciones de significado. Corresponde a las acciones simples, aisladas (si es posible hablar de acciones aisladas), como por ejemplo, gestos, movimientos, tonos de voz, expresiones, palabras, frases, etc. Esta distinción que realiza Bateson es de orden epistemológico. Aunque en el ámbito pragmático del desenvolvimiento de conductas, resulta una utopía la realización de descripciones puras de acciones sin atribuciones de 2º orden. En la mayoría de las relaciones humanas, inmediatamente frente a una acción simple, interviene un complejo proceso de abstracciones que lleva a tipificarla (por ejemplo, me masajeo la cien y mi interlocutor probablemente categorizará la acción como *cansancio, dolor de cabeza, fastidio*, etc.).

Esta categorización que realizan las personas sobre las acciones es una de las tantas formas de establecer distinciones y constituye una de las bases por las cuáles se establecen códigos de interacción. Las atribuciones de significado por sobre las acciones resultan de las clasificaciones de forma. El lenguaje de los gestos y determinadas expresiones verbales, como así también algunos sonidos guturales, son el mayor blanco de categorizaciones que de no metacomunicarse corren el riesgo de convertirse en bellísimas y catastróficas profecías que se autocumplen.

La proyección semántica es, desde esta perspectiva, el resultado de una abstracción que categoriza, en función de una observación subjetiva y autorreferente. Con lo cual, son pocas las oportunidades en las que vemos una realidad de 1° orden, en donde incluiríamos a todas las descripciones del proceso de acciones. Las tipologías de forma son construcciones cargadas de atribuciones de significado, patrimonio de una realidad de 2° orden.

Por lo tanto, cada tipología lleva una semántica implícita. De allí que existan actitudes del otro que tengan mayor o menor relevancia, pero no mayor o menor en sí misma, sino para el sistema de creencias del interlocutor. El *yo supongo* es uno de los bastiones de la confusión comunicacional y hace blanco más contundentemente en la gestualidad del otro. De cara a un gesto o una postura corporal, por ejemplo, se aplicará una categorización inmediata (que se constituye en evidencia clara para el interlocutor), que determinará las posteriores reacciones emocionales, acciones y reflexiones en un efecto dominó. En síntesis, un repertorio de acciones acordes con nuestro supuesto inicial. Razón por la cual es factible que el otro frente a nuestras conductas culmine construyendo la realidad presupuesta. En la comunicación humana, este juego (como señalamos) da en llamarse profecías que se autocumplen: si supongo algo sobre el otro, actúo de acuerdo a este imaginario y termino por confirmar en la pragmática tal suposición cognitiva. Pocas son las oportunidades en las que traducimos nuestro supuesto en pregunta, o tal vez, una pregunta más abierta que indague directamente sobre el gesto. Y de esto se trata, de metacomunicar.

Metacomunicar implica codificar correctamente lo que se recepciona o se intenta transmitir, acrecentando así la posibilidad de diálogo claro. Campanini y Luppi (1992) señalan:

Este último uso del lenguaje es de nivel lógico más elevado con respecto a su uso en el intercambio de contenidos y se puede definir como metacomunicación por cuanto es una comunicación sobre la comunicación. Para poder comunicar no es importante que los comunicantes sean siempre perfectamente conscientes de las reglas (el niño aprende a hablar sin conocer la gramática y la sintaxis), pero es fundamental que sobre esas reglas se puedan hacer afirmaciones y comentarios que se consideren legítimos y, en consecuencia, provistos de significado.

En la metacomunicación, se trata de entender qué construcciones cognitivas posee nuestro interlocutor mediante lo que intenta traducir en palabras. Si en el proceso de comunicar, el interlocutor dice algo, lo que se recepciona pasa por el tamiz de la estructura conceptual. No escuchamos lo que el otro dice literalmente, sino lo que construimos de lo que dice (con nuestras atribuciones e inferencias).

Son diferentes las vías por las cuales construimos algo acerca de lo que el otro nos trasmite. Las reacciones emocionales, afectos y acciones que se desarrollan en la interacción son algunos de los medios que alientan a realizar una construcción de lo que el otro emite. Para comprender el mensaje del otro, es importante conocer su sistema de creencias, su modelo de conocimiento y el universo de significados que de este emerge. Esto permite decodificar de manera clara el mensaje. No obstante, este proceso no nos asegura fidelidad en la recepción. Cuando nos hallamos implicados emocional y afectivamente, las propias emociones pueden turbar tanto la emisión como la recepción. No se trata de no comprender el mensaje, se trata de no desear entenderlo y, por ende, hacer primar deseos propios en pos de fantaseadamente cubrir carencias o anhelos personales.

La comunicación clara conjuga equilibradamente el lenguaje verbal y el paraverbal. Fuentes de conflicto resultan, por ejemplo, las afirmaciones que se emiten con una gestualidad y cadencia ambivalente, o los elogios como críticas descalificadoras, o cuando el marcar los aspectos positivos de una situación se expresa de manera irónica. La secuencia continúa y se complica, cuando la respuesta del otro se dirige a lo paraverbal y el emisor se queda fijado a su respuesta verbal, desencadenando la base de una discusión en donde cada uno integra el juego de escalar sobre el otro, en el intento de hacerse dueño de la verdad y de la razón.

Mensaje analógico (cuadro 2)

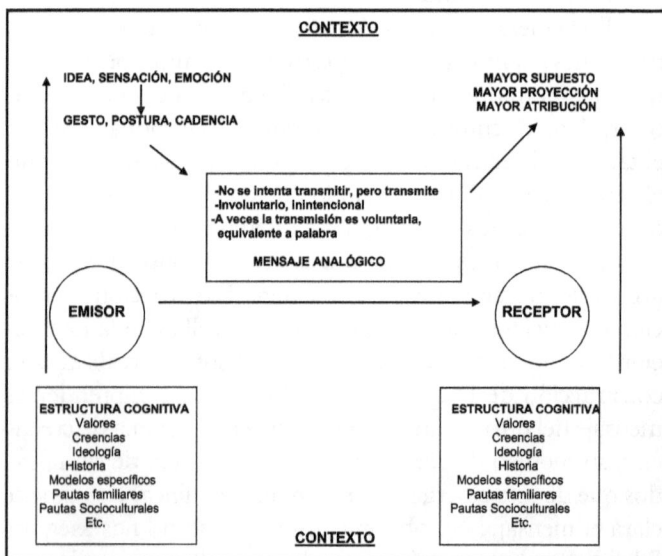

En este mismo sentido, las puntuaciones sintácticas que se establecen en la secuencia verbal, conjuntamente con la cadencia y entonación, producen un efecto que desvirtúa la esencia del mensaje. Afirmaciones que suenan como nimios signos de interrogación, admiraciones con cadencia agresiva, puntos seguidos donde deben colocarse comas, etc., hacen variar a veces en 180 grados la significación de la frase.

Desde esta perspectiva, parece que el hecho de lograr comunicarnos resulta casi mágico, y no nos encontramos muy lejos de esta afirmación. No obstante, las sucesivas interacciones en el tiempo posibilitan que los integrantes del sistema comunicacional se conozcan en sus particularidades, construyan y aprendan un código de comunicación que los rija, razón por la cual comienzan a entender las atribuciones de significado de los mensajes del *partenaire*, el lenguaje de los gestos, el descifrar actitudes, etc. La variable tiempo es la que en alguna parte de este análisis utilizamos para establecer cierto tipo de sistematización en el acto comunicativo. Sistematización que conllevaría el conocimiento de algunas de las estructuras conceptuales del interlocutor, en pos de beneficiar y agilizar la comunicación evitando el metacomunicar dado el grado de asertividad en la codificación. La interacción genera un tipo de relación con cierta definición de roles. Se conoce, por tanto, en ambos *partenaires* comunicativos, las formas y el estilo de expresiones, la sintaxis, cadencias, gestualidades, etc. Estos conocimientos tácitos o explícitos implican no sólo acercarse a la codificación correcta, sino a la forma en que se debe transmitir. *Voilà!*, ¡se ha creado un código!

No obstante, esta sistematización y la creación de un código pueden llegar a rigidificar la forma de comunicación hasta anquilosarla. Los roles se hallan tan estructurados en una complementariedad homeostática que los interlocutores, por ejemplo, en la transmisión de cada pasaje de información, hacen menos esfuerzos por codificar adecuadamente el contenido y menos esfuerzo por transmitir de manera idónea. Uno de los elementos que se constituye en la cimiente de escaladas simétricas, es el dar por sentado que el otro comprende el contenido de lo que se transmite. Mientras que en la recepción se realizan menos preguntas en pos de comprender con claridad el mensaje, se ejecutan mayores niveles de suposición que desalientan a mantener un diálogo equilibrado.

Estos riesgos que conlleva el sistematizar la comunicación, arrojan como resultado diferentes juegos relacionales como triangulaciones, alianzas, coaliciones, complementariedades rígidas, escaladas, y otras tantas disfuncionalidades que terminarán en floridas sintomatologías que denunciarán estos mismos juegos que las producen (cuadro 3).

Son numerosas las oportunidades en que el alternativo receptor desea escuchar en el interlocutor lo que desea escuchar, perdiendo de esta manera lo que el otro intentó transmitir. En este proceso, se da preeminencia a los deseos y expectativas de respuesta propios. No se escucha al interlocutor, sino al fantasma de respuesta ideal que se construye en el diálogo. No es una díada, entonces, la que conversa, sino que son tres: dos personas reales y un fantasma. Y no son pocas las oportunidades que en la experiencia se colocan terceros ideales de respuesta. Es claro que el resultado indefectible es la bronca, la frustración y angustia, una vez que la idealización se fractura, aunque a esa altura del juego relacional se han construido sendos circuitos recursivos caóticos y autodestructivos.

Es moneda corriente que los *partenaires* comunicacionales obtengan recíprocamente diferentes *feedbacks* que se alejan de la aceptación y se acercan más al rechazo y a la descalificación, hasta llegar a la desconfirmación. Mientras que el otro acepte nuestra comunicación, no existe el conflicto. El problema se genera cuando existe el rechazo y más cuando nuestros comportamientos son descalificados, o sea, rechazados de una manera peyorativa. El peor extremo de estas comunicaciones disfuncionales se halla en la *desconfirmación*, en donde no sólo se niega la comunicación de un interlocutor sino hasta su presencia.

Tampoco se suele entender que los silencios también son una manera de intervenir y cobran sus efectos en la comunicación. El silencio es una respuesta –a veces ambigua–, pero es una respuesta, razón por la cual es *imposible no comunicarse*, tal como versa el primer axioma de la comunicación humana. Sin embargo, es normal escuchar en las personas *no se comunica o se comunica poco* o *es poco comunicativo*.

En esta misma línea, no se respeta que el otro pueda tener una opinión diferente, es decir, que construya el mundo desde una perspectiva diversa a la manera que lo construye el interlocutor. Por lo general, los comunicadores están habituados a imputar: *¡estás equivocado!*, erigiéndose con el patrimonio de la verdad. Cada vez que surge la afirmación *No tienes razón*, en realidad lo que se está objetando es que el otro no piensa como yo pienso.

Por lo tanto, en esta dirección no puede hablarse de *la realidad que nos toca vivir*, sino de la realidad que construimos. La vida transcurre en la comunicación, y de acuerdo a como se la conduce, es factible confeccionar realidades catastróficas o realidades de bienestar; sin embargo, no sólo se construye una realidad, sino que además se la externaliza atribuyéndole al destino el producto de los hechos. Entender que la emisión y recepción de un mensaje dependen de múltiples variables, nos lleva a abandonar la ingenuidad de entender a la comunicación como un fenómeno simple. Involucrarnos en el circuito de la comunicación, comprendiendo que son nuestras reacciones las que influencian las respuestas y que somos influenciados, implica responsabilizarnos de que somos nosotros y nada más que nosotros los que construimos las pequeñas y grandes realidades de la vida cotidiana. Sin embargo, lejos nos hallamos de esta responsabilidad.

Cuadro 3

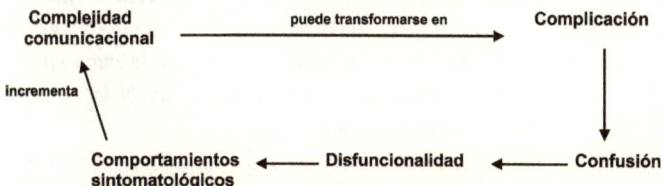

En la génesis de los problemas humanos se encuentran muchas de las trampas comunicacionales a las que hemos hecho referencia anteriormente. Aunque uno de los elementos primordiales en la constitución de problemas consiste en el fracaso de los intentos de solución de cara a resolver las dificultades. La diferencia entre dificultad y problema es una de las primeras distinciones que los comunicacionalistas paloaltinos han desarrollado en el modelo de la Terapia breve sistémica (*Brief therapy*). Las dificultades son los obstáculos que en el proceso evolutivo frecuentemente aparecen y suelen ser resueltas mediante la aplicación de tácticas de resolución que han resultado efectivas en experiencias anteriores, o estrategias nuevas creadas bajo la capitalización de otras experiencias, etc., que no son ni más ni menos que estrategias de la comunicación.

El problema se desencadena o, más precisamente, una dificultad se transforma en problema, cuando los intentos por resolverla son ineficaces. En la medida en que las soluciones intentadas fracasan, el problema se instaura cada vez más sólidamente en el sistema, involucrando a todos los integrantes. Más, cuando para resolverlo se aplica la lógica racional, y más aun, cuando esta resulta ilógica de aplicar en un territorio donde la racionalidad coexiste con las emociones.

Que somos seres relacionales y que adquirimos nuestra identidad en las diversas interacciones no sólo lo explica el modelo sistémico, desde la biología o más precisamente desde la neurofilosofía. H. Maturana (1994) señala que la existencia humana tiene lugar en el espacio relacional del conversar: [...] *nuestra condición humana, tiene lugar en nuestra manera de relacionarnos unos con otros y con el mundo que configuramos en nuestro vivir mientras realizamos nuestro ser biológico en el proceso de ser seres humanos al vivir en el conversar.*

Y ya en textos anteriores (1978), el autor denomina *lenguajear* al proceso que entiende que lo que constituye al lenguaje como un fenómeno biológico relacional es un co-existir en interacciones recurrentes *bajo la forma de un fluir recursivo de coordinaciones de coordinaciones conductuales consensuales.* [...] *Al mismo tiempo, también notaremos que lo que distinguimos cuando distinguimos emociones en nosotros y en otros animales, son dominios de acciones, clases de conductas, y que en nuestro vivir fluimos de un dominio de acciones a otro en un continuo emocionar que se entre-laza con nuestro lenguajear. A este entrelazamiento del lenguajear y el emocionar llamamos conversar, y mantenemos que todo el vivir humano se da en redes de conversaciones.*

Como se ve, lo que llama Maturana el lenguajear se desarrolla sobre una base emocional que puede cambiar el lenguajear, de la misma manera que el cambio emocional puede producirse mediante un cambio en el lenguajear. Pero más allá de estas disquisiciones teóricas que el autor desarro-lla, a lo que a nuestros fines compete, se muestra claramente la esencia relacional humana. El ser humano evoluciona en la interacción, y es esta misma la que genera relaciones que fluyen en un lenguajear y emocionar, que pauta acciones que se transforman en interacciones, en un todo complejo. En este proceso, se halla implícito que además del lenguaje verbal, la comunicación se establece mediante acciones e in-teracciones que involucran el lenguaje analógico.

No cabe duda, entonces, de que *somos en la comunicación* y, precisamente, el hecho de decir *soy* implica la distinción con un *otro*, es decir, la progenie de la identidad individual no puede entenderse como fenómeno individual en sí mis-mo, sino en relación con otros. Tal como versa una frase del Talmud:

Yo soy yo y tú eres tú, y tú eres tú y yo soy yo. Entonces, ni tú eres tú ni yo soy yo. Yo soy yo porque tú eres tú y tú eres tú porque yo soy yo. Entonces, yo soy yo y tú eres tú.

Crece el lenguaje verbal en desmedro del analógico

El lenguaje paraverbal tiene sus raíces en períodos más arcaicos que el lenguaje verbal propiamente dicho. Y de esta afirmación dan cuenta los ciclos evolutivos. Su desarrollo tiene su punto de partida en los rudimentos de los primeros años de vida, hasta mermar en la medida que el lenguaje verbal alcanza mayor relevancia.

De esta manera, el lenguaje analógico sufre un paulatino decrecer en su evolución para dar lugar al lenguaje verbal, ocupando un lugar secundario a los ojos de las personas. Aunque no es así. El lenguaje de los gestos, posturas corporales y expresión de manos y rostro, poseen tanta relevancia como la palabra; sin embargo, nos hemos habituado a focalizar nuestra atención en el contenido de lo que se dice y no en el cómo se dice. Y el cómo compete a todo el universo gestual.

El primer año de vida

Desde el nacimiento hasta aproximadamente el año y medio, período donde se balbucean las primeras palabras, el infante posee una neta preeminencia del lenguaje paraverbal. Aunque no sólo para este. Los padres y los familiares o las personas afectivamente cercanas tienden y se ven estimulados por el infante a gesticular más de lo normal con la finalidad de establecer una comunicación afín con el bebé. De la misma manera, en esta dinámica interaccional, los adultos codifican los gestos del niño como señal de respuesta a los envíos de información que ellos realizan.

La agudización del lenguaje paraverbal se acentúa por la limitación que, biológicamente, se produce en el desarrollo humano cuando intenta hablar. El escaso desarrollo del aparato de fonación hace que el niño balbucee primitivamente algunos sonidos o emita algunos guturalismos por (entre otras cosas) imitación a su entorno. El llanto o la sonrisa social son expresiones que los padres codifican en el intento de descubrir qué cosas o situaciones le perturban o le provocan placer a su bebé. Por ejemplo, con respecto al llanto que, por cierto, es la manifestación analógica más primaria, se logran clasificar varias tipologías: llanto de soledad, de hambre, de dolor, de anuncio de defecación, etc.

El niño –como se verá más adelante– pasa de la movilidad fina a la gestualidad más gruesa, hasta llegar a los movimientos. Esto dependerá de su evolución. Desde la primera hora luego del nacimiento, un bebé asombrará a sus padres con súbitos y bruscos movimientos que son producto de cierto tipo de estímulos. En realidad, lo que sucede es que el recién nacido es una masa de reflejos que se activan casi abruptamente en los primeros momentos de vida. Por ejemplo, el reflejo de *Prensión*, en donde no deja de sorprender la fuerza con que el lactante toma un dedo de sus padres cuando le rozan la palma de su mano.

Podríamos afirmar que este reflejo es la primera conexión o expresión afectiva que establece el bebé con su círculo familiar. Aunque no es así, más precisamente es la *creencia* del entorno afectivo de que el bebé interactúa en respuesta a las manifestaciones de afecto. La prensión es solamente un reflejo, pero también es un reflejo que mediatiza las primeras manifestaciones de amor de las personas allegadas al niño y que desaparece hacia el quinto mes.

Existen otros reflejos como el de cuello *Tónico*, como señala Anne Krueger (2000): *Se denomina "posición de esgrima", pues el bebé parece un joven mosquetero. Si se lo acuesta de espalda gira la cabeza hacia el costado y extiende el brazo y la pierna de ese mismo lado, como si estuviera a punto de decir: ¡en guardia! Este reflejo desaparece en unos seis meses.*

Puede observarse el reflejo de *Moro* o también llamado de *Sobresalto*, donde el bebé reacciona bruscamente frente a un ruido fuerte o imprevisto. Los movimientos que realiza son el arqueo de espalda, agitando violentamente brazos y piernas, creando a su vez el sobresalto de los padres. Es un reflejo que se extiende hasta el cuarto mes.

El reflejo de *Marcha* desaparece en el segundo mes y se caracteriza porque el bebé en posición vertical da una serie de pasos alternando ambos pies, y boca abajo intentará arrastrarse. Por último, el reflejo de *Búsqueda* es, quizá, el más interaccional, puesto que es la reacción del niño cuando se le acaricia una mejilla y gira su cabeza en dirección al contacto con intenciones de mamar, es decir, abre su boca. Krueger (2000) señala que este reflejo es muy útil cuando el bebé está aprendiendo a alimentarse: *basta un simple contacto para guiarlo hacia el pecho o el biberón.* Se pierde en el cuarto mes.

Más allá de estos reflejos, el niño nace con una serie de reacciones reflejas que le permiten desde expulsar flemas hasta cerrar los ojos o pestañar cuando la luz es demasiada. Estas reacciones que no son mediatizadas por la voluntad y sí por la biología, le sirven al bebé en su evolución para protegerse y cuidarse. Aunque no debe dejar de reconocerse que los seres humanos, en tanto especie, nacemos muy dependientes de los progenitores (fundamentalmente de la madre) y poco autónomos en comparación con otros animales.

Paulatinamente, el niño pasará de estas reacciones reflejas a la motricidad fina y a la motricidad gruesa. En los primeros tres meses, el bebé logra controlar su cabeza. Al comienzo ni siquiera puede sostenerla, aunque rápidamente adquiere un mayor dominio girándola ocasionalmente hacia el costado, o al levantarla levemente (hasta llegar a un ángulo de 45 grados), o moverla hacia atrás y lograr erguirla de manera estable cuando se encuentra en posición vertical.

Cuando se halle boca abajo, podrá levantar sus hombros momentáneamente y acostado de espaldas agitará los brazos y piernas. El desarrollo parece ir de la cabeza hacia los pies y desde el tronco hacia las manos. Sus músculos oculares entonces son los primeros en evolucionar: el bebé está aprendiendo a seguir objetos con su mirada y centrará la atención en algunos, al comienzo fugazmente, en el segundo mes aproximadamente 15 minutos y finalizando el tercer mes, puede mantener la atención treinta minutos.

También en esta etapa, comienza a abrir sus puños cerrados y finalizando los tres meses intentará asir juguetes, un dedo de su padre, una mano de su madre, etc. Pero ahora no se trata de un reflejo de prensión, sino de un verdadero contacto con los objetos dominándolos. Trata de alcanzar, por ejemplo, sus muñecos; puede llevárselos a la boca como también sus manos o dedos y probablemente descubrirá que chupar un chupete o un dedo le otorgará placer. Con el paso del tiempo, el control de los movimientos del bebé sobre su cuerpo es cada vez más complejo. Si ha nacido con los instintos de succionar y llorar, como acciones reflejas, a los pocos días comienza a perfeccionar su succión y a *acomodarse* para lograr mamar mejor y alimentarse, y a utilizar el llanto como señal de hambre.

El recordar, es decir, el desarrollo de su memoria tiene que ver con el desarrollo de sus relaciones afectivas. El amor y el contacto piel a piel hacen que el niño registre a ciertas personas de su círculo afectivo diferenciando quién es un extraño de las personas que le resultan familiares. Este tipo de contacto refiere a que el sentido del tacto es el que prevalece por sobre el resto de los sentidos. Una frazada de tela suave, un trozo de seda, el agua tibia de la bañera, el pecho de la mamá son estímulos que se constituyen en estímulos por que ingresan por la vía táctil. Por tal razón, es de vital importancia el contacto mediante caricias y masajes en la expresión afectiva; más aun, numerosas investigaciones dan cuenta de que los bebés privados de caricias son menos felices y sanos que aquellos cuyos padres les brindaron amor mediante el contacto físico.

En la medida que el niño no camina, exacerba su gestualidad del rostro y manos y realiza movimientos torpes que más adelante pulirá y rectificará. Tipos de miradas, gestualidad bucal, el reflejo de agarrar (como señalamos renglones arriba, que en general es interpretado por las personas como una devolución afectiva), son parte del repertorio de gestos que el niño desenvuelve, mientras que paulatinamente estructura las primeras palabras. Pero la constitución del lenguaje verbal hace que se secundarice el analógico.

Durante todo el primer año de vida, el bebé se comunica principalmente con el llanto: en su evolución perfecciona diferentes tipos de llantos. Si siente hambre, por ejemplo, puede llorar levemente, llorar intensamente, llorar a gritos, hasta que sus padres logren codificar lo que él desea transmitir: *Quiero una mamadera*. A posteriori, simplemente y mediante su lenguaje hablado dirá, por ejemplo: *Quiero una memi*. Pero no sólo se trata de secundarizar el lenguaje paraverbal, sino que como se observa en el ejemplo, es el lenguaje verbal el que crece en su desmedro. Numerosos gestos son reemplazados por la palabra y quedan reducidos a acompañarla, mientras que otros resultan irremplazables por el lenguaje verbal y cobran un status independiente.

Al comienzo de su vida, numerosos son los sonidos que logra emitir un niño y que es necesario codificar. Durante el segundo y tercer mes, el bebé emite otros sonidos, algunos más cadenciosos y modulados, otros tal cual chillidos berrinchosos como expresión de queja. Paulatinamente, expresará diferentes vocales que estirará como un tenor de ópera: ¡¡¡*Aaaaaaaaa, ooooo, eeeeee!!!*, a veces gorjeando en la cadencia de la expresión.

En la evolución de la relación social, pasará de una risa indiscriminada del primer mes a reírse frente a un rostro humano, más aun, cuando los rostros le devuelven la sonrisa estimulándolo a reproducirla. La risa se transforma en una auténtica sonrisa cuando saluda al recibir personas queridas, es decir, cuando las identifica como personas de su entorno familiar, seres que conoce. El niño descubre la risa como respuesta social. Más tarde, la risa le servirá para expresar un estado de ánimo que revela su alegría, aunque no tan claramente como se describe, por lo menos al comienzo. Lo cierto es que su risa origina risa en sus interlocutores y esta es otra forma de conectarse con el mundo y mediar con el entorno. Es a finales del tercer mes, cuando logra seguir con la mirada a las personas que lo rodean y cuando claramente reconoce a su madre y manifiesta tal reconocimiento y alegría mediante movimientos de brazos y piernas.

La importancia que los adultos le proporcionan al lenguaje verbal colabora en gran medida para que el infante avance más rápidamente en el desarrollo del habla. Los padres, generalmente, no aprovechan este período donde la comunicación paraverbal es la que prima. Intentan denodadamente comunicarse con la palabra, a pesar de que el niño no codifique correctamente lo que se le intenta transmitir. En el afán de comunicarse con el bebé, exacerban sus gestos y le adjuntan términos que son deformados por rudimentos verbales con la intención de mimetizarse con la lengua incipiente utilizada por el niño y así lograr el *feedback* tan ansiado.

A. Krueger (2000) señala que en la experiencia de ser padres: *Como es lógico, casi todos los padres están ansiosos de "habla" con su hijo. Sin embargo, aunque comunicarse con el bebé sea tan emocionante, es preferible que en estos primeros meses la conversación sea sencilla. Póngase a la altura del bebé y mírelo a los ojos; emplee palabras y oraciones sencillas y exagere un poco sus expresiones faciales; háblele con voz alegre, un tono más alto que lo normal, y siempre suspenda la actividad si el niño desvía la mirada o comienza a ponerse inquieto.*

Los niños no solamente otorgan relevancia al lenguaje paraverbal en la emisión, sino también que codifican la gestualidad de sus padres. Es decir, poseen una consciencia perceptiva de la gestualidad muy superior a la de los adultos: se encuentran más pendientes del lenguaje analógico al no saberse conducir ni codificar con el lenguaje verbal (más adelante asociará palabra y cosa).[6] Esta consciencia perceptiva, los lleva a captar señales de micromovimientos, de gestualidad hiperfina, que el ojo adulto no registrará o, al menos, no posee registro de consciencia.

Es clásico el ejemplo de cómo los niños se enteran antes que los adultos cuando la mamá está embarazada. ¡Cuál será el cúmulo de gestualidades –de las que no tenemos registro– que transmitirá la pregnancia del óvulo! O las discusiones o gestos de displacer o enojo o rechazo. Los niños no entienden el contenido de lo que se dice, en cambio, codifican las intencionalidades, emociones y sentimientos que se expresan mediante el universo analógico. Esto hace que, como padres, seamos doblemente responsables y cuidadosos en las conversaciones y diálogos problemáticos que se desenvuelven frente a nuestros hijos y no abusemos de la típica frase *No entienden*, puesto que como se observa, captan mucho más de lo que el adulto puede llegar a comprender.

A esta altura de su evolución, el niño comienza a manejar su cuerpo y a organizarse dentro del espacio que ocupa. Menuda tarea, si se piensa que un tiempo antes se hallaba dentro del vientre de su madre en un clima ideal, insonoro y sin necesidad de requerir sus necesidades básicas. Entre los 3 y 6 meses, el niño empieza a coordinar su universo visual y táctil. Podrá observar un juguete, por ejemplo, tomarlo, moverlo, mientras que focaliza su mirada en él.

Pero, en este período, los objetos no tienen permanencia, es decir, desaparecerán una vez que los ha dejado. Paulatinamente aprenderá que, mientras que él está experienciando otras cosas, los objetos continúan estando donde los dejó. Las cosas comienzan a tener cierta permanencia en su mente cuando se hallan fuera de su campo visual, pero se

---

[6]   El término *cosa* se utiliza como sinónimo de objeto, persona o situación.

desvanecerán en corto tiempo, puesto que espera encontrarlas nuevamente en el lugar donde estaban y en un perímetro que delimita, cuando retorne a observarlas. Esta permanencia está conectada directamente con la acción y no implica todavía la idea de independencia de una actividad orgánica.

Todo lo que el niño supone es que, si continúa girando la cabeza o bajándola, podrá ver cierta imagen que acaba de desaparecer, que bajando la mano encontrará de nuevo la impresión táctil que poco antes ha experimentado, etc. [...] al extenderlas, o bien redescubre las imágenes desvanecidas, o bien supone que se hallan a su disposición en la misma situación en que comenzó la acción que se desarrolla. (Piaget, 1969).

El universo del niño es, hasta esta etapa, solamente una cantidad de imágenes indiferenciadas que surgen de la nada a la acción y cuando esta concluye, vuelven a la nada. En la medida que evoluciona, las imágenes persisten más tiempo que antes, puesto que el niño intentará hacer permanecer las acciones durante un lapso más prolongado. El hecho de darse cuenta de que fuera de su vista los objetos permanecen y luego de un tiempo pueden reaparecer, aunado al comienzo del desarrollo de la noción de causa y efecto, genera una gama de juegos posibles. Por ejemplo, los juegos de *magia* en donde se hacen aparecer y desaparecer objetos, saber en qué mano está escondido, etc., actividades lúdicas en las que se constituirá en experto a los ocho o nueve meses.

Desarrolla la noción del uso de las manos como *herramientas*: extiende las manos hacia los objetos con las palmas abiertas, para cerrarla precisamente a la medida del objeto con la finalidad de ejercer la fuerza correspondiente. También usa las manos para pedir cosas, pero además para decir *¡No!*, por ejemplo, cuando alguna comida no le gusta no sólo moverá su cabeza rechazándola, sino que usará sus manos para retirar la cuchara o el plato. Reconoce la voz y presencia de la madre y de otros familiares, y se convierte en un hábil manipulador mediante ciertas contorciones de su cuerpo o utilizando el llanto para que focalicen la atención en él.

Esta es una etapa, entre los tres y seis meses, en la que el bebé intenta conseguir lo que desea. Tiene rabietas cuando no lo logra y fracasa, y manipula a todo su entorno con las ventajas de ser el rey de la casa. Ha continuado perfeccionando el levantar los hombros mientras que se encuentra boca abajo, controlando con mucha gracia la cabeza. Adquiere más fuerza en su tronco y es capaz de dominarlo de manera rudimentaria: rueda sobre sí mismo, al inicio de casualidad, lo que le permite experienciar y reproducir este movimiento una y otra vez. Gira sobre su columna, de boca abajo a boca arriba y se ayuda a veces con los brazos y su pancita. Algo que no deja de sorprender a sus padres es el hecho de que logra sentarse, alrededor de los cuatro meses, y lo hace durante varios minutos con su cabeza un tanto erguida y otro tanto bamboleante. Durante estos tres meses del primer semestre, se sentará con mejor postura con la espalda recta y utilizará menos las manos para reforzarse si pierde el equilibrio. Llegará a jugar en esa posición o alcanzar juguetes que se encuentran más distantes.

Además de alcanzar otra dimensión –ya que hasta el momento el bebé conocía el plano horizontal y ahora se eleva por sobre su cintura manteniéndose en el mismo lugar– con el objetivo de comenzar a dominar el espacio y sus movimientos, se inicia en el reptar. El reptar es un movimiento de tránsito precursor del gateo que, sin utilizar las manos ni los pies, hace que llegue a lugares insólitos bajo la mirada sorprendida de los padres. Aunque la apuesta continúa elevándose: cuando es sostenido de sus manos en posición vertical, tiende a apoyar sus pies y soportar el peso de su cuerpo al menos por unos minutos y, por supuesto, de manera inestable. Salta y brinca, mientras que se encuentre en esta posición en el regazo de su entorno afectivo.

Pero esta independencia en los movimientos trae aparejados ciertos problemas menores para los padres. Cambiarle los pañales y vestirlo es toda una empresa y labor en equipo, acciones que generan las discusiones más inverosímiles entre los padres, génesis de futuras triangulaciones, alianzas y coaliciones. El niño desea conectarse con todas las cosas que observa que poseen los demás: la corbata del padre, los lentes de mamá, despeinar el cabello con gel del padre, mancharle su camisa, rasparle la nariz a su hermano mayor, jugar con un papel de la basura o arrancarle un aro a su madre, etc. Si el bebé hasta el tercer mes expresaba sus emociones mediante el llanto, o quedándose extasiado con el móvil en su cuna, o expresando su alegría agitando sus brazos, ahora, en este segundo trimestre de vida, las emociones adquieren un rango de mayor complejidad. Demuestra su felicidad mediante risas y gorjeos y sonrisas llenas de ternura, pero la tristeza no alcanza la demostración que adquiere el adulto, en el infante se transforma en rabietas de diferentes colores.

La expresión de las emociones determina diversos movimientos interaccionales. Por ejemplo, de cara a los besos y las caricias devolverá sonrisas, si se enfurece se traducirá en la agitación de manos y piernas y gritará en extremo. El bebé está alerta en relación a su entorno, razón por la que desea relacionarse, jugar, *hablar* en su ininteligible lenguaje que hay que aprender a decodificar (o más bien a codificar). No se siente intimidado por desconocidos y disfruta de la música, sea cual fuere, e intenta seguirla de una manera obviamente bizarra.

El lenguaje verbal avanza. Balbucea algunos sonidos guturales y gritos para situaciones de felicidad o bronca. Alrededor de los seis meses, reconoce la voz femenina y también es capaz de reconocer su nombre o el de objetos conocidos que posean nombres sencillos como su mamadera, chupete o su propio nombre. Podrá establecerse un diálogo en donde el bebé se encargará de entender al adulto; registrará, así, una serie de palabras que luego articulará de manera gutural en monólogos. Se deja atrapar por libros

de cuentos poblados de colores, que se articularán con la
cadencia de la voz y el ritmo del discurso de un contador de
cuentos afectivo y vivaz.

La conducción de su cuerpo y las posibilidades de utilizar los recursos de sus movimientos, hacen que el niño
logre comenzar a manejar el volumen de su cuerpo en un
espacio. Es decir, torpemente al comienzo, sin lograr medir
las distancias de manera correcta, con poca gracilidad, el
infante paulatinamente pulirá su movilidad fina y gruesa
en el intento de construir su realidad personal. Jugará con
sus juguetes de manera *bruta*, tomará sus muñecos y con
ansiedad intentará desmembrarlos, aplastará sus autitos y
más adelante los desarmará con afán de descubrir sus partes, etc. Todos sus movimientos se encuentran exacerbados:
golpeará de más para hacer música, saltará incansablemente
arriba de la cama de los padres, querrá servirse un jugo y
rebalsará su vaso.

El descubrimiento de sus partes corporales se constituye en una de las herramientas que lo alientan a establecer
mayor conexión con su mundo. Los giros de cabeza a ambos lados le permiten ampliar su radio visual; giros del torso
le posibilitan alcanzar objetos y aumentar su rango de observación. Entre los 7 y 9 meses, el descubrimiento del uso
de sus manos lo llevan a lograr *apresar* objetos, tocarse, tocar
acariciar, pegar, defenderse, etc.; mover sus piernas hasta sa-
cudirlas le sirve para expresar alegría y bronca. Logra abrir
su mano y aprehender un objeto, calculando sus dimensiones y la presión que debe ejercer para tomarlo. Se ha dado
cuenta de que el uso del pulgar y el índice, tal cual una
tenaza, lo lleva a poder tomar el objeto más diminuto que,
de hecho, es algo que le llama poderosamente la atención.
Por tanto, migas, bolitas de peluche y otras pequeñeces del
mismo tenor, atrapan su mirada.

El tocar implica que el niño experimente sensaciones
nuevas mediante el sentido del tacto que, por otra parte, es

el sentido más primitivo: el bebé desde su nacimiento (tal como lo hemos expresado) se encuentra en contacto piel a piel con su madre, por ejemplo, en el amamantamiento, y con otras personas del entorno que le manifiestan el afecto a través de caricias. Mediante la mirada, en principio, aprende a reconocer el cuerpo del otro, a reconocer quiénes son los otros y atribuirles rótulos vinculares, para luego conectarse a través del tacto. Este reconocimiento conjuga mirada y acción (de tocar) en un espacio. Sugiere una de las primeras demarcaciones de las fronteras del propio cuerpo y el cuerpo del interlocutor.

Esta tarea explorativa mediante el uso de la herramienta de sus manos, no solamente se reduce a tocar al otro, sino también a expresar emociones y sentimientos: acariciará como expresión afectiva y rasguñará, empujará, pateará, o pegará con sus manos como signo de bronca. Aunque todas estas alternativas de exploración no van dirigidas únicamente al otro sino a sí mismo. El niño se reconoce en sus diferentes partes y se toca en acción de exploración, en la que las manos en su boca pueden considerarse el bastión de la primera indagación personal y fuente de placer. Puede quedarse jugando con una de sus orejas largo rato o con su ombligo y sus pies, por ejemplo; o tocar su ano y jugar con su esfínter, o más adelante encontrará sus genitales, cuyo manoseo le traerá satisfacción y placer. Estas acciones de buceo, se ven beneficiadas por la elongación y flexibilidad muscular que, desde temprano, le hacen acceder a partes de su cuerpo imposibles para la persona adulta (un humano adulto necesitaría varias clases de ejercicios de estiramiento para lograr algún mínimo resultado que se parezca al logrado por él).

Comienza a tener el dominio de su cuerpo, domina los músculos de su espalda y logra sentarse, inclinarse hacia delante, agarrar un juguete, moverlo. Inicia el camino de una gran destreza locomotora, logra pararse agarrado de los barrotes de su cuna con movimientos contorsionistas, aunque no logra afirmarse sin ayuda y se caerá si trata de mantenerse por sí solo. De la misma manera, es agradecido cuando es sostenido de los brazos o por sus axilas y expresa potencia en sus piernas e intenta avanzar con algunos pasos rudimentarios. Pero al final de los nueve meses, es factible que pueda mantenerse de pie unos instantes y hasta dar un paso antes de caerse de nalgas. Al poco tiempo, estos pasos se coordinan en una seguidilla y el niño observará el mundo desde *las alturas*. Su avidez descubridora se multiplica: intenta tocar, tomar, mover cualquier objeto que encuentre a su paso y por su poca coordinación en movimiento y potencia, los adornos de la casa sufrirán los accidentes previsibles. El hogar pasa por el *síndrome de la inundación*: los objetos se colocan cada vez en lugares más altos, cuestión de que queden fuera del alcance del niño.

Todos los desarrollos corporales se elucubran en un perímetro reducido, mientras que el niño no camine. El niño bebé se dinamiza en un espacio que abarca la longitud de sus extremidades. Cuando comienza a gatear, entre los 7 y 10 meses, el radio de sus acciones se amplía notablemente en longitud pero no en altitud: el mundo será observado y construido a pocos centímetros del suelo. Recién con los primeros pasos, se incorpora y el mundo cobrará otra dimensión, que excede el ras del plano tierra.

Cuando comienza el gatear, el bebé se vuelve más independiente al controlar parcialmente el espacio. Ya no necesita tanto de sus padres para ciertas situaciones. Puede gestárselas él mismo, y aunando el gateo con el uso de la *prensa* de sus dedos, comenzará una ininterrumpida carrera de tomar objetos, observarlos y arrojarlos. Existen diferentes tipos de gateo, y desde la forma más simple hasta la más compleja, modifican la cognición del niño. Estilo *cangrejo*, desplazándose de costado apoyándose en la rodilla y el pie. Gateo *cruzado*, cuando llevan una mano hacia delante y adelantan la pierna del lado opuesto. Los hay que gatean sin apoyar las manos en el piso y los que gatean *de nalgas*, avanzando con movimientos de salto.

En la medida que avanza en su desarrollo locomotriz y su pieza se encuentra repleta de juguetes de todo tipo – juguetes más o menos apropiados para su edad–, que sus padres y familiares fruto más del afecto que del raciocinio se han encargado de regalarle, el bebé puede también iniciar juegos solo. Aprenderá la noción de adentro y afuera y comenzará a colocar objetos más pequeños en otros de mayores proporciones, concentrándose en esta actividad. Tomará juguetes y los mantendrá cierto tiempo apresados en su mano y los pasará de una mano a la otra.

El bebé descubre que si señala algún objeto, los padres dirigirán su mirada hacia este y le entenderán, como también él mismo observará un objeto que alguien le señala. La madre le muestra objetos y le menciona su nombre, lo que comienza a constituirse en verdaderos ejercicios de asociación entre las cosas y su nominación. También decodifica gestos simples, mediante los ademanes típicos que expresan *¡Hola!* o *¡Adiós!* En esta etapa empieza a descubrir la profundidad, por lo tanto, puede aparecer el miedo a las alturas y más adelante estructurará acciones de evitación de riesgo. Si bien los objetos han adquirido cierta permanencia independientemente de que los experimente, todavía no confía en que figuras de relevancia afectiva como sus padres, cuando desaparecen de su vista, continúen estando en algún lugar de la casa. Entonces, expresa sus sensaciones de angustia mediante el llanto o el clásico fruncimiento de labios haciendo *puchero*.

En su faceta social, el bebé que a los tres meses sonreía frente a un extraño y a los seis lo miraba con curiosidad, en este período siente miedo, se angustia y esconde su carita en los hombros de sus padres ante la mirada de alguien que no lo identifique con su círculo afectivo. Si su madre se aleja mucho, cuando él está con otros niños o se encuentra solo y su madre no está en su campo visual, es posible que desencadene un profundo llanto tal cual fuese el único pobre niño abandonado y solo que existe sobre la faz de la tierra. En esta etapa, surge lo que da en llamarse la angustia del octavo mes.

Esta angustia se desencadena cuando la madre no se halla a la vista del bebé o frente a la aparición de *desconocidos*. El bebé descubre que es un ser individual y que puede conducirse de manera independiente, y quizá sea este uno de los motivos por el que tema perder a su madre. Por tal razón, se angustia cuando no logra ver a su mamá, dado que sus estructuras cognitivas no se encuentran lo suficientemente desarrolladas para tener el registro de la permanencia de las cosas mientras que él no las observe. Así, las madres tararean canciones o musitan mientras se encuentran en otros lugares de la casa, con tal de que su hijo sienta de alguna manera su presencia. O padres o madres que se escapan para poder salir de sus casas o crean rituales de despedida para evitar los accesos de angustia de su hijo. Como la madre de una paciente, que cuando realizaba tareas de limpieza en lugares alejados de la casa y su hija era pequeña, encendía la radio para mantener viva su presencia.

El bebé se angustia, también, cuando desconocidos se le abalanzan para expresarle su cariño mediante besos y caricias de manera abrupta. El bebé necesita un tiempo para adaptarse a las personas de manera paulatina, razón por la que es importante que se acostumbre al contacto con otros niños u otra gente y en otros lugares, como casas de familiares o lugares públicos como plazas, etc.

Otro punto de relevancia es la mirada. El niño no sólo observa los ojos de sus interlocutores (y más si son interlocutores con un *quantum* afectivo importante y vital), sino la forma en que lo miran. *A veces notará que su bebé la observa para saber cómo debe reaccionar o sentirse en determinada situación* (*y para comprobar si está haciendo algo que no debe*). *Interpreta las expresiones faciales y el tono de voz para saber qué hacer o cómo reaccionar*, afirma Anne Krueger (2000). Quiere decir que la interacción otorga las señales para adjudicar referencias de valores, pautas de comportamiento, guías de acciones, como también semánticas gestuales.

Alrededor de los ojos, se instalan una serie de músculos muy pequeños que le otorgan señas particulares a nuestra mirada, de lo contrario, nos asemejaríamos a las típicas muñecas de porcelana, inexpresivas en su mirada y rostro en general. El infante captará impresiones, sentimientos, emociones, etc. Por ejemplo, a la hora de comer, seguirá con movimientos de cabeza que centran su mirada en el interlocutor parlante. Inclusive, hasta participará en la conversación mediante guturalismos y frases entrecortadas o hablando ininteligiblemente pero como armando una frase comprensible. Alrededor de los nueve meses es cuando logra articular palabras como *papá* y *mamá* y comenzará el camino de reducir su lenguaje analógico en la medida que evolucione su lenguaje verbal. Cada vez utilizará menos el llanto para expresar sus displaceres, y usará su voz y expresiones para manifestar lo que desea o su bronca por lo que repudia. Mediante gestos y sonidos pedirá ser alzado, algún juguete o se despedirá o requerirá protección.

También, desarrollará un agudo proceso de identificación con las personas que tienen para él una impronta afectiva significativa. Imitará movimientos y gestos, actitudes y sesgos de intencionalidad, principalmente de sus padres. Más adelante, el niño copiará movimientos que se traducen en acciones por imitación, para luego, en agudo proceso, incorporarlos para sí y aplicarlos en los momentos precisos. Así, se descubre a un niño que se encuentra atrapado en su atención mientras que su padre se afeita, o una niña, extasiada con su madre mientras cocina o se viste. Más tarde, la reproducción de estos movimientos se expresa de una forma lúdica mediante el juego para después incorporarlos a la vida real.

A los nueve meses, el juego es una actividad que disfruta. Dedica mucho tiempo a jugar solo y en la medida que evolucione, logrará compartir su espacio u otros espacios con otros niños, sus juguetes y demás objetos que considera de su pertenencia. En esta etapa, no alcanza a entender qué significa que las cosas sean de su propiedad; esta noción está más relacionada con objetos que le son familiares. Es decir, no sabe ni entiende que son de él sino que le resultan comunes y cotidianos a sus ojos.

En la medida que conciencia vínculos, desarrolla la interacción y hace progresar su imitación de gestos, dominándolos. O sea, comienza adrede a transmitir información mediante su gestualidad, en pos de que sus padres y su entorno en general codifiquen lo que intenta transmitir. También mostrará su placer o displacer mediante su gestualidad y acción: fruncirá su cara, su ceño, su boca cuando alguna comida no le guste o directamente la escupirá; depositará su labio inferior sobre el superior si está angustiado, levemente se sonreirá y cerrará sutilmente sus ojos en los momentos placenteros. El niño ha comenzado a *hablar* desde su gestualidad. Realizará las típicas *monerías* agudizando su gestualidad y a cambio, obtendrá de su entorno el agradecimiento, las expresiones verbales de aprobación, las caricias como señal de afecto. Aunque gran parte de estas monerías tienen su base en la imitación, no son ni más ni menos que las monerías que la gente cercana hace con la intención de comunicarse analógicamente. Los adultos se hallan pendientes de la gestualidad del infante, con el afán de obtener un *feedback* de él. Cualquier gesto del bebé podrá interpretarse como una devolución a la comunicación gestual que se ha intentado establecer.

Entre los 10 y 12 meses, si bien la mayoría de los bebés utilizan el gateo, pasan mucho tiempo de pie, tomados de una silla o del respaldo o laterales de la cuna. El período en el que es normal que un niño camine es de los 8 a los 18 meses. Durante este lapso, logra adquirir la evolución muscular, la destreza y coordinación para dar una serie de pasos seguidos sin terminar de nalgas en el piso. El niño pasa de 5 cm del piso a 30 cm, y esto implica todo un desafío a la estabilidad. Los padres y el hijo danzan juntos en este aprendizaje del caminar. La madre lo tomará de las manitos y poco a poco –descentradamente y bamboleándose al principio– dará los primeros pasos.

En la medida que evoluciona su locomoción, el niño transgrede las fronteras de su cuerpo estático y abarca lugares, rincones, explora objetos, construye espacios en el espacio. Su universo espacial se ensancha y sin concienciar el peligro, se atreve a explorar numerosos lugares que pueden hacer correr riesgo su vida, por ejemplo, desde treparse o descender de una cuna, hasta meter sus dedos en el toma corriente. Como señalamos con anterioridad, a posteriori, comenzará a darse cuenta del peligro al entender el riesgo que encierran ciertas situaciones o simplemente el *¡No!* a través del límite de sus padres. Aunque de una manera menos racional, comenzará a sentir las primeras sensaciones de miedo.

Es una época donde el niño comienza a trepar. Sillas, puertas cancel y diversos objetos obturan la entrada a escaleras, defensa que los padres colocan frente a la posibilidad de que el bebé termine en las alturas con el riesgo que eso implica. Y, también, el niño domina cada vez mejor el agacharse a recoger algún juguete que se halla a su paso con admirable sincronización. Muestra su destreza manual, cuando toma torpemente un lápiz y logra hacer garabatos amorfos que perfeccionará con el paso del tiempo organizando cabeza, tronco y extremidades.

Como en las etapas anteriores, el bebé adora el agua y le encanta el momento del baño, momento en el que el contacto con el agua tibia, el champú y el jabón suaves, las caricias de los padres cuando lo bañan, el correr del agua en su bañera conjugan la exaltación de una serie de sentidos como el tacto, el olfato, la vista, el oído. Cada vez, disfruta más del agua, chapalea con sus pies y manos y aprovecha para jugar con algunos muñecos. Después del año y medio o dos años, abandonará el placer por este rito y se resistirá a lavarse.

La locomoción hace que el bebé se convierta en un pequeño explorador. No dejará lugar sin revisar. Minucioso y detallista, buscará en lugares insólitos y colocará sus dedos en lugares prohibidos poniendo en riesgo su vida. Es un período donde los padres están muy atentos y deben duplicar su control. En este período, le encanta observar y hacer pasar páginas de un libro de cuentos. Por supuesto que no se trata de leer, sino que lo atrapan los dibujos y más aun, los diseños de animales conjugados con colores.

Con respecto al desarrollo de su lenguaje, los niños de un año logran articular de tres a seis palabras ininteligibles algunas y con cierta claridad otras, de las que *Papá* y *Mamá* hacen gala de locuacidad. Continuará expresándose gestualmente, mostrando visos de alegría, tristeza o rabia, mientras el lenguaje verbal continúa su avance. Asociará de manera correcta con el objeto de la realidad que representan algunas palabras que le mencionen repetidamente. Si le hablan de las estrellas o las nubes, mirará el cielo. Un animal determinado, como su perrito, su juguete predilecto, el vaso que siempre utiliza, la figura de sus padres, o el nombre del hermanito, entre otros, pueden ser estímulos que lo hagan dirigir su mirada en la dirección que se encuentren.

A esta altura de su evolución, sus movimientos se hallan más organizados y armónicos. Movimientos que se aúnan a una increíble fuente de energía que se encargará cada día de descargar para recargarse durante la noche y así comenzar una nueva jornada. Rudimentariamente, utiliza utensilios para comer e intenta llevarse una cuchara a su boca o beber de un vaso, bailar con gracia torpe conjugando música con movimiento y desplazarse con vehículos con ruedas (la famosa *zapatilla*).

Pero, fundamentalmente, el cuerpo, el espacio y el movimiento se articulan en el juego. El juego lleva a que el niño construya espacios, invente lugares, sueñe despierto, mezcle sus fantasías con la realidad. Lo obliga a que en esos lugares que diseña y proyecta sus fantasías, accione en consecuencia, es decir, se confeccione un personaje y articule movimientos. El juego lo lleva a involucrar objetos, manipularlos, explorarlos, operarles varias *cirugías* en pos de observar sus partes, tocarlas, ahondar en sus dimensiones. Si bien puede jugar solo, el juego lo socializa aun más, pues involucra a otras personas, desde sus padres y familiares hasta los primeros amiguitos. Jugará identificando sonidos animales, encastrando diferentes figuras geométricas. Círculos con círculos, cuadrados con cuadrados, triángulos con triángulos, etc., se colocan y se extraen tantas veces como el niño se lo propone, y buscará orientación y auxilio de sus padres o abuelos para ser ayudado en la tarea. Jugará con otros niños, pero no compartirá el juego, sino que jugará cada uno su juego simultáneamente.

Estas actitudes lúdicas de sus comienzos de vida se reforzarán, a posteriori, en la llamada etapa de latencia. Mientras tanto, el centro de la escena es el espacio de su casa. Un patio, un parque, un cuarto, su habitación, son lugares donde podrá desarrollarse en el juego. Extra radio, las plazas, las salitas más tempranas de los jardines de infantes, las casas de otros, los clubes verán al niño desplazarse y acomodarse a los nuevos escenarios de juego.

Cognitivamente, todas estas acciones tienen su base en lo que Piaget llamó el método del *ensayo y error*. Este método no es ni más ni menos que un procedimiento heurístico, que posibilita a un sistema buscar modificaciones comportamentales cuando se encuentra en un medio desconocido, con el objetivo de asegurar su adaptación y regularidad. Del resultado de estas acciones, se acumula información nueva que engrosará las estructuras conceptuales, o sea, un mapa de la realidad.[7]

Este mapa es expresado a través del lenguaje, y es este mismo el que muestra la subjetividad y autorreferencialidad en la mirada, por medio de los significados que son atribuidos a la cosa observada. En el plano sintáctico, por medio de las convenciones lingüísticas, en los sustantivos y adjetivos calificativos principalmente, es donde se ponen de manifiesto las expresiones más claras de las atribuciones semánticas individuales, por sobre los objetos del mundo externo, por lo tanto, el nombre no es la cosa que se nombra. El nombre es el convenio por el cual llamamos a algo de una determinada manera, es el que nos permite, a través de un código lingüístico, comunicarnos e intercambiar, saber acerca de lo que se habla; la atribución de valor se observa más en las adjetivaciones. (Ceberio y Watzlawick, 1998).

El método del ensayo y error conforma la génesis de la experiencia humana y consiste en un circuito cibernético. Cuando el niño (y el mismo proceso se produce en el adulto a lo largo de toda su vida) intenta, por ejemplo, alcanzar un objeto y se equivoca en la distancia, existe un ángulo de desviación que deberá ser rectificado si se desea que la experiencia resulte exitosa. El niño acudirá, por así decirlo, a la ayuda de un adulto que le indicará la distancia correcta. Si el niño logra reproducir esta información en la pragmática y acierta el objetivo, no sólo ha corregido el ángulo de

---

[7] El concepto *mapa* alude a una representación mental (representación como construcción) de la cosa observada. El mapa de un país no es el país, es una escala convencional que posibilita orientarnos, por ejemplo, cuando estamos en un terreno desconocido. Todos compartimos esa imagen, pero si se experiencia el territorio concreto del país, las vivencias de los observadores serán diferentes, cada uno recortará y verá lo que su cognición le permite ver. De allí la concordancia y divergencia de opiniones acerca de lo observado.

desviación, sino que ha introducido información nueva en su cerebro y cognitivamente ha enriquecido sus estructuras conceptuales.

Si la información recibida es inadecuada, el ángulo de desviación podrá reducirse o ampliarse, o quedarse fijado en el mismo lugar. De acuerdo a las particularidades del contexto y de los participantes de la experiencia, se intentarán acciones de corrección tantas veces como sea necesario hasta lograr su finalidad. Este es el mecanismo que se desarrolla en un proceso de aprendizaje, y esta experiencia eso es: un modelo de aprendizaje; aunque más allá de que se describa en la infancia, este modelo se desenvuelve a lo largo de toda la vida y en forma cotidiana.

Pero no sólo es el contenido de la información el que se incorpora. La efectividad de llegada en la asimilación del contenido depende de cómo se transmite. O sea, la forma y el estilo de interacción son determinantes. Una madre que, regularmente, indica la información correcta pero con una actitud descalificante, mediante su gestualidad o cadencia tonal, obstaculizará la funcionalidad comunicativa y creará un futuro desvalorizado o minusválido emocional. No nos estamos refiriendo a eventuales malas contestaciones, sino a la permanencia y estabilidad de un mecanismo, en este caso, descalificador. Es decir, adjunto a la información, también se introducen sentimientos y emociones: se lee *Eres un tonto* o *Eres capaz* o *Te quiero*.

Piaget (1937) diferencia dos tendencias del organismo cuando interacciona con el contexto. En la experiencia, el niño asimila el proceso y el resultado para, en una segunda instancia, acomodarla en su estructura cognitiva. Asimilación y acomodación dependerán de mecanismos de *organización* y de *adaptación*, teniendo en cuenta que todo organismo –desde el unicelular hasta el más complejo– se organiza para mantener su identidad, y de esta manera se adapta al ambiente en donde intenta evolucionar.

Toda la información de las interacciones con su medio ambiente que recibe el niño, la acomodará a esquemas conceptuales que ha estructurado en su mente para poder asimilarla. Estos esquemas se sustentan en las informaciones nuevas acumuladas en su cognición que, efectivas o no, dan cuenta de pautas de acierto o de equivocación. La construcción de la realidad, entonces, se organiza de manera recurrente: el infante asimilará los sucesos externos que atrae para sí y estructurará mapas conceptuales que serán aplicables (o no) para posteriores acomodaciones a nuevas experiencias. Epistemológicamente, seleccionará estímulos que facilitarán posteriores asimilaciones en un todo recursivo. En un supranivel, los procesos de adaptación y organización operan también de manera recurrente, en relación directamente proporcional a los *inputs* que proporcionan las correlativas acomodaciones y asimilaciones. No obstante, las reglas del pensamiento operativo se desarrollan como resultado de la interacción del organismo con su ambiente, con antelación a que se confirmen, anulen o rectifiquen con los procesos del pensamiento abstracto.

Este proceso crea una simbología que aúna imágenes y semánticas, que posibilita realizar abstracciones. Esta simbología son esquemas referenciales que permiten realizar analogías y efectuar isomorfismos. Es decir que, en la experiencia, además de recibir el auxilio de la información del entorno, el niño apela a sus propias estructuras conceptuales generando asociaciones que le permiten deducir resultados o acercarse a acciones coherentes para rectificar errores. Las conceptualizaciones que muestran estos esquemas, al niño le permiten reflexionar.

El líder del Constructivismo radical, E. von Glasersfeld (1994), señala que el hecho de trazar distinciones (estableciendo comparaciones) mediante *la diferencia y la semejanza* permite elaborar nuevas construcciones. Es J. Spencer Brown (1973) quien remarca que toda distinción es producto de una comparación y especifica el tipo de comparación cuyo resultado no es una diferencia, sino una semejanza.

Si el resultado de la comparación es la semejanza, dentro de esta tipología se concluye que dos cosas son iguales o son la misma cosa. A este tipo de igualdad, Glasersfeld la llama *equivalencia* y constituye un punto relevante en la construcción de conceptos. Cuando se habla de que una cosa es igual o similar a otra, es porque pertenece a la misma categoría (o sea que es igual o equivalente), pero afirmar que es la misma implica identidad individual de las cosas y es un concepto importante en la construcción de la realidad, puesto que introduce la variable tiempo y permanencia. Por lo tanto, la equivalencia y la identidad individual son los resultados de un proceso de abstracción, que permiten establecer comparaciones que ejecutan distinciones del orden de la similitud o igualdad, ya sea porque pertenecen a la misma clase o porque colocan la variable temporal y nos llevan a decir que algo es la misma cosa.

Pero atribuir a algo una identidad individual no está exento de problemas. Supongamos que yo estuve en esta misma conferencia ayer y, como ahora, tenía un vaso con agua delante de mis ojos. Hoy entro y digo: ¡oh, es el mismo vaso, es idéntico al vaso que ayer estaba aquí! Si alguien me preguntase cómo puedo saber si es idéntico o no, tendría que buscar alguna característica particular que lo distinga de los demás vasos. (Von Glasersfeld, 1994).

Esta dificultad conceptual es resuelta muy tempranamente (entre los 18 meses y 2 años) y Piaget la llamó *externalización*. Externalizar refiere a comprender que los objetos perduran aun fuera del alcance de nuestra experiencia. Afirmar que ese objeto es el mismo que el que hemos observado con antelación es aceptar que a pesar de no haber formado parte de nuestra experiencia sensorial, el objeto ha mantenido algún tipo de continuidad en el tiempo fuera del mundo de nuestra consciencia. Debe haber, entonces, un sitio más allá del campo de la experiencia en el que el objeto pudo ser, mientras que nos ocupábamos de experimentar otras cosas.

Von Glasersfeld llama *protoespacio* al lugar donde pueden guardarse las representaciones de las cosas, con el fin de que mantengan su identidad individual en el tiempo en que no se experiencian; por lo tanto, se involucran las nociones de *mientras y durante*. Mientras que no las vivenciamos, el ser de las cosas se mantiene en ese depósito y se extiende hasta que se vuelven a experimentar. A la sinergia entre el flujo de la experiencia y la permanencia de la identidad individual extendida durante intervalos desde su depósito, el autor la llama *prototiempo*, donde están presentes las nociones de *antes y después*.

Después del primer año de vida

Después de su primer año de vida, el niño continúa con una arrolladora serie de conductas evolutivas que lo conducen en el espacio y en el movimiento a ser cada vez más independiente. El hecho de lograr caminar y de, cada vez más, plantarse estable en su bipedestación, hace que el infante pueda recorrer diferentes sectores de su casa y sus juegos se sofistiquen, es decir, adquieran mayor complejidad. En la medida que el niño desarrolla más su lenguaje verbal, amplía su universo de comunicación con menor esfuerzo, no solamente para él mismo, sino para su entorno, que no debe *adivinar* qué desea cuando se expresa mediante gestos, llanto o gritos.

El control de esfínteres lo lleva a conocer otros lugares que no le llamaban la atención, por ejemplo, el baño. Además de sus heces, son objetos los que arroja en el inodoro, con ambición lúdica y con el afán de explorar profundidad, de la misma manera que introduce objetos de menores proporciones en objetos más prominentes.

Su perfeccionamiento en la conducción de sus dos piernas aunado a su mayor fuerza hace que trepe sillas, bancos, salte y haga cabriolas en la cama de sus padres facilitado por las dimensiones y amplitud del lecho, pero más tentador le resulta subir escalón por escalón de las escaleras de la casa, volviendo a los padres casi paranoicos en su preocupación ante un posible traspié. Así los accesos a escaleras son obturados por objetos que bloquean el paso, en principio, para después ser sustituidos por puertas canceles que se cierran con pasadores, fuera del alcance de las manos del niño, puesto que su afán hurgador hace que también se dedique a descubrir cómo se abre la puerta.

El manejo de las aberturas de puertas, siendo facilitado por su altura, el ingenio y la destreza, aunados a la picardía, facilita el acceso a otros espacios, muchos de ellos vetados por los padres, porque escapan al control visual de sus chiquillos. En muchos de esos espacios, se encuentran tomas corrientes u objetos peligrosos para el niño, o es el niño quien resulta peligroso para alguno de los objetos. Así los padres comienzan el peregrinaje al encuentro de las viejas llaves de cada una de las puertas, para ejercer mayor control sobre el infante. Quiere decir que en la medida que el niño adquiera mayor autonomía, mayor será la preocupación de los padres y el control consecuente.

Pero, si bien el niño intenta bregar por su independencia, continúa demandante e impaciente. Es una suerte de ambivalente, que no quiere ser reprimido ni que se entrometan en sus actividades, pero que a la vez necesita que sus deseos y necesidades sean abastecidos ¡ya!, o sea, no entiende de postergaciones. Su leche, la presencia de su madre o su padre, el juguete preferido, etc., cualquier elemento puede ser causa de una rabieta si no es saciado rápidamente. Poco entiende el significado del término *No*, término que los padres deberán agudizar en la medida que el chico transgreda los espacios y las cosas permitidas.

En pos de la conquista de espacios, el niño-conquistador sienta sus bases en diferentes partes de la casa. Hasta el momento, no concienciaba de que su habitación (la que sus padres le han creado para su propiedad) era su *sede oficial*. Ahora, es su central de juegos, depósito de juguetes, lugar de dormir, mirar TV, entre otras actividades, pero también es un lugar para compartir. Así invitará a amiguitos, abuelos, padres, hermanos y diferentes miembros de su entorno a participar de su lugar. Los tomará de la mano y los invitará a jugar con su lenguaje verbal rudimentario.

En la medida que su motricidad y coordinación avanzan en el desarrollo, la famosa *zapatilla*, el carro pequeño de cuatro ruedas al que hacíamos referencia anteriormente, lo divierte al desplazarse y alcanzar mayor velocidad para llegar de un lugar a otro. Este tipo de vehículo es el prólogo del triciclo y la bicicleta, objetos que lo ejercitarán muscularmente y lo ayudarán a recorrer lugares de la casa, al comienzo chocándose con las paredes, llevándose por delante mesas, sillas y demás objetos, luego coordinando mejor y adquiriendo mayor destreza. La bicicleta la conducirá con rueditas adicionales para, en la medida que practique y evolucione motrizmente, iniciar (no sin algunos cuantos tropezones y caídas) la conducción en dos ruedas.

La destreza del manejo de estos vehículos lleva a que el niño sienta la necesidad de estar en espacios más abiertos y amplios, cuestión de andar y andar sin las limitaciones de paredes ni objetos que obstaculicen el libre movimiento. Esto somete a diferentes pruebas físicas a abuelos sedentarios, a madres anti ejercicios físicos, a tíos excedidos de peso, puesto que su velocidad hace que sus cuidadores corran detrás de él en el intento de cuidarlo.

La vida del infante, paulatinamente, comienza a trascender el perímetro de la casa. Ahora son los parques y plazas, clubes, veredas, etc., los lugares que encierran la diversión y la exploración. Pero también es la escuela. El jardín de infantes, alrededor de los dos años, hace que el niño por primera vez permanezca fuera de su casa durante unas horas bajo la protección de otra persona que no es su madre, ni abuela, ni ninguna persona de su entorno familiar. Un lugar donde debe aprender a compartir con otros chicos, a jugar con otros, a amoldarse a espacios de mayores proporciones que su casa, a conectarse con diversos sectores: el arenero, la salita, el parque, los juegos, etc.

El infante inicia un profundo proceso de socialización. Conoce a otros niños, comienza a tener predilecciones y afinidad con algunos y rechazo por otros. Empieza a tener sentido de amistad e incorpora en su vocabulario el término *amigo* para significarlo como una relación relevante para él. Estos amiguitos pueden ser invitados a su casa, más precisamente, a su habitación, es decir, a compartir y ceder *su* espacio, cosa que al comienzo le complicará y será para él una dificultad. Compartir sus juguetes, su espacio, sus objetos, su comida y, momentáneamente, sus padres no será de su predilección, pero en el proceso al final logrará el objetivo.

Es simpático observar cuando el niño encuentra otro de menor edad. Por ejemplo, una prima o, por ejemplo, un chico de dos años mientras la niña tiene cuatro. En general, se comportan como mayores que indican a los menores lo que deben hacer y cómo comportarse. Adoptan una posición de maestros, tal vez en *venganza* y cansancio de ser el receptáculo de órdenes e indicaciones de cómo deben ser las cosas. Se vuelven cuidadores de lo que ellos no cuidan en presencia de sus mayores. Cuidadores no solamente de los objetos y las cosas de la casa que pueden mancharse, ensuciarse o romperse, sino de los riesgos al propio físico de sus interlocutores: protegerlos para que no se tropiecen, golpeen o lastimen.

La antesala de la amistad y de su sentido se encuentra primitivamente esbozada en los *amigos imaginarios*. Puede encontrarse a niños que, entre las incipientes palabras que comienzan a balbucear, se hallan los nombres de amigos que los padres no conocen, que no son ni vecinitos, ni compañeros en el arenero de la plaza, ni primos, sino que son figuras que sólo transcurren en su imaginación. Estos pequeños duendes fantasmáticos son los que acompañan a los chiquillos en los juegos cuando todavía no se han desarrollado plenamente en su caminar y han excedido los límites de su casa. La casa puede estar en completo silencio y escucharse un ronroneo ininteligible. Los padres, curiosos, seguirán el sonido para descubrir a una *enana* conversando animadamente, disputando, o dando indicaciones de cómo se juega, con un ser imaginario que toma cuerpo en la fantasía del infante.

Los amigos imaginarios obligan al niño, por así decirlo, a desarrollar el juego en un espacio real donde se proyectan sus fantasías con seres fantasmáticos con los que debe interaccionar acomodando su cuerpo real. Sin ser reemplazados y en simultaneidad, los niños incorporan naturalmente a los adultos en el juego: no sólo los llevan a su cuarto, como señalamos anteriormente, sino que los hacen sentar en el suelo, sentarse en su sillita, utilizar sus juguetes, entre otras cosas. Estos son los *ejercicios* que le permiten compartir lo lúdico y que hacen que el infante pueda incorporar amigos extra radio.

Por lo general, los varones tienden a jugar de manera más torpe, o sea, a emplear la fuerza, los macromovimientos y las acciones propiamente dichas. Saltan en la cama de los padres aprovechando la elasticidad del colchón, se trepan, pasan raudamente –tal cual un corredor de Fórmula 1– con su moto de juguete, arrojan pelotas, tiran autitos y los hacen alcanzar distancias extensas, desarman los mecanismos principalmente de los objetos a batería. En cambio, los juegos de las niñas son más suaves. No son tan expansivas como los varones, se afincan más en un lugar, tratan a los muñecos con mayor ternura, se suben a su triciclo, recorren diferentes lugares de la casa, pero con mayor delicadeza a pesar de su incipiente control de la motricidad.

Estos juegos demarcan las primeras diferencias de género y provocan, a su vez, las primeras triangulaciones. Las madres riñen a los padres por la rudeza de los juegos que establecen con los hijos varones. La lucha, arrojar a los niños al aire y recogerlos tal cual equilibristas, hacer cabriolas, jugar al fútbol, son algunas de las destrezas que las madres objetan a sus maridos, no logrando entender ese tipo de juegos y adjudicándoles poner en riesgo el cuerpo del chico o juzgándolo como peligroso. La crítica se acentúa más cuando es una niña y el juego debe ser más delicado, tal cual las características distintivas que mencionábamos renglones arriba. Los padres, por su parte, atribuyen a la manera de jugar de la madre con el varón una forma *demasiado femenina* para el niño, aduciendo que corre riesgo su identidad sexual.

La casa continúa por largo tiempo en un estilo minimalista. Se halla despojada de objetos que se encuentren al alcance del niño, objetos que le producen una especial predilección en destruirlos, aunque no por la destrucción en sí misma, sino porque su motricidad fina está en pleno desarrollo y no posee precisión en demasía para manipularlos. Por tal razón, su paso resulta devastador: basta que un libro haya sido olvidado arriba de la mesa para que pueda ser encontrado con sus hojas rotas, babeadas y un tanto desvencijado. Una estatuilla de cerámica puede perder fácilmente la cabeza, o un jarrón fracturarse en cientos de pedazos.

Esto quiere decir que muchos de los juguetes sofisticados, coloridos, con sonido, luces intermitentes, movimiento autónomo, etc., pueden atraerle durante un lapso de tiempo muy corto, para buscar nuevos estímulos en objetos más simples que hace oficiar de juguetes a pesar de no serlos. Es común ver a un niño abrir un cajón de la cocina y extraer una olla, un cucharón, una tapa, o cualquier utensilio que bien pueda oficiar de batería haciendo reproducir bizarramente el sonido, o ser transformado en una espada, o ser llevado a su habitación para reproducir una escena doméstica de almuerzo. De la misma manera, una hoja de árbol, una ramita, un trozo de miga, puede ser el eje de su diversión, contrariamente a lo que los padres piensan.

En la medida que evoluciona, alrededor de los dos y tres años, con gran habilidad logra encender un equipo de música o de televisión, principalmente para poder ver los dibujos animados por los que se siente tan atraído. Y no sólo el botón de encendido, sino también el comando inalámbrico con el que, rudimentariamente, puede conducir algunas opciones. Desde temprano (antes del año), la música le produce una especial predilección. Ahora, se bambolea al ritmo de sonidos imitando a sus mayores, que intentan mostrarle cómo debe moverse en un intento de danza. Se apoya en un pie y otro alternativamente, hamacándose con su cuerpo y buscando/observando la sonrisa de su entorno, a lo cual acopla su propia sonrisa a semejante espectáculo coreográfico.

En la medida que el niño incrementa la precisión de su motricidad fina, adquiere mayor independencia. Aprenderá a manejar su tenedor, a pinchar sus alimentos y llevárselos a la boca, a cortar de manera torpe, pero intentarlo al fin, a beber de su vaso sin el auxilio de un sorbete o de un biberón. Inclusive logrará, al incrementarse su fuerza, servirse gaseosa de la botella, por supuesto derramando el vaso al inicio y aprendiendo a dosificar la medida del líquido después. Esta misma precisión hace que el infante logre desarrollar sus primeros garabatos, renacuajos, y todos ellos adquirirán forma humana y color en la medida que sus habilidades motrices evolucionen.

La escolaridad hace que el niño sistematice ciertos aprendizajes, ponga un orden en su cuaderno, tenga un marco referencial a sus trazos, transformándolos en letras y diseños que se asemejan a figuras reales.

La etapa de latencia, por lo tanto, produce que los niños se afinquen en la amistad, consoliden a sus mejores amigos por afinidades y afectos. Los varones rivalizarán y la nenas se tomarán de la mano en búsqueda de mayor confidencialidad. Biológicamente, los caracteres femeninos y masculinos se acentúan en su diferenciación, como también las apetencias, las actividades, gustos. Cuerpo, espacio y movimiento, en esta etapa, son explotados en demasía. Su desarrollo ha dejado atrás sus características de bebé, para pasar a ser un niño, con ropa, cortes de cabello, rasgos distintivos en su rostro que lo asemejan en mayor o menor medida a sus padres.

Lo lúdico en esta etapa se desenvuelve al máximo y la casa deja de ser el epicentro de sus movimientos para pasar a la escuela, club, grupo de amigos del barrio y del colegio, etc. Las distancias se prolongan sin la compañía de sus padres: por ejemplo, tomar un autobús solo puede ser todo un emprendimiento en pos de sentirse mayor.

En esta etapa, los niños ejercitan su cuerpo otorgándole diferentes tipos de movimientos, algunos sistematizados y reglados por un deporte, otros espontáneos desarrollados en juegos grupales, donde demuestran diferentes destrezas como saltar, trepar, correr, hacer cabriolas, etc. Si tienen una piscina a disposición, tenderán a aguantar la respiración debajo del agua o a realizar diferentes tipos de saltos. Las nenas, por su parte, no poseen tanto despliegue físico como los varones pero, en cambio, se conducen muy bien en juegos más particularizados y movimientos menos expansivos.

Los varones desenvuelven movimientos más expansivos que las niñas. Los juegos son más bruscos, poblados de algunas torpezas y principalmente en los juegos de lucha, a veces no se establece la longitud del propio brazo y termina un puñetazo depositándose en la cara del compañero. O en un partido de fútbol, en el afán de ganar, intentan robarle la pelota al contrincante con movimientos desmedidos terminando por tierra. Mientras que las niñas se conducen con mayor delicadeza. Esto no quiere decir que no corran, salten y forcejeen entre ellas, pero cualitativamente diferente a los varones. Las actitudes cada vez se tornan más gráciles y los movimientos más pequeños y medidos.

Uno de los estímulos para el desarrollo de la motricidad fina es el manejo de la computadora. Tomar el *mouse* y conducirlo, llevar el puntero hacia un destino determinado, apretar las teclas correspondientes para sumergirse en una lucha o un partido de tenis o fútbol virtuales, obligan al niño a regular su motricidad. Ya desde los 4 años aproximadamente, los enanos en plena identificación con sus mayores, se introducen en el mundo de la computación e inician un camino cibernético, desenvolviendo habilidades que sorprenden a los adultos que descubrieron las PC a edades tardías.

Las puertas de la pubertad provocan una gran revolución en el cuerpo del niño. Comienzan a perfilarse claramente los caracteres femeninos y masculinos. Un sacudimiento hormonal estimula el crecimiento del vello y el *estirón* en los varones y el desarrollo de los senos en las niñas, y todo esto hace que el cuerpo pierda definitivamente las características infantiles. Tanto los unos como los otros (a pesar de que como señalamos, los movimientos en las niñas son más delicados y en los niños más toscos) tienden a conducir su cuerpo desprolijamente, es decir, este crecimiento abrupto hace que no logren manejar su masa muscular con precisión. Para la estructura cognitiva del púber, la representación mental del propio cuerpo es la de un niño, cuando su masa corporal ha cobrado dimensiones mayores acercándose al cuerpo del adolescente.

Por lo tanto, es de esperar torpeza en el manejo del espacio y en los movimientos. Es como conducir un Mini Cooper y pasar de un instante a otro a una camioneta. Es una etapa donde se llevan los muebles por delante, miden de menos o de más cuando tienen que aprehender algún objeto, se tropiezan con lo que está a su paso y son arrebatados en sus acciones con el fin de tratar imperiosamente de tener cierto dominio corporal.

En este período, las distancias, las dimensiones, la inserción del cuerpo en el espacio se alteran transicionalmente hasta lograr acomodarse al nuevo status. Muchos gordos de estatura baja se vuelven longuilíneos y delgados; niñas delgaditas comienzan a desarrollar sus caderas adicionando un busto prominente a su cuerpo estrecho. Los rostros tersos y aniñados comienzan a poblarse de incipientes granitos. Todos estos cambios, más allá del desarrollo de la sexualidad y las transformaciones hormonales, hacen que esta revolución pague su precio momentáneo en el que el niño deba calzar en esta, su nueva estructura.

Toda la etapa del púber constituye el prólogo a la adolescencia. Indudablemente que la adolescencia es una etapa relevante en la vida del hombre, dado que en ella se establecen las bases de personalidad tanto biológicas como psicológicas (por ejemplo, se desarrollan las funciones reproductivas). Es el período donde se perfila la estructura de un individuo único. Un individuo –en mayor o menor medida– con un proyecto de vida, funciones sociales, ideología, identidad sexual y roles que desempeñará en los diferentes grupos sociales con los que interactúe: en síntesis, la adolescencia será el pasaporte al mundo adulto.

La duración de la adolescencia está determinada culturalmente, o sea, cada sociedad sienta el territorio de este período, aunque la mayoría de las culturas coinciden que es una etapa que oscila entre los 8 y 10 años de duración y se caracteriza por las variaciones evolutivas socioculturales e individuales. Desde el punto de vista biológico, la adolescencia es coincidente con la aparición de los caracteres sexuales secundarios y la capacidad de reproducción, y termina con el cierre de los cartílagos epifisiarios y del crecimiento. Socialmente, es el período de transición que media entre la niñez dependiente y la edad autónoma adulta, tanto económica como socialmente.

El inicio de este período está pautado por la pubertad, pero la aparición de este fenómeno biopsicológico es solamente el comienzo de un proceso continuo y más general, en el plano somático y en el psíquico, que prosigue por varios años hasta la formación completa (y compleja) del adulto. Más allá del aspecto biológico de este fenómeno, las transformaciones psíquicas están profundamente influenciadas por el ambiente social y cultural. Algunos autores, como Harré y Lamb (1990), afirman que la adolescencia es tanto una construcción social como una condición evolutiva del individuo. Es decir, el contexto que se estructura en torno a ciertas culturas y subculturas reconoce un período de transición de una década o más entre la infancia y la edad adulta, mientras que en otras, se considera que esa transición ocurre en el curso de un breve rito de iniciación que puede durar unos pocos días u horas. El término adolescencia deriva de *adolecer*, que significa crecer y desarrollarse hacia la madurez.

Psicológicamente, este lapso empieza con la adquisición de la madurez fisiológica y termina con la adquisición de la madurez social, cuando se asumen los derechos y deberes sexuales, económicos, legales y sociales del adulto (si estos pueden considerarse elementos que caracterizan a la madurez). Entre las características que definen a la adolescencia, puede observarse la extroversión, cuyo proceso psíquico lleva al adolescente a interesarse por la realidad externa, que se traduce en juicio *objetivo* e interés por establecer relaciones con su contexto. Esto se traduce en que las fronteras de sus interacciones se expanden en grupos sociales de clubes, escuela, grupos del barrio, en desmedro del tiempo que emplea en su hogar. De lo que devienen expresiones reclamantes de *mayor presencia en casa*, por parte de los padres, como manifestación de la incertidumbre que crea la ausencia, sensación que se refuerza puesto que el control que ejercían mientras que el hijo era un niño paulatinamente se pierde o, más concretamente, se redefine.

También se desarrolla lo que da en llamarse *crisis juvenil*, que es una corto período luego de la pubertad, que se activa entre los 15 y 16 años (en las mujeres) y entre los 16 y 17 años (en los hombres). Esta crisis presenta rasgos como la inquietud motora, mayor afectividad, labilidad y tendencia a la disociación (Remplein, 1971). Es una etapa donde, en el proceso de la identificación sexual, se produce la aceptación del sexo como parte de la identidad personal. Involucra asumir roles, actitudes, motivaciones y conductas propias del género. Para este proceso, resulta muy importante que la identidad asumida sea confirmada por otras personas. O sea, en la relación social, las personas del entorno operan como un espejo que confirma o desconfirma la propia elección sexual. Aunque también, los espejos reales le devuelven al adolescente tanto la certeza de su elección sexual como su duda.

El desarrollo de su cuerpo hace que con afán de perfeccionismo y con actitud hedonista, observe cada parte e intente emular a sus ídolos desde posturas corporales, vestimenta, musculatura, etc. Sus ídolos también acentúan su identificación. Los adolescentes varones se miran al espejo y gesticulan gestos de rudeza, realzan sus músculos del torso superior, mientras que las mujeres crean caras provocativas y seductoras, observan su busto de perfil y denodadamente miran las formas de sus caderas y muslos. Como parte de la identidad del yo, en esta etapa es muy importante el logro de la identidad sexual. Un adolescente asume funciones, actitudes, conductas verbales y gestuales y motivaciones propias de su género. Es necesario que esta identidad sea confirmada por otros (por ejemplo, grupos de pares) y por ellos mismos para asegurar su propia aceptación y adaptación sexual.

En lo que respecta al desarrollo físico, se presenta una moderación del crecimiento en cuanto a altura y se llega a la plena constitución de las características físicas masculinas y femeninas. En la mujer, se presenta redondez de las caderas por aumento de tejido adiposo y ensanchamiento de estas, acompañado de un total desarrollo de los senos. Además, existe un aumento de la fertilidad. En el varón, se produce una ampliación de los hombros que hacen ver las caderas más estrechas y un aumento de la musculatura que permite el desarrollo de aptitudes motoras gruesas, por lo que resulta una etapa óptima para el aprendizaje de deportes, bailes, etc.

En este sentido, cuerpo, espacio y movimiento hacen su máxima revolución en este período. Un niño que ha dejado de ser niño. Un adolescente que, si bien no posee un cuerpo adulto, comienza a igualarlo. Ha comenzado a acostumbrarse a este nuevo cuerpo y, paulatinamente, va abandonando las torpezas puberales donde se llevaba todo por delante. Con el narcisismo a tope, como señalamos renglones arriba, el varón se mira al espejo e intenta descubrir sus músculos, mira su cuerpo desnudo y se da cuenta de que el vello ha comenzado a cubrirle las partes más insospechadas. Se siente alto como nunca y se halla complacido cuando le dicen *¡Qué guapo que estás!*, o *¡Cómo has crecido!*, mientras se mide con su padre o con el hermano mayor en el intento de alcanzarlos en la misma altura e incluso, pasarlos. Más aun, ahora puede afeitarse de verdad y no simplemente jugar a imitar a su padre. Así, su rostro cobra otra dimensión, se mira y se observa detenidamente en el cuidado de resultar seductor en la salida y taparse algunos granos del acné rebosante que lo ha atacado irremediablemente.

Las adolescentes, luego de sus primeras menstruaciones, han logrado desarrollarse a pleno. Lucen orondas sus senos, buscando camisetas *traviesas* que los hagan brillar más. Se observan cuidadosamente las caderas, remarcándose la cintura y *sacando glúteos* hacia fuera. También se centran en cómo lucir mejor su cabello, se mueven una y otra vez frente al espejo en el intento de sentirse cada vez más seductoras y bonitas. Bailan frente al espejo con gracilidad femenina, en el ensayo previo de lo que harán en la discoteca.

La vestimenta juega un papel importante en el adolescente. La ropa le ayuda a destacar sus partes desarrolladas. Se realzan los hombros, brazos y altura en varones, mientras que en las mujeres son los senos y glúteos los que cobran relevancia. Gran parte de este período se encuentra caracterizado por la preeminencia de la estética. Identificaciones con los grupos de pares, marcas de todo tipo que son adoptadas por el mundo de los jóvenes, formas de peinados y lugares de moda llevan el sello adolescente.

La práctica de deportes asegura el buen desarrollo de los cuerpos y su correcta coordinación, más allá de que el deporte fomenta la sociabilidad, el compañerismo y la amistad. Si bien la pubertad y la latencia han sido etapas donde se ha incursionado en la práctica deportiva, es en la adolescencia donde se alcanza el punto cúlmine. El cuerpo ha evolucionado en físico, potencia y fuerza. La sociabilidad adolescente está en su máxima expresión, con lo cual la pertenencia a grupos es habitual y buscada, sólo falta refinar la habilidad y coordinación técnica y para eso −entre otras cosas− trabajará el *coach*. La rivalidad y la competencia se suman en la actividad corporal. El deporte regla movimientos, los organiza y delimita en su radio de acción, los vuelve poco espontáneos y más técnicos.

Tanto la motricidad gruesa como cierta gestualidad fina se acentúan también en esta etapa. La forma de caminar, el estilo de saludo, la hiperkinesis de saltar de un lado a otro en la búsqueda de nuevos estímulos hacen que las acciones se multipliquen. El cuerpo, entonces, es el foco de atención al que se le adiciona una cuota fuerte de hedonismo. El espacio se ha ampliado notablemente, extramuros familiares.

Son las casas de amigos, la calle, las plazas, clubes, los lugares públicos como bares, discotecas, cines, etc., los centros de encuentro de los jóvenes. Y estos dos factores delimitan claramente cuántos y cuáles movimientos se realizan para poder abarcar tales espacios.

En los aspectos cognitivos, el pensamiento hipotético-deductivo se consolida plenamente (Remplein, 1971; Montenegro y Guajardo, 1994; Mussen, 1985) y puede aplicarse como estrategia para resolver problemas. Las capacidades cognitivas del adolescente posibilitan una mayor consciencia de los valores morales y sus deberes. Se incrementan sus niveles de idealización de manera tal que se vuelve crítico sobre la base del inconformismo hasta el punto de resultar normal el rebelarse contra aquellos aspectos *reales* de las cosas. La idealización coloca niveles de exigencia tan elevados que todo lo que existe sobre la tierra resulta escaso para semejante baremo. El desarrollo de la consciencia, unido al dominio de la voluntad, aunado a los valores e ideales que se hallan en proceso de definición, concluyen la formación del carácter y el estilo de personalidad.

El mundo de las emociones y afectos del adolescente prepondera sobre la razón. En las relaciones con el otro sexo, llega el tiempo del primer amor poblado de excitación, ansiedad e idealización. Algunos autores (Remplein, 1971) afirman que los estados de ánimo son más constantes, con un marcado optimismo. Sin embargo, los adolescentes se caracterizan por la impulsividad y los cambios del estado de ánimo. Sus arranques de furia y amor son parte de la coreografía adolescente.

Un cuerpo que ya no es el cuerpo conocido, sus hormonas al máximo funcionamiento, obligaciones del mundo adulto que debe comenzar a asumir, revoluciones en su manera de pensar, entre otras cosas, hacen que sus estados de ánimo varíen, oscilando entre la tranquilidad y la hiperexcitación. Pueden llegar a desenvolver crisis depresivas que influyen –además de otros aspectos– en sus ideales de belleza, que traen aparejadas un desprecio por su apariencia física y consecuente malestar (Craig, 1997). Este desprecio tiene que ver con que su cuerpo se encuentra "acomodándose" y no posee la estructura de belleza convencional a la que el adolescente se remite (modelos, cantantes, artistas, deportistas, en síntesis, personas que se encuentran en el candelero). El acné, el encorvamiento de su espalda, el bello incipiente en los varones, el ensanchamiento de caderas en las mujeres y de hombros en los varones resultan signos momentáneos del inicio de un cambio al que cognitiva y emocionalmente debe adaptarse.

Algunas de estas crisis se expresan, según Mussen (1985), como *un sentimiento de vacío, una falta de autodefinición*, lo que genera un alto grado de ansiedad. También se observa la clásica Crisis de la adolescencia, resultado de la diferencia entre los propios pensamientos e ideales personales y los ideales y pensamientos que siente que le impone la sociedad. Estas crisis personales del adolescente desencadenan situaciones críticas con la familia, principalmente con los padres y con algún hermano mayor cuya edad lo supere ampliamente. El estado de tensión y el clima de conflicto que vive con su familia refuerzan sus sentimientos de soledad e incomprensión, que lo asaltan y lo llenan de angustia y rabia.

En el desarrollo psicosexual, se consolida el primer amor real. Más allá de la idealización que reviste al primer período de una relación –el período *Romeico*–, se buscan tanto por las características internas del *partenaire* (bondad, franqueza, fidelidad, cariño, entre otros) como por las estéticas, que muchas veces priman sobre las primeras dada la preocupación excesiva por los detalles del cuerpo. Es en esta etapa cuando se une el deseo sexual al amor, comprendiéndose el acto sexual como una expresión de este (Remplein, 1971).

Además de factores biológicos y genéticos, el proceso de socialización es responsable de la adquisición, formación y desarrollo de la mayoría de los roles sociales, incluyendo los sexuales. Como afirma Milicic y otros (1994), los principales agentes de socialización que influyen en la identidad sexual son la familia, los medios de comunicación, el grupo de pares y el sistema educacional. Estos tres puntos, tradicionalmente, integran al hombre a una función instrumental con una orientación cognitiva y más racional, con un énfasis en la asertividad, competencia e inhibición emocional. Y a la mujer, a un rol de tipo expresivo, que implica ser el apoyo emocional dentro del sistema familiar, establecer relaciones interpersonales armoniosas y protectoras.[8]

La revolución hormonal, que incrementa el grado de excitabilidad sexual, en sinergia con el descubrimiento del placer y el amor, hacen que el adolescente encuentre en la masturbación una fuente de placer autoerótico. Masturbarse se considera una conducta normal y esperable a esta edad. Cumple funciones tales como el alivio de la tensión sexual, mejora de la autoconfianza en el desempeño sexual, mayor dominio del impulso sexual, mitiga la soledad, etc.

Fundamentalmente, el desarrollo de fantasías de corte erótico sustituye a la experiencia sexual real e inaccesible, y también sirven de ensayo para futuras experiencias y realzan el placer de la actividad sexual. El nivel y profundidad de las caricias entre los adolescentes ha aumentado en las últimas décadas, lo que podría explicar en parte las relaciones sexuales a edades muy tempranas. Mientras que en otras épocas, una adolescente de 15 años era considerada una niña y se la graficaba jugando con muñecas, en la actualidad no sólo flirtea, sino que ha comenzado a desarrollar una vida sexual medianamente libre. La proliferación

---

[8] Es claro que la división estereotipada de funciones por género acarrea costos psicológicos, ya que implica una limitación para el desarrollo de una parte significativa de las características de la personalidad. Hombres y mujeres se desarrollan de manera incompleta, por así decirlo, en muchas de sus capacidades, deseos y posibilidades.

de fantasías sexuales, parcialmente, se encuentra favorecida por los medios de comunicación. La televisión, medios gráficos, internet, etc., de fácil acceso a los adolescentes, cada día más muestran imágenes de alto voltaje erótico, escenas de seducción y cuerpos desnudos, que en conjunción con el movimiento hormonal adolescente, incrementan las acciones de contacto pleno con el otro sexo.

El flirteo es una vivencia propia de la adolescencia al igual que en la pubertad. Se considera como un aprendizaje erótico natural a esta edad, que permite el desarrollo personal así como el conocimiento del otro sexo, al compartir ideas, sentimientos, emociones, temores e ideales. Además de las amistades fuertemente ligadas y los grupos de pares, los *amigovios* cumplen una función socializadora y de desarrollo e identidad sexual muy importante.[9]

En el desarrollo social, deambula entre la dependencia y la independencia de los padres. Por una parte los idealiza

---

[9] Es notable que algunos autores (que no viene al caso mencionar con nombre y apellido) atribuyan la temprana iniciación sexual no como parte del contexto evolutivo y cambiante de las sociedades y, menos aun como un fenómeno social del mundo, sino a factores de variada índole. Entre ellos, la atribuyen a la baja autoestima, temor al rechazo, *escasas creencias y compromiso religioso*, incapacidad para posponer satisfacciones inmediatas por metas trascendentales, inseguridad, relación conflictiva con los padres, carencia de afecto, mala comunicación y control de los padres sobre los hijos, pubertad cada vez más temprana, uso y abuso de drogas y alcohol, grupos de amistades *sexualmente activos*, medios de comunicación con *mensajes erotizantes* y carentes de valores. Quiere decir que estos autores connotan de manera negativa a la descripción de lo que sucede actualmente en el mundo de la sexualidad adolescente. Pero estos profesionales de la salud, en su análisis, olvidan y descuidan que hace treinta años atrás, en plena década del 70, por el hecho de preservar la virginidad y de cara a la represión social sexual que todavía repetía la moral victoriana, las y los adolescentes evitaban la penetración sexual. O sea, se permitían cualquier contacto físico y juegos corporales amatorios, pero se vetaban la libre relación sexual. Así, podían recurrir a masturbarse juntos, penetrarse en otras zonas corporales pero, a ultranza, debían mantener intacta la virginidad femenina.

–los padres de su infancia–, y por otro los realifica, es decir, los observa desde sus características reales. Estas pisadas en tierra firme hacen que el adolescente, de la misma manera que ama a sus padres denodadamente, también los odie y descalifique al máximo. También –por desplazamiento de estas figuras parentales–, se rebela ante las relaciones asimétricas, específicamente contra aquellas personas que representen autoridad, lo que conlleva que profesores, maestros, abuelos, entre otros, se constituyan en blanco de sus descargas de rebeldía.

Este proceso es parte de la arquitectura del mecanismo que da en llamarse *individuación*. Se espera que en el último período del ciclo de la adolescencia, el protagonista logre asumir la independencia de su familia de origen y dirigirse hacia roles y metas de acuerdo con sus habilidades personales, posibilidades contextuales e inteligencia. El adolescente estructurará actitudes y pautas de comportamiento adecuadas para ocupar un lugar en el mundo de los adultos. Es el pasaporte a la maduración social, puesto que el individuo logra incorporar las relaciones sociales, reglas y esquemas, comprendiendo –de esta manera– la importancia del orden, la autoridad y la ley.

En su desenvolvimiento social, la relación con los otros se vuelve sincera y frontal (un adolescente es poco diplomático en decir lo que piensa), aparecen sentimientos de solidaridad que incluyen ayuda y sacrificio por los otros. El adolescente se motiva a la acción solidaria, en donde explota sus nuevos sentimientos de altruismo, empatía y comprensión, donde comienza a obtener reconocimiento, hecho que le provoca satisfacción y sentirse *importante*. Estos afanes solidarios comúnmente se desarrollan en grupo. Los adolescentes tienden a aunarse en lo que se denomina grupos secundarios (extrafamiliares), sobre la base de ideas y objetivos comunes, predilección por temáticas (música y otras artes, política, deportes, sociales, etc.). Muchos de estos grupos son espontáneos, mientras que otros son agrupaciones juveniles oficiales de partidos políticos, clubes y otras instituciones.

Las amistades cumplen en esta etapa variadas funciones, como el desarrollo de las habilidades sociales, consejos, contención, intercambio de opiniones y reflexiones, modas, guías de acciones, etc., como ayuda para enfrentar las crisis que no son pocas en este período. Los sentimientos comunes de los adolescentes ayudan a la definición e incremento de la autoestima, fundamentalmente por la posición que se desarrolla en los grupos a los que pertenecen. Funciones que implican compañerismo, atención, solidaridad, preocupación, obteniendo el reconocimiento y valoración de los integrantes.

Notablemente, en la adolescencia disminuye el número de amigos en comparación con la latencia y pubertad, donde existen masividad en las elecciones y poca discriminación. Ahora, se buscan características afines, las amistades se hacen más estables en el tiempo y se alcanza un mayor nivel de intimidad relacional. Si bien tanto las y los adolescentes tienden a relacionarse en la amistad con el mismo sexo, también en este período aparecen las amistades con el sexo opuesto. La capacidad racional desarrollada junto con la *objetividad*[10] lograda hacen que se atemperen las tensas relaciones con los padres o profesores, admitiendo sus influencias (aunque no del todo) dependiendo del valor e importancia de su opinión, comenzándose a desarrollar una relación de amistad con alguno de los padres (Remplein, 1971).

---

[10] La *objetividad* es un término que se coloca en cursiva, puesto que no se trata de una objetividad que hace gala de disociación y objetivismo, sino que, más bien, refiere a cierta toma de distancia dentro de la subjetividad relacional que implica cualquier relación humana. La subjetividad, en este sentido, se encuentra en un supranivel y se puede ser más o menos objetivo solamente dentro de ella.

Claro que toda esta integración grupal conlleva sus riesgos. Uno de los comportamientos más peligrosos en este período es el consumo de alcohol y drogas, porque creen que es una marca distintiva de la adultez (Craig, 1997). Sin duda, que la adolescencia se constituye actualmente en un blanco para las conductas adictivas, de las que la adicción a las drogas ocupa el centro de la mirada. Son numerosos los motivos por los cuales la adicción se puede poner en acto.

Más allá de una serie de juegos familiares de conflicto, la desvalorización personal, baja autoestima, sentimiento de insuficiencia e impotencia, rechazo emocional y frustración de las necesidades de autoexpresión, indiferencia, ausencia, rechazo o apatía de los padres, fracaso académico o de otras áreas de la vida, entre otros factores, provocan grandes escotomas afectivos que son llenados no sólo por la droga, sino por la amistad de los integrantes de los grupos marginales a los que el adolescente se halla integrado, permitiéndole adquirir una identidad y establecer fuertes lazos afectivos y recursos para enfrentar situaciones estresantes. Además, a cierta altura de la vida de los adolescentes adictos, la mayoría incurren en alguna conducta delictiva, la cual ensancha aun más la distancia con su recuperación y agrava su proceso de adicción.

Sin entrar en cuestiones de síntomas y trastornos, la adolescencia muestra un ser humano donde los movimientos se estabilizan, es decir, paulatinamente se abandona la torpeza del cuerpo desequilibrado de la latencia para adquirir mayor estabilidad. Es un cuerpo activo y movedizo, que se integra en un gran proceso de socialización que augura cierto tipo de relaciones futuras en el mundo adulto. Un cuerpo que se conduce en multiplicidad de espacios (familiar, escuela, clubes, barrio, bares, discotecas, calles, etc.), y con cierta hiperkinesis y avidez de relaciones.

En esta etapa, se instaura el lenguaje verbal que arrasa definitivamente con el analógico, dado que la escolaridad y el estudio posibilitan ampliar la gramática y vocabulario asegurándolo en el glosario personal. De esta manera, en la evolución, el lenguaje gestual se relega a un mero acompañamiento de los discursos y la percepción misma, en la interlocución, se focaliza en la escucha, a pesar de que el lenguaje analógico le otorga sentido y se tiene menos consciencia de su captación. Así, las tonalidades, cadencias, ritmos, mímicas de rostros hacen que pueda codificarse más claramente ese intento de transmisión de información por parte del interlocutor.

A esta altura de la evolución, encontramos un adulto que ha atemperado aun más los movimientos del mundo adolescente. Es decir, sus movimientos se han pulido, rectificado, corregido y ampliado en predilecciones de aplicación, pero continúan en desarrollo. Ha mermado la práctica del deporte pero se ha incrementado, por ejemplo, el movimiento laboral. La persona adulta desenvuelve diferentes movimientos en torno a su forma de trabajo. Acciones como las de escribir en computadora, trasladarse de un lado a otro en autobús, conducir un automóvil, manipular una máquina estereotipando movimientos o posturas corporales, etc.
Ejercita aun más sus *mandíbulas*, hace del comer una salida. Atrofia las correctas posiciones corporales: lejos de sentarse erguido, tuerce su espalda para adelante. Fruto del ritmo frenético que se vive en las grandes ciudades y en el mundo en general, come mal, es decir, deglute casi sin masticar al mediodía, razón por la que la grasa abdominal hace su aparición, corre contra el reloj diariamente y comienza su cuerpo a sufrir las consecuencias de las que el síndrome del entre paréntesis (encorvado y con abdomen prominente) es lo más inocente o suave que le puede suceder. El estrés hace estragos en su cuerpo: enfermedades psicosomáticas

tradicionales, autoinmunes, cardiopatías, adicciones a los fármacos y psicofármacos, tabaquismo, pánicos, diversas fobias y depresiones hacen que no solamente su mente se deteriore, sino también su cuerpo.

Muchos de estos factores son acelerados en relación a la competitividad de los contextos. Algunos autores coinciden con que gran parte de las afecciones físico-psíquicas que padecen los adultos se deben a secuelas del ritmo de vida que impone el medio. Las ansias de poder hacen que una sociedad calce en el exitismo y la fama, y proponga a sus miembros objetivos de alto vuelo que, para cumplirlos, deban superar el ritmo esperable de lo que es la conjunción cuerpo, espacios y movimiento.

El deporte, entonces, se constituye en una salida terapéutica. Ya no solamente forma parte de la esfera de lo lúdico, sino que se erige como sinónimo de salud. Muchas personas, de cara al sedentarismo y a la asfixia que implica centrar su vida solamente en las obligaciones, han comenzado −por prescripción médica y psicológica− a caminar, correr o asistir a gimnasios. También han recurrido a establecerse en lugares forestados y relativamente en las afueras de las grandes urbes, en la búsqueda de mejorar la calidad de vida.

Definitivamente, la palabra se consolida como el eje central de la comunicación. El adulto centra en lo verbal tanto la emisión como la recepción, marginando el énfasis que otrora lo analógico poseía en la evolución.

Lo cierto es que los años transcurren y el cuerpo sufre los deterioros de ese paso del tiempo. La piel envejece y proliferan las arrugas, los cabellos se encanecen y se caen. Los hombres y mujeres se vuelven más pequeños. En las mujeres, las caderas se ensanchan y engrasan, abunda la celulitis y los pechos se caen. Mientras que los hombres lucen sus calvas, y sus panzas son denunciadas por los botones apretados de sus chaquetas.

Todos estos deterioros llevan corolarios psicológicos que van desde la aceptación plena de la vejez a la depresión y rechazo, como también, numerosas personas optan por la cirugía estética en pos de bregar por la juventud eterna. El adulto mayor comienza, conjuntamente con estos cambios, a enllentecer sus movimientos y a reducir su radio de acción. Sus acciones son más pasivas y las actividades laborales merman. Las lúdicas se reducen a mayor estatismo y menor expansividad. Merman las actividades laborales, mientras las lúdicas se reducen a mayor estatismo y menos expansividad.

Restaurantes, casas de familiares, cines, plazas, ven a adultos mayores caminar lento en el paseo. La típica imagen de hombres de arriba de 70 años jugando a las bochas en las plazas o de mujeres tejiendo da la pauta de la reducción y enllentecimiento de los movimientos y la reducción paulatina del uso del espacio. Aunque, por supuesto, no todos responden a este prototipo. Además de una cuestión genética y psicológica, la farmacología ha allanado mucho territorio en relación a la curación de enfermedades y esto ha incidido en alargar los tiempos de vida. Lo que se consideraba vejez ahora ha variado su concepción. Aunque los movimientos se enllentecen y el cuerpo resulta más pesado de conducir, algunos *ancianos* se mantienen más dinámicos, trabajan, viajan y hasta bailan en salones acordes a su edad.

Si el bebé nació totalmente dependiente del medio, reduciendo su espacio de relación al vínculo con sus progenitores, el adulto mayor termina su vida, también, como el infante, reduciendo su espacio de relación y volviéndose cada vez más dependiente de sus hijos.

El desarrollo de la conjunción entre los aspectos cognitivos, emocionales y pragmáticos, hace a la evolución del humano. La inserción del cuerpo y su movimiento en un espacio responde a tal confluencia, si bien se desenvuelve en el seno pragmático, el resto de los factores (cognitivo y emocional) cabalgan sobre este. La preeminencia del lenguaje paraverbal, como hemos observado, va perdiendo su hegemonía en la medida que evoluciona el lenguaje de la palabra. Es decir, no sólo implementamos más el lenguaje verbal, sino que en la interlocución prestamos mayor atención a la palabra.

Pero, allí está la trampa: mientras que centramos nuestra atención en el lenguaje verbal, en la retaguardia se encuentra –en silencio– todo un repertorio de gestos, micro y macromovimientos, acciones, cadencias y tonalidades, por el que somos influidos, aunque no somos conscientes de ello. Más aun, sin el auxilio del lenguaje analógico, la transmisión del lenguaje verbal resultaría pobre y con pocos ribetes de expresión.

Qué sería de nosotros si fuésemos tan sólo *sintácticos* y adoleciéramos de gestualidad y cadencia al hablar. Persuasión, seducción, pasión, que son elementos que tiñen al discurso –y por tanto a la relación– de modulación y ritmo, brillarían por su ausencia si no existiese el lenguaje analógico.

Esta preeminencia del lenguaje analógico por sobre el verbal en los primeros ciclos evolutivos posee la misma relevancia que el lenguaje paraverbal en los animales. El ejemplo más representativo se observa en animales domésticos, por ejemplo, los perros. Al no lograr articular el habla, los perros solamente se guían por la gestualidad y el movimiento. La gente, por lo general, centra sus cogniciones mediante la palabra y desde esta creencia interacciona. Llama a su perro por el nombre, con el supuesto de que el animal decodifica la palabra, cuando lo que sucede en realidad es que lo que codifica el animal es el gesto o el ademán que acompaña a la alocución.

Cadencia, tonalidad, énfasis, gesto y maniobras corporales, todo puede ser codificado por el animal, pero no la palabra. El dueño llama a su mascota, mueve sus manos o lo invita a que coma mostrándole su comida, estimulándolo, por otra parte, a través del sentido del olfato. Sin duda, este ejemplo recuerda la famosa prueba del perro de Pavlov de reflejo condicionado: cada vez que llamaba al perro para su comida hacía sonar una campanilla. Demostró, para su conceptualización, que el estímulo de la campanilla activaba la secreción de las glándulas salivales del perro en los prolegómenos de la deglución, a pesar de que luego del sonido no apareciera el plato de alimento. La hipótesis articulaba el estímulo del sonido y la respuesta de la secreción salival. Desestructuraba así la creencia de que dicha secreción se debía únicamente a la relación directa entre comida y reacción orgánica, y mostraba que era un fenómeno más complejo. El reflejo condicionado implicaba que, una vez asociado el sonido con el posterior plato de comida, la respuesta de las glándulas salivales era automática.

Pero, existe un detalle que incrementa la complejidad de este proceso: si los animales responden al lenguaje paraverbal, entonces no era el tañido de la campana lo que activaba al perro en su respuesta automática, sino el movimiento que Pavlov realizaba cuando la hacía sonar. Más precisamente, *el sonido era un estímulo para el investigador*.

Contrariamente a lo que sucede en el ciclo evolutivo, donde impera la palabra sobre el gesto en la comunicación humana, el lenguaje analógico se agudiza cuando estamos en un país extranjero en el que la lengua es diferente a nuestra lengua madre y la desconocemos. Naturalmente, tendemos a exacerbar los gestos y los ademanes con la finalidad de lograr comunicarnos. A su vez, tendemos a concentrarnos más en la gestualidad de nuestro interlocutor, a fin de poder entender qué es lo que desea transmitirnos.

Además, el uso del cuerpo como comunicador trasciende las limitaciones del lenguaje hablado. Desde esta perspectiva, la lengua resulta un impedimento para la libre comunicación, ya que la codificación lingüística está regida por normas y pautas que la demarcan en límites precisos, y el mayor grado de transmisibilidad se encuentra acotado en la cantidad de vocablos de la lengua y en la capacidad retórica del hablante, más allá de razones del contexto que estimulan y obstaculizan el envío del mensaje.

En cambio, la comunicación paraverbal permite establecer un diálogo, si se quiere universal, mediante la interpretación de gestos sin mediar el lenguaje verbal. Esto se demuestra, como señalamos renglones arriba, por ejemplo, en la diferencia de solamente escuchar a una persona que habla una lengua que desconocemos a mirarla mientras habla. Es factible que interpretemos mucho mejor lo que intenta transmitir cuando oído y vista se aúnan en la comunicación. En dicha conjugación se encuentra el discernimiento.

Todo esto corrobora la hipótesis de que los modelos analógicos poseen un fuerte componente instintivo que se aproxima a una señal universal, además de un componente imitativo y cultural, aprendidos del contexto social. (Andolfi, 1977).

Es que no existe una codificación reglada del lenguaje paraverbal, razón por la cual, la interpretación que se desarrolla de los gestos, por ejemplo, se encuentra a merced de una especie de anarquía de simbolizaciones, que a pesar de que se intenta universalizar, resulta imposible. Un ceño fruncido es un estereotipo del enojo, pero no hace falta aclarar que puede tener miles de variables de significación, de las cuales una es *enojo.* En esta dirección, Paul Watzlawick,[11] en los tiempos en que pertenecía al equipo de investigación del M.R.I. y al grupo Bateson, intentó cuantificar y estereotipar la comunicación analógica. Tarea que condenó al fracaso, dada la imposibilidad de sistematización de los millones de signos lingüísticos paraverbales plausibles de registro.

---

[11] Comunicación personal.

Consciencia, volumen y presencia articulada

La comunicación paraverbal, entendiéndose principalmente como los movimientos y gestualidades (además de las cadencias y tonalidades que se imprimen sobre el discurso), está poblada no sólo por la movilidad gruesa, es decir, los movimientos más ostentosos o alevosos a la vista, sino por una serie de micromovimientos casi imperceptibles para la consciencia. Un ejercicio simple que muestra tales sutilezas, se observa cuando dos personas caminan en un mismo carril en direcciones contrarias y se cruzan. Existe una percepción aguda y superior, que lleva a captar esos micromovimientos que indican que una debe desviarse hacia un costado y la otra persona hacia el otro, para no colisionar. Algo del otro ha indicado el flanco hacia donde la persona deberá moverse. Si alguna de ellas titubea o se muestra dubitativa en el movimiento de la elección del flanco, sin duda, que se encontrarán a punto de chocar.

No parece difícil la captación de los macromovimientos, aquellos que se manifiestan de manera más evidente a la percepción, como movimientos de manos muy expresivos, miradas en dirección contraria al foco o miradas que se centran en el foco, posturas corporales genuflexas, tonalidades de discurso que denotan agresión como levantar la voz, acompañadas de fruncir alevosamente el ceño (y obviamente, verbalizaciones insultantes), giros de cuerpo o de cabeza, movimientos de hombros, etc.

Pero esta movilidad no es homologable con movimientos como acciones, en términos de saltar, correr, desarrollar una actividad específica (cocinar, leer, trabajar, etc.), aunque forma parte de ellos. Las acciones están compuestas por una serie de movimientos gruesos y finos, además del lenguaje verbal, que terminan de delinearlas, las complementan y también les otorgan sentido.

Más compleja es la captación de la movilidad fina, compuesta por micromovimientos, muchos de ellos casi imperceptibles a la mirada. Algunos de esta clase conforman el repertorio de una sinergia que articula numerosos músculos. Existen cientos de músculos que se hallan en torno a los ojos, por ejemplo, que dan el tipo particular de mirada en cada persona. Si estos músculos se anularan, la mirada se transformaría en lívida e inerte.

Alrededor de la boca, se encuentra otro grupo muscular que le otorga expresividad a nuestro rostro (más allá de la risa o el desagrado, que competerían a los movimientos gruesos). Los mismos labios encierran una multiplicidad gestual y dependen de este grupo muscular. Un simple arqueo de cejas o una mordedura sarcástica en los labios, de cara a la alocución de nuestro *partenaire*, pueden detonar múltiples respuestas de acuerdo a la semántica que se proyecte en tales gestos, más aun si no se metacomunica. Por tal razón, resulta extremadamente dificultoso construir una hipótesis mínimamente acertada sobre la reacción de alguien sobre alguien. No puede ponerse énfasis en lo verbal, ni en factores históricos intrapsíquicos o cognitivos, o atribuciones de significados, sin tener en cuenta la comunicación paraverbal. Factores todos que ponen la atención en el interlocutor, sin involucrar al emisor en el circuito de interacción. Esta es una versión intelectual o científica de la frase *Mirar la paja en el ojo ajeno*, y es la clásica interpretación que se realiza desde la linealidad a la que aludimos anteriormente.

Y como se ve, si analizamos el hecho interactivamente (basados en la Cibernética y en la Teoría de los sistemas), es muy difícil concienciar ciertos gestos que pueden crear una arrolladora reacción en cadena: una movilidad fina, por ejemplo, un gesto mínimo, puede detonar una movilidad gruesa (movimiento de manos, gestualidad alevosa) y de esta pueden suceder las acciones consecuentes.

Un ejemplo representativo está descripto en uno de los pies de página del libro *La Teoría de la comunicación humana* (1967). Se trata del caballo del Sr. Van Olsten. Este caballo, a principios del siglo XX, realizaba, frente a los ojos de los curiosos, cuentas de sumar cuya precisión de resultado asombraba al público. Su dueño le decía en voz alta las cifras que debía sumar. El caballo, como respuesta, comenzaba a golpear el piso con una de sus patas delanteras hasta la cifra exacta. Estudiosos, delatores, chusmas intentaban denodadamente descubrir cuál era el truco.

Mientras tanto, la fama de Van Olsten y su caballo crecía. La relación entre dueño y animal era muy estrecha y afectiva. Un día, una serie de observadores lograron desentrañar la trampa, que no era trampa en realidad, ya que su dueño no era consciente: cuando los golpes del caballo se aproximaban al resultado correcto, Van Olsten realizaba un gesto, un micromovimiento o una postura corporal casi imperceptible al ojo humano para detener el golpeteo. El caballo, pendiente del lenguaje paraverbal de su dueño, captaba la información y detenía su movimiento en el resultado correcto.

Cuenta el mito, a posteriori, que dada la estrecha unión de Van Olsten con el animal, al escuchar y comprobar el descubrimiento, se enfermó de depresión y meses después falleció súbitamente. Más allá de la anécdota, es interesante discriminar la captación del caballo hacia cierta motricidad fina de su dueño, motricidad que resulta dificultosa determinar por la vista humana.

No son muchas las oportunidades que concienciamos nuestro cuerpo. *Somos un cuerpo* –como afirman los gestálticos– y ocupamos un lugar en el espacio, y es algo que se conoce de manera teórica pero que no se conciencia. Por ejemplo, las personas se observan en el espejo, pero no se *ven*. Evalúan a nivel estético la vestimenta que llevan puesta, acentúan o cambian su peinado, protestan por su gordura o se alegran por las modificaciones de la silueta, pero estas descripciones no bastan para darse cuenta del lugar que ocupa el cuerpo en el espacio.

Siempre recuerdo a una paciente, Rebeca, que se comía ansiosamente las uñas, a pesar de sus 44 años. *Me como las uñas* es una expresión bastante común entre la gente que se dedica a esos menesteres, expresión que muestra la sensación de externalización de nuestro propio cuerpo y que somos portadores de él, tal cual se posee un objeto. Así las uñas. Todo cambió el día que le pregunté cuánto tiempo hacía que se comía: *Me como…, ¿cómo que me como?* El sentimiento que experimentó fue horrible, algo así como hacer antropofagia con el propio cuerpo.

Puede resultar de ayuda, en pos de concienciar el cuerpo, la resistencia que ofrece el contexto a la hora de oponer fuerzas a nuestros movimientos. El aire del medio ambiente, por lo general, no se encuentra lo suficientemente denso para confrontar con una fuerza mayor a la fuerza que se emplea normalmente para cualquier acción (caminar, saltar, moverse). Aunque existen numerosas situaciones que hacen que nos demos cuenta de que nuestro cuerpo ocupa un lugar en el espacio, por ejemplo, el intentar atravesar un fuerte viento; el hecho de entrar y desear moverse en una piscina; cuando se amasa y se hincan los dedos en la densidad de la masa; simplemente cuando llegamos a una reunión e intentamos entrar en una habitación donde hay mucha gente, y alguien se tiene que poner de pie y ubicarse en otro sitio o salir de la habitación para hacernos un lugar; cuando estamos en una multitud y debemos hacernos paso corriendo a la gente con nuestros brazos, creando un lugar para introducir nuestro cuerpo entre otros cuerpos a medida que avanzamos. Un ejemplo clásico muestra el intento de entrar en el metro en los horarios pico de entrada y salida laboral, o también cuando nos improvisamos un sitio para sentarnos, o despejamos un área para nuestro cuerpo y nuestras cosas. El hecho de sentir fuertes dolores en el cuerpo, las fiebres altas, la transpiración abundante en todo el cuerpo, o cuando nos dan masajes en todo el cuerpo son, entre otras, formas de tomar contacto y consciencia de nuestro volumen corporal.

En lo que respecta a la consciencia de nuestro esquema corporal, el cómo nos vemos y cómo nos ven no son siempre descripciones coincidentes. Muchas personas que han alterado su cuerpo por diversos motivos conservan en sus engramas mentales secuelas que los marcan a fuego y delimitan trayectos de vida. Por ejemplo, en los trastornos de obesidad, a pesar de que las personas han rebajado su peso, continúan observándose gordas y prominentes.

Un caso interesante fue el de Begonia, una paciente *escultural* que cada vez que se miraba en el espejo, se registraba sin cuello. Bien podría pensarse en una exageración, sin embargo, cada vez que se observaba tenía la misma sensación y eso era una sensación y no la imagen que le devolvía el espejo. Pero ¿cómo era posible que en ese cuerpo tan delineado se impostara la imagen de una mujer gorda sin cuello? Más interesante (e impactante) resultó cuando Begonia trajo a la sesión las fotografías del período trágico de su vida, donde sus padres se habían separado y ella, como la hija sintomática, recurrió a la gordura para desviar el foco de la tensión de la pareja. Realmente no tenía cuello.

O como Roque, que en su pubertad, después de un accidente que le dejó como saldo la pierna izquierda *levemente* más corta, siempre la percibió *mucho* más corta y se creó la imagen de un minusválido. Por lo tanto, se apartó socialmente, se autosegregó, no formó pareja y no quiso continuar sus estudios. A pesar de ser favorecido en su estética y en inteligencia, vivió su vida con una eterna sensación de desvalorización que lo volvió introvertido, aislado en su departamento y bloqueado en su crecimiento personal.

No menos trágico fue el accidente de Felipe, que cuando era adolescente se quemó gravemente parte de sus extremidades (piernas y brazo izquierdo) en un incendio de su casa. Hasta muy tarde en su vida no se atrevió a desvestirse en una playa, y menos frente a una mujer. Esto retrasó notablemente sus relaciones amorosas, su debut sexual, sus estudios, su entrada laboral y sus relaciones sociales y se convirtió en un consentido y sobreprotegido de su mamá.

Lo cierto es que nuestro cuerpo no sólo tiene volumen, sino presencia, y no presencia inerte sino articulada. Este volumen y presencia articulada influyen tanto en la relación con los objetos como, fundamentalmente, con las personas. Cuando necesitamos ocupar un espacio, si no se encuentra preparado para nuestro cuerpo, es necesario hacerse el lugar.

Cada vez que nuestro cuerpo se relaciona con otros cuerpos, los influencia y es influenciado. Esta influencia responde al volumen de los cuerpos y a dicha presencia articulada. Si yo poseo un cuerpo diminuto, es factible que me sienta intimidado por el tamaño de un cuerpo voluminoso, por ejemplo, musculoso y de dos metros de altura. Si ella es extremadamente delgada y muy pequeña, podrá verse más pequeña al lado de una *vedette* alta y de medidas muy prominentes. Estas discriminaciones están basadas solamente en el volumen, es decir, en el lugar que ocupa un cuerpo en el espacio.

La complejidad se incrementa cuando hablamos de presencia articulada. Si a estos cuerpos (como en los dos ejemplos anteriores) les sumamos gestualidad y postura, entonces, las sensaciones de intimidación pueden relativizarse. Los grandes volúmenes, lejos de provocar sensaciones de minusvalía en el otro, por la gestualidad y la actitud corporal, pueden equilibrarse e inclusive hasta parecer más pequeños que el interlocutor diminuto. De lo contrario, Al

Capone, Adolf Hitler, Benito Mussolini, Francisco Franco, por sus diminutas medidas no hubiesen logrado ejercer –lamentable y tristemente– el dominio que desarrollaron. O Mahatma Gandhi, Amadeus Mozart, F. Kafka (no por su altura, sino por su actitud corporal), Toulouse-Lautrec, Napoleón, entre otros genios, no hubiesen descollado cada uno en sus campos de acción.

Volúmenes corporales, gestualidad y posturas (lo que llamamos presencia articulada) delimitan movimientos. Movimientos que se hallan pautados por el contexto, aunque la complejidad es aun mayor: el contexto posee reglas que codifican hasta donde las personas pueden accionar. También los objetos marcan las fronteras del movimiento, por ejemplo, debo moverme hasta una determinada distancia con una cierta velocidad en pos de alcanzar algún objeto. Debo moverme esquivando con gracia y equilibrio los objetos que me rodean. De hecho, cuando los niños crecen abruptamente o, más precisamente, un púber salta a la adolescencia y *pega el estirón*, se vuelve torpe en la conducción de su cuerpo, se choca con los objetos, se le caen, emplea su fuerza desproporcionadamente, etc. Se ha alterado su esquema corporal y, en consecuencia, su registro de distancia y equilibrio. Se hallaba acostumbrado a un volumen corporal y ahora es otra la dimensión con que debe manejarse.

Distancias óptimas

De la misma manera, el volumen corporal y la presencia articulada de otros cuerpos constituyen una coreografía que intenta complementarse equilibradamente. Es la interacción en ese contexto bajo el patrimonio de sus reglas lo que pauta los límites de, por ejemplo, cuándo y hasta dónde un cuerpo se acerca o se aleja de otro, un cuerpo toca a otro cuerpo, cuánto toca un cuerpo a otro, qué zonas toca, cómo lo toca, o si tiene prohibido tocar el otro cuerpo, etc.

Pero, además de las pautas del contexto, también se encuentra la microgestualidad –de la que forma parte la presencia articulada–, que invita o rechaza o simplemente demarca el perímetro de contacto con otro cuerpo. Quiere decir que la simple presencia de los interlocutores pauta las conductas propias y las del *partenaire*. Un cuerpo sin movimiento, casi petrificado como una estatua, genera en el otro el estímulo necesario para la respuesta. Esta parece ser una de las razones que hace loas al primero de los axiomas de la comunicación humana: *Es imposible no comunicarse*, ya que desde la inmovilidad corporal hasta el silencio se constituyen en *feedback* en la interacción.

Y esto es un callejón sin salida, cuando se intenta hipotetizar acerca de por qué alguien tuvo cierta actitud con alguien. La cantidad de gestos que son imperceptibles para el protagonista de la situación hacen que cuando se nos cuente la historia de lo sucedido, obtengamos en la narración solamente versiones acotadas (además del sesgo cognitivo que se impone en el cuento). No obstante, aunque reuniésemos al resto de los protagonistas de la historia, obtendríamos más versiones y versiones de la misma escena. Si bien el conjunto de *cuentos* alentaría una versión más completa, no dejaría de ser una versión.

Una de las tácticas (entre otras) en psicoterapia familiar que ayudan a mejorar la interpretación de lo que sucede es invitar a la sesión al resto de los participantes del sistema que constituyó el problema e invitarlos a interaccionar entre ellos o esperar que interaccionen espontáneamente, con el fin de acercarnos a una historia que aúne datos, se encuentren puntos de convergencia y se aclaren los divergentes. Así, la versión última podrá ser más o menos verosímil a la real.

Pero todas estas gestualidades, expresiones corporales, movimientos que se producen entre volúmenes de cuerpos se desarrollan en un espacio entre comunicantes que se halla delimitado. Un espacio que significa la distancia óptima para que dos o más personas establezcan un diálogo. Hall (1966) distingue el manejo del espacio y movimiento en relación a tal proximidad o lejanía relacional y clasifica cuatro tipos de distancias:

1) Distancia íntima: implica una distancia de cercanía afectiva. Es la distancia en la que se conduce una pareja en una relación amorosa, la relación de un padre que acaricia a su hijo o en la relación materno-filial. Es una aproximación que permite la fusión de los interlocutores y, en cierta medida, existe una ruptura de los límites de la territorialidad personal.

2) Distancia personal: es una distancia de cercanía pero en la que los interlocutores mantienen sus fronteras personales. Es decir, los límites personales no se pierden y están claramente definidos. Es la distancia de las relaciones interpersonales que se pauta tácitamente entre amigos, familiares o compañeros de trabajo. También de dos personas que tienen un objetivo o interés en común.

3) Distancia social: en este tipo de distancia no existe el contacto físico. Prima la mirada, que pasa a ser el único tipo de vínculo. No se trata de una relación impersonal, pero existe un espacio y distancia protectivos de eventuales invasiones o intromisiones del interlocutor. Es la distancia óptima en situaciones de negociación y venta. Por lo general, el espacio entre interlocutores se ocupa con escritorios, escaparates, mesas, objetos que imponen la distancia entre los comunicantes. En las consultas psiquiátricas tradicionales, por ejemplo, es la clásica *distancia terapéutica* en donde se coloca el escritorio, el guardapolvo blanco, etc.

4) Distancia pública: es la distancia de las relaciones formales. No existe la intimidad y menos un vínculo personalizado. Se pierde cualquier tipo de relación directa y es la distancia típica del conferenciante o del catedrático.

En estos tres últimos tipos de distancias, hemos observado que la longitud de espacio entre interlocutores oscila entre 60 a 80 cm, que no es ni más ni menos que el ancho que tienen las puertas o ciertos corredores o pasillos. Nótese, entonces, que la arquitectura expresa en cierta manera estilos de vida e interacción. Tanto en el diseño de una casa que se planifica de acuerdo a los requerimientos particulares de una familia o los diseños impersonales en las construcciones de edificios, las puertas interiores en general son menos anchas que las que se estructuran de cara al exterior. Las puertas interiores modernas, como también los corredores, rondan los 65 cm de ancho, mientras que las de entrada, 80 cm. En esta misma línea, las construcciones de la primera mitad del siglo XX se caracterizaban por puertas interiores más anchas que las actuales y las exteriores de doble hoja.

Cabe hipotetizar que, en la actualidad, a pesar de vivirse tiempos de relaciones más impersonales, se han reducido las distancias personales, sociales y públicas. Mientras que en las primeras décadas del siglo pasado las interacciones si bien eran más cercanas y de mayor conocimiento (vecinos de barrios, tiempo para los amigos y visitas familiares, etc.), se imponía una cuota de distancia formal donde, por ejemplo, no imperaba el contacto físico y era esperable el trato de Ud. Como en las puertas, la distancia relacional era mucho mayor que en la actualidad.

Pero la distancia relacional depende de cada contexto sociocultural. Cada cultura impone el tipo de espacio entre comunicantes. Ciertos contextos poseen una distancia social más cercana, equivalente a la distancia íntima para otras culturas. Esto puede crear malentendidos entre personas pertenecientes a contextos antagónicos relacionalmente, más aun en los casos en donde la forma de acompañar la palabra es mediante el contacto físico.

Un ejemplo, al que hace referencia Paul Watzlawick (1976), muestra tales diferencias. Una serie de investigadores exploraron un fenómeno que sucedía en el aeropuerto de Río de Janeiro. El aeropuerto poseía una terraza con una baranda no muy elevada, lugar por donde habían caído una serie de personas en los últimos años. Estos accidentes se produjeron en personas extranjeras, principalmente europeas, que tenían relación con personas brasileñas.

Esta terraza se constituía en un centro de reunión de recibimientos y despedidas. Lo que descubrieron fue que cuando los brasileños entablaban un diálogo con los europeos, al ser su distancia social más reducida –tal vez equivalente a la distancia íntima de los europeos–, estos comenzaban a retirarse en búsqueda de lograr el espacio óptimo para la relación. Así, iniciaban una marcha hacia atrás ampliando la distancia, a lo que los brasileños respondían avanzando en búsqueda de su propia distancia social. De esta manera, muchos de los europeos terminaban cayéndose fuera de la baranda a la planta baja del aeropuerto.

Un detalle interesante y representativo es el tipo de saludo que se desarrolla en un encuentro entre personas de acuerdo al contexto sociocultural al que pertenecen, más allá de las particularidades de cada región, familia o grupo social. Por ejemplo, cuando se reúnen individuos que ya se conocen y tienen cierta relación afectiva, es común en Francia que se saluden con tres besos, indistintamente entre hombres y mujeres. Los españoles, entre hombres se dan la mano, a lo sumo un abrazo, mientras que entre mujeres y hombres y mujeres con mujeres se dan dos besos. Los rusos en cambio, indistintamente pueden besarse en la boca. Los italianos pueden darse la mano tanto entre hombres y mujeres como entre hombres, y si hace mucho tiempo que no tienen relación y se produce un encuentro, se logra un abrazo. En Chile, más formalmente, se saludan con la mano entre hombres y con un beso entre hombres y mujeres. Igualmente en Perú y Bolivia.

En Marruecos, las mujeres se cubren dejándose mostrar solamente los ojos y los tobillos y caminan distanciadas del hombre y, por supuesto, no se les ocurriría hacer una expresión afectiva en público. Entre los orientales, principalmente los chinos, el hombre y la mujer caminan distanciados: el hombre, uno o dos metros delante de la mujer y se saludan, tanto entre hombres o mujeres, con una típica reverencia sin contacto físico.

En Argentina, en Buenos Aires particularmente, la forma de saludar ha variado notablemente en términos de acercamiento físico. La máxima distancia física se ha observado en las familias de comienzos del siglo XX, donde el padre, por lo general, daba la mano a sus hijos y a veces hasta se trataban de Ud. En el ámbito social, los hombres se saludaban con el típico apretón de manos y a veces se utilizaba esta forma entre hombres y mujeres, mientras que entre mujeres se saludaban con un beso.

En el arco de los últimos 30 años, los hombres que tenían algún tipo de relación afectiva con otros hombres (familiares, amigos) comenzaron a saludarse con un beso, mientras que el saludo con la mano quedaba reducido a los primeros encuentros. El hecho que demostraba el paso a alcanzar cierta intimidad afectiva era el saludo con un beso. En la actualidad, se acostumbra el besarse entre hombres que se desconocen ya desde el primer encuentro. Este es un estilo más habitual entre adolescentes que entre adultos y, más adultos de una cierta generación, como ser los hombres de la década del 40 o 50. Además, entre personas relacionadas afectivamente se ha aumentado la apuesta de contacto corporal mediante el abrazo.

Es notable el mayor grado de flexibilidad y de menor inhibición en el contacto físico que posee la mujer entre mujeres, comparándolo con la actitud del hombre entre hombres. Pero la mujer –y más las mujeres hasta la generación del 60–, de la misma manera que mostró más acercamiento físico con mujeres, colocó mayor distancia física con los hombres. Más allá de que a partir de la década del 60, se desestructuraron una serie de estereotipos femenino-masculinos que fueron socavando los pruritos victorianos que imperaban principalmente en la sexualidad y llevaron, entre otras cosas, a que la mujer tomara más iniciativa en los juegos seductores con el hombre. Sin duda, este tema requiere un mayor y más agudo desarrollo que una simple mención y, a pesar de no ser el foco de este ensayo, cabe realizar algunas reflexiones.

Por ejemplo, las mujeres no sólo se saludan históricamente con un beso, sino que, además, pueden caminar por la calle de la mano o tomarse el brazo. Esta actitud se identificó tanto con una actitud típicamente femenina, que nunca se pensaría a dos hombres caminando de la mano o del brazo. De producirse, bien podría rotularse como una típica actitud homosexual. Como también, en la distinción de sexos, el hombre está identificado con la racionalidad y la distancia emocional, mientras que a la mujer se la asocia con la sensibilidad y la expresión afectiva.

Todas estas discriminaciones conforman distinciones que acentúan o bloquean las manifestaciones afectivas en el contacto corporal. Quiere decir que ciertas reglas que impone el contexto hacen que se posibilite o no la plasticidad en el desenvolvimiento corporal. El contexto, en cierta medida, veta o estimula el contacto. Los padres, en la conformación de la familia, reproducen tales pautas del medio del cual son partícipes y las recrean fuertemente desde los primeros momentos de la interacción con sus hijos. Es así que se conforman los códigos relacionales afectivos que competen a cada familia en particular, pero que reproducen en su seno tales estereotipos sociales.

Existen familias cuyos patrones de interacción emocional se remiten a expresar el afecto corporalmente de una forma limitada. Se resisten a abrazar, besar, acariciar o simplemente mirarse a los ojos, y manifiestan sus afectos de manera material. Son esas familias donde el *te quiero* se expresa materialmente mediante el regalo. En su equivalencia, aparecen viajes, ropa, dinero, flores, etc. Otras, lo expresan por medio de la palabra. No se *regalan* pero se dicen cuánto se quieren, aunque nunca se abrazan ni se besan y menos acarician. Las hay cuyo código afectivo se encuentra representado por acciones. Los integrantes de la familia hacen cosas por los otros. Son ayudadores, realizan favores, detectan lo que el otro necesita, están pendientes del otro. Mientras que existen familias que no tienen inhibición por el contacto físico y logran expresarse emocionalmente acoplando el cuerpo en la manifestación.

Es claro que la máxima saludable en la manifestación afectiva estaría dada por la convergencia entre la multiplicidad de formas de expresión y que los integrantes de una familia pudiesen encontrar el canal más adecuado de acuerdo a la situación. Pero siempre predomina un estilo. Este estilo es el que se tiende a reproducir por opuesto o similar al patrón referencial de contacto de la familia de origen. Quiere decir, entonces, que los humanos tienden a identificarse apropiándose y reproduciendo en otras relaciones (principalmente en la familia creada) tales estereotipos.

Un elemento a tomar en cuenta es la articulación entre la distancia íntima y el contacto físico. Sería esperable que, en tanto la distancia adquiera mayor nivel de intimidad, el contacto corporal se acreciente y, por ende, si el espacio interaccional se ensancha, el contacto físico disminuya. Si bien esta regla se cumple en la mayoría de las personas, no obstante, numerosos son los casos que pese a la cercanía e intimidad, se tienen dificultades para expresar el afecto o comunicarse de manera corporal. Paradojalmente, a pesar de que el lenguaje corporal sea el más arcaico, el contacto por este medio se encuentra disminuido. A la gente, en general, le resulta más sencillo manifestar el afecto mediante regalos o, en ocasiones, expresarlo de manera verbal, pero se resiste a dar un beso o entregarse en un abrazo.

Resulta extraño y hasta ilógico que siendo el lenguaje del cuerpo y el sentido del tacto elementos tan primitivos en el ser humano, se constituyan en recursos que se atrofian dada la preeminencia de la palabra o la primacía de los objetos en un mundo que otorga relevancia a todo lo material. Muchas personas, a la hora de abrazar, palmean la espalda de manera social y amistosa, casi protocolariamente, o distancian su cuerpo reduciendo el contacto a los brazos de forma tímida. Otros saludan con un beso de manera que *ponen la cara*, o evitan el contacto mejilla con mejilla y terminan besando al aire y el beso del *partenaire* culmina en la oreja del protagonista. Estos son estilos que lindan con la *fobia al contacto* y se sitúan en una posición ambivalente en la manifestación afectiva.

En este sentido, no podemos categorizar a sujetos como fríos, duros o distantes de cara a situaciones de alto voltaje emocional. Más bien, son personas que se resisten a expresarse afectivamente o se inhiben o se defienden (¿de qué o quién?) colocándose un manto gélido hiperprotectivo. Aunque debe aclararse que estas apreciaciones son realizadas bajo el marco de un contexto sociocultural que asocia contacto físico con acercamiento afectivo. Pero, de acuerdo a las culturas, esta asociación no siempre puede proponerse como una premisa general. Un ejemplo de esto son los japoneses[12]: toman distancia desde el acercamiento físico y, sin embargo, son respetuosos, serviciales, afectivos, lo que denota proximidad afectiva. Por tanto, bien podría tomarse como un ejemplo de lejanía física pero cercanía afectiva, desestructurando el estereotipo que señala que los diferentes grados de cercanía física implican afectividad de mayor

---

[12] Juan Luis Linares, comunicación personal.

o menor intensidad. Mientras que la lejanía física, llegando al temor al contacto, sugiere frialdad afectiva.

Con todo, la gestualidad de rostro, tronco y extremidades, el uso del espacio y las acciones con que nuestro cuerpo se conduce hacen que el lenguaje paraverbal se constituya en un elemento espontáneo de transmisión de mensajes. Un recurso que se margina o queda relegado a un segundo plano de cara al lenguaje verbal. Se han constituido generaciones de escuchadores que no sólo escuchan, sino que también observan mientras escuchan. La necesidad de ver al interlocutor mientras que se habla, pocas veces se conciencia, es decir, no somos conscientes de que necesitamos tener a la vista a nuestro interlocutor para comprender en toda su dimensión el mensaje que nos intenta transmitir.

Un ejercicio de comunicación creado por Virginia Satir –maestra y co-creadora de la terapia familiar sistémica– juega con diferentes posiciones corporales en pos de transmitir un mensaje o establecer un diálogo. Se comienza con la comunicación tradicional de dos personas de frente a una distancia óptima de 60 cm. La gente se comunica normalmente, cómoda en su postura corporal, en su tono de voz, en su observación de la otra persona. La siguiente posición es de espalda. La gente intenta comunicarse y levanta el tono de voz pero, principalmente, tuerce su cabeza con el objetivo de lograr ver a su interlocutor. Allí, muestra la necesidad de registrar la gestualidad para constituir una comunicación completa.

Ni que hablar cuando se los acerca demasiado y no logran claramente identificar los gestos y se debe bajar el volumen de la voz casi secreteando, o cuando se alejan demasiado excediendo las fronteras de los 60 cm (5 metros y más) y los gestos deben agudizarse en desmedro de la palabra dada la escasa audición. Todo parece evidenciar las dificultades de la comunicación si la mirada hacia la gestualidad no está presente. El lenguaje verbal, reglado y pautado, y el lenguaje paraverbal, espontáneo y natural, son dos componentes que hacen el epicentro de la comunicación, tal cual la dialéctica del amo y del esclavo de Hegel: ambos se necesitan y no *son* si no están ambos presentes.

Gestos y gestos

En pos de comprender las dimensiones del territorio del lenguaje analógico, es importante focalizar el análisis en uno de los movimientos centrales de su desarrollo: la gestualidad. El gesto, así planteado, puede considerarse la unidad-base del lenguaje paraverbal.

Un gesto es definido como un movimiento o disposición de las manos o de otros miembros del cuerpo, que es utilizado para establecer comunicación con otros seres humanos en relación directa e inmediata. La gestualidad puede considerarse como un movimiento expresivo de contenidos psíquicos en tensión, es decir, son movimientos musculares que buscan su descarga. Y lo consiguen, tanto si son gestos voluntarios revestidos de intención, como involuntarios producto de un dinamismo inconsciente.

Una mímica, un gesto, en general, se presentan con una complejidad que escapa a la posibilidad de lograr medirlos de manera precisa. Es tal la sinergia de micromovimientos casi imperceptibles para la captación consciente, que resulta sumamente dificultoso realizar una percepción abarcadora y completa del universo gestual.

Vilém Flusser (1994) define el gesto señalando que:

[…] *mucha gente estará de acuerdo en entender los gestos como movimientos del cuerpo y, en un sentido amplio, como movimientos de los instrumentos y herramientas unidos al cuerpo.*

En esta definición, claramente, se interpreta que los gestos involucran micro y macromovimientos, pero no son acciones, sino que toda acción conlleva inevitablemente una conjunción de gestos. O sea, una persona puede caminar, escribir, sentarse, cocinar, rascarse la cabeza, trepar, saltar, etc., y todas estas acciones llevan implicadas una gestualidad determinada que las organiza y les da la estructura de acción.

Debemos preguntarnos, entonces, si todos los movimientos son categorizados como gestos. Evidentemente no, de lo que se infiere de renglones anteriores. Por ejemplo, la contracción o dilatación de pupilas, contracciones y espasmos abdominales, como señala Flusser (1994): [...] *no pueden ser llamados gestos [...] el tipo de movimientos al que nos referimos cabe describirlos como "formas de expresión" de una intención. Lo cual proporciona una hermosa definición: los gestos son movimientos del cuerpo que expresan una intención [...]. El gesto es un movimiento del cuerpo o de un instrumento unido a él [...].*[13]

En este punto, cuando el autor hace referencia a *un instrumento unido a él*, objeto, cuerpo y movimiento parecen una tríada uniforme cuyo vínculo de unión está dado por el gesto. Si yo escribo (mi gesto), mis manos y dedos digitan, la pluma (instrumento) es la que escribe y realiza trazos y es en mi cuerpo y en el contexto donde se desarrolla el movimiento. Aunque resulta obvio aclarar que no es necesario un instrumento para el desenvolvimiento del gesto, el instrumento u objeto es un factor adicional y aleatorio en la ejecución del gesto.

Pero cuando hablamos de la *intención* que reviste un gesto, no sólo nos estamos refiriendo a la intencionalidad consciente, sino también a los llamados *acting out* y a los *actos fallidos* que se hallan fuera del dominio de la voluntad y que también son productores de gestualidades. Ciertos actos reflejos pueden

---

[13] Debemos aclarar que en el texto de V. Flusser, *Los gestos. Fenomenología y comunicación* (Herder, 1994), el autor entiende lo que nosotros llamamos acciones como gestos. Después de una aguda introducción acerca de los gestos, analiza en una serie de capítulos el gesto de amar, telefonear, fotografiar, afeitar, filmar, destruir, oír música, fumar en pipa, entre otros.

ser entendidos como parte de gestualidades, por ejemplo, si algo me quema mi mano, lo más seguro es que la retire abruptamente. Claro está, mi intención es no quemarme.

El gesto es un movimiento simbólico que expresa, de-muestra algo que debe ser descifrado. Puede afirmarse que si reacciono sacando mi mano de cara a una situación que me produce dolor, ese acto reactivo, conjuntamente con una serie de gestos paralelos que se encuentran involucrados en él (fruncir el ceño, morder mis labios, contraer mis mejillas y mis mandíbulas, abrir fuerte los ojos, etc.), expresa el dolor. Por lo tanto, puede afirmarse que el gesto es un *movimiento semántico,* puesto que siempre simboliza algún significado. Si algo me quema, al retirar mi brazo y mi mano, manifiesto que me produce dolor. Si hace mucho frío, tiemblo como expresión de que siento mucho frío (y no todos tiemblan frente al mismo estímulo, otros se quedan tiesos, tiritan, se mueven buscando entrar en calor, etc.; esto quiere decir que no todos expresan el sentir frío de la misma manera).

Habrá una concatenación causal, entre dolor, movimiento y una teoría fisiológica para explicar dicha concatenación, con lo que el obser-vador estará en su derecho de entender el movimiento como síntoma del dolor que yo he sufrido. (Flusser, 1994).

Hasta aquí, parece más una reacción refleja que una ges-tualidad determinada. Pero entrar en esta línea de análisis es erróneo: sería entender las reacciones de manera objetiva, tal como si todas las personas frente al mismo estímulo reac-cionasen con la misma actitud. La conjunción de una serie de gestos paralelos, unidos a la reacción a la que aludimos, le confieren particularización a tal reacción. Es decir, en la sucesión concatenada se introducen una serie de *cuñas,* una codificación que le otorga al movimiento una estructura espe-cífica, de manera tal que los interlocutores que presencian la reacción puedan codificar correctamente que ese movimiento en esa persona implica una reacción frente al dolor.

El conocimiento de ese código más tácito que implícito, le proporciona al interlocutor la posibilidad de afirmar que algo le produjo dolor al protagonista. Esta particularización gestual hace que resulte sumamente difícil establecer categorizaciones gestuales universales, a las que hemos hecho referencia anteriormente.

La codificación gestual es fruto de una manufactura relacional, subjetiva, peculiar, y con tiempos que permiten sucesivas y variadas interacciones. Con todo, tampoco es posible hablar de niveles elevados de asertividad, más aun, puede caerse con facilidad en construir supuestos, sumergirse en atribuciones, o realizar inferencias, lejos del significado correcto del analógico del *partenaire*.

M. Monso (1972) señala que no hay expresión (como simbolización subjetiva) en movimientos ocasionados por procesos fisiológicos o fisiopatológicos. Por ejemplo, el reflejo incondicionado, el tenor de una crisis convulsiva o el cierre de párpados frente a una excesiva luminosidad, son gestos que no varían de un sujeto a otro.

Sin embargo, entre la dinámica puramente fisiológica y la psicosomática, no hay límites precisos; a menudo lo que comienza teniendo una significación puramente psicológica, la pierde y persiste como hábito motor, de igual modo como la psique aprovecha ciertos movimientos meramente fisiológicos (externos o internos) para "descargarse" o "tomar fuerza" y manifestarse a través de ellos confiriéndoles ciertos caracteres especiales que la fisiología o fisiopatología, por sí mismas, no alcanzan a explicar. Recordemos el ya clásico ejemplo de un vómito producido simplemente por razones psíquicas y morales que nos dan asco, sin que haya ningún factor sensorial nauseabundo, ni trastorno físico que lo condicione; una mera representación psíquica pone en marcha los resortes orgánicos vinculados a procesos perceptivos.

No obstante, si bien es real que existen movimientos con cierto *quantum* de *objetividad* al mediar la fisiología, la gestualidad inserta en todo el recorrido del movimiento muestra las señas particulares de cada persona. Por tal razón, dichos gestos son los que le confieren singularidad hasta a un simple o básico movimiento reflejo.

Tampoco cuando observamos un gesto del interlocutor o realizamos nosotros mismos un gesto, es solamente *un gesto*. Para la construcción de un gesto, en principio, hace falta el trabajo de una serie de músculos, por más ínfimo que pueda considerarse el gesto (por ejemplo, un microgesto). La interacción muscular en primer lugar, y la estructura articular y esquelética en segundo, hacen que el gesto se consolide. Aunque no resulta extraño que tan sólo sea un gesto el que se registre. Por lo general, y es un gesto el que nos llama la atención, el que focalizamos, es el gesto que se ilumina relegando a los otros. Quizás, la concomitancia de varios gestos hacen la relevancia de uno.

Entonces, hace falta varios músculos para la producción de un gesto y son varios gestos los que colaboran para que uno cobre relevancia. Una cara de enojo –el típico ceño fruncido– *roba cámara* frente al resto de gestos que se instalan expresando dicha emoción, por ejemplo, levantar los hombros, contracturar la espalda, cerrar los puños o ponerse de pie abruptamente.

Cuerpo y movimiento, podríamos afirmar, son dos caras de la misma moneda. Resulta imposible pensar en un cuerpo inerte y, de ser factible imaginarlo, solamente la muerte puede crear este tipo de *congelamiento*. Un cuerpo vivo lleva implícita una actividad muscular que dinamiza la masa corpórea, le da un sesgo identificatorio: una actitud postural, un tipo de mirada, un juego articulado que permite que otro diga quiénes somos. Un cuerpo muerto petrifica algunos gestos. Las cisuras producidas por la estereotipación gestual graban nuestras señas en la piel, conservando un vestigio que denuncia parte de nuestra personalidad. Pero el cese de vida deja de otorgarle al cuerpo actividad muscular periférica y profunda, y la mayoría de nuestra gestualidad decae, creando un efecto de petrificación. Quedan grabados los últimos gestos antes de la muerte, para después apagarse poco a poco. Por tal razón, al inicio de la mortandad y, hasta mucho después, las personas allegadas al fallecido manifiestan que *pareciera que está durmiendo* (más allá de la resistencia a aceptar la muerte del ser querido).

Y los gestos están allí, frente a los ojos del interlocutor, prontos a ser interpretados. Esta afirmación nos hace entrar de lleno en un punto relevante en la temática de la kinestesia corporal: la interpretación de los gestos.

Quizá, más allá de cómo se desarrollan los gestos en el ser humano, el investimiento semántico que se les atribuye parece ser un tema que merece una discriminación exhaustiva. En principio, porque no se cuenta con una teoría de la simbolización de los gestos, es decir, un marco referencial estipulado a priori que codifique el universo de la gestualidad. Realmente suena a absurdo intentar sistematizar la semántica gestual, con la misma estructura del lenguaje verbal con signos, sintaxis y semántica. Una reglamentación del género puede constituirse en una obra faraónica y siempre estará presente el riesgo de dejar fuera gestos sin tabular, ya que el mundo analógico bien puede decirse que es infinito: resultaría utópico e imposible abarcar la cantidad de gestos posibles que una persona puede desarrollar.

Por otra parte, si algo le queda de espontáneo al ser humano, es su gestualidad. Bastante constreñido se halla con las reglas de su propio lenguaje verbal, para pautarlo mediante un código nada más y nada menos que en su lenguaje analógico. En cambio, existe una codificación gestual pero no se encuentra sistematizada ni reglada, librada a la proyección del interlocutor. Un movimiento de labios del interlocutor puede codificarse con una serie de símbolos semánticos: bronca, seducción, erotismo, ansiedad, nerviosismo, cólera, angustia, dolor de muela, reflexión, etc. El tema es codificarlo de manera correcta, y la reducción del margen de error en tal codificación depende del conocimiento que se tiene de la persona emisora del gesto y la perspicacia del interlocutor de no suponer y metacomunicar.

Codificamos permanentemente desde la motricidad fina de gestualidad sutil e ínfima, hasta los gestos más alevosos a la observación y las acciones más bizarras. Pero vale aclarar nuevamente: *interpretar* un gesto no implica *decodificarlo*. Decodificar sugiere *describir objetivamente* el código del gesto del emisor y, por más acertada que resulte la semántica atribuida, lo que hace el interlocutor es *intentar* descifrar el código. Entonces, en ese acto cognitivo, lo que hace en realidad es construir un código desde su reservorio conceptual, por lo tanto, codifica el gesto.

Sin caer en dogmatismos, esta definición no quiere decir que el interlocutor en algunas oportunidades no decodifique (logre descifrar el código del *partenaire* de manera correcta), aunque parece ser más correcto expresar que codificó acertadamente ese intento de transmisión. También cabe aclarar que en torno al universo del lenguaje analógico, a veces (tal vez la mayoría), el emisor no es consciente del gesto que envió. Lo cierto es que algo comunicó.

Cada gesto tiene una semántica, pero una semántica particular en cada comunicador. Existen ciertos clisés que, como gestualidad prototípica, bien pueden observarse en diseños de cómics, historietas y algunas caras con gestos que se transmiten vía mail en Internet, pautaciones de gestos en libretos de teatro, etc. Por ejemplo, cejas para abajo frunciendo el ceño: enojo; boca en herradura hacia abajo: enojo, aburrimiento; boca en herradura hacia arriba: alegría; arqueo de cejas hacia arriba: alegría, sorpresa; estrabismo: locura; guiño de ojos: seducción, picardía; fruncir mejillas y ojos: dolor; ojos semicerrados: sueño, entre otros.

Pero no quiere decir que estos estereotipos sean totalmente válidos, más aun, cuando son introducidos en la comunicación real pueden llevar a la confusión, ya que cada emisor tendrá sus peculiaridades gestuales y no necesariamente reproducirá la semántica estipulada socio-culturalmente. Es que este analógico clisé compete a realidades de primer orden y ¿quién es capaz de observar objetivamente sino con la subjetividad de sus propios ojos el gesto del compañero?

La responsabilidad de codificar la gestualidad no recae únicamente en la semántica del observador. El protagonista del gesto –consciente o inconscientemente– transmitirá su sentimiento, emoción, gusto o disgusto, etc., mediante una mímica, y está en manos del interlocutor que se acerque o no a la significación correcta. El resultado, entonces, resulta de la amalgama de reciprocidades cibernéticas que se labran en la interacción.

Otros textos como *El lenguaje del cuerpo* (Lowen, 1995), *La palabra del cuerpo* (Onnis, 1997), como los títulos lo señalan, versan acerca de las formas de expresión del cuerpo. O sea, cada persona posee su propio lenguaje corporal, más o menos adaptado a su contexto familiar, social y a la cultura a la que pertenece. Es difícil referirse a una *universalidad gestual*. No obstante, al valorar una expresión no sólo hay que evaluar el contenido y forma de transmitirla, sino también la capacidad receptora de los interlocutores. Además de la sensibilidad e intuición, deben ser tomadas en cuenta las habilidades del receptor para captar ciertas expresiones. Existen gestos y diferentes estilos de manifestación que se aprenden con mayor facilidad y rapidez, a los que se les atribuye una significación más universal. Estos gestos están compuestos por una serie de *gestalten*, con una fuerte estructura que permite aprehenderlos y otorgarles una atribución similar. Esta facilidad de captación tiene que ver con la familiaridad del estímulo y mucho de este proceso con la identificación. Aquellas expresiones gestuales que se han repetido en el tiempo y en la convivencia producen efectos de mimetización –tema que desarrollaremos más adelante– que luego se adoptan como propios y tienden a reproducirse en las interacciones.

Flusser (1992) afirma que es necesario crear una teoría de los gestos, aunque esa universalidad semántica resultaría utópica. En principio, cada sociocultura codificará de manera peculiar las gestualidades; a su vez, cada familia sobre esa peculiaridad anexará sus particularidades y, cada integrante –recursivamente– la investirá también de su significación individual. Así, en un circuito sin fin de codificaciones. Las variaciones de acuerdo a los contextos, grupos secundarios y desarrollo evolutivo hacen que el proceso adquiera un nivel de complejidad notable.

Más bien, hace falta una teoría del *gesticulador* y la necesidad de metacomunicar más frecuentemente, de cara a la incertidumbre de la semántica de algún gesto de captación dificultosa o poco entendible.[14]

Si bien es lícito plantearse si los gestos son acciones propiamente dichas o *reacciones a...*, parece constituirse en un dilema muy difícil de resolver. La primera de las posiciones haría referencia a que el gesto es el producto de factores cognitivos o emocionales, fisiológicos, etc., internos y que no se halla exclusivamente a expensas de la interacción. Mientras que la segunda, se polariza en cuestiones netamente reactivas de las relaciones humanas. Estos planteos conllevan el riesgo de quedar atrapados en ópticas lineales, abandonando perspectivas sistémicas que contemplan factores que examinan desde lo biológico hasta lo contextual. Por tanto, el principal enemigo en este caso es el reduccionismo en el que se puede caer empobreciendo la mirada sobre este desarrollo.

Los gestos, entonces, tienen un portador de su semántica (el emisor), y la *intuición* y capacidad o flexibilidad cognitiva y emocional del receptor son la vía que

---

[14] Ya hemos descripto detalladamente todo el circuito comunicacional y su complejidad en el capítulo.

le posibilita codificarlos en mayor o menor medida. Los gestos son expresiones –y expresiones naturales–. Sin duda que, como parte de la comunicación, el mundo de lo analógico tiene su origen y evolución en la sinergia de multiplicidad de factores: biológicos, neurofisiológicos, bioquímicos, psicológicos, endocrinológicos, cognitivos (por identificación), familiares históricos y actuales (por codificaciones gestuales familiares), sociológicos, interaccionales y contextuales (ambiente). Pero es innegable que los aspectos interaccionales instruyen por imitación e identificación. Muchas de las numerosas e infinitas gestualidades que desarrolla el humano se introducen en la cognición y en la pragmática de las acciones, debido a la introyección de movimientos de todo tipo, principalmente de figuras parentales en el seno de la familia de origen y, a posteriori, en grupos secundarios.

No obstante, como hemos revisado en el capítulo de los movimientos y gestos en el ciclo evolutivo, existen gestos muy primarios como los del dolor, el llanto, los labios en herradura (el famoso *puchero*) que son espontáneos y no puede decirse que sean producto de la identificación. Resulta un tanto apresurado afirmar que un bebé, en sus primeros días de vida (donde cobra relevancia la gestualidad descripta), imite la mímica de sus progenitores. O sea, la irrupción del lenguaje analógico, el más primitivo de los lenguajes, excede o antecede en algún aspecto al marco de lo contextual y con ello el ámbito de las interacciones y vínculos.

Por tanto, será más sencillo expresar o construir un gesto, cuanto más primitivo y menos sofisticado sea su contenido:

La facilidad y simplicidad ejecutivas y la pureza significativa de una expresión dependen en gran parte del nivel al que corresponden sus contenidos en una representación estratificada y evolutiva de la personalidad. Cuanto más "inferior" (y a su vez más arcaico ontogéni-

camente) sea su contenido, tanto más simple, nítida y espontánea será su expresión. (Monso, 1972).

En el ciclo evolutivo, un niño es más rudimentario en su dinamismo psíquico e intelectualidad. Es, más bien, pura emoción y preeminencia del lenguaje analógico. El avance del área racional-intelectual, de cálculo matemático, de procesos superiores de procesamiento de información y del desarrollo de la cognición hacen que, paralelamente, crezca el lenguaje verbal, cuestión de poder transmitir contenidos cada vez más complejos.

En la evolución existe, entre el mundo emocional y el intelectual una relación inversamente proporcional. El niño es más emoción y menos racionalidad y su correlato con los dos lenguajes es paralelo: el infante es mayormente gestual, y casi nulo en codificación verbal, solamente se inicia en algunos sonidos guturales. En la medida que evoluciona, se incrementa el universo racional y muchas de sus emociones se expresan con la palabra, que se utiliza como vehículo de transmisión debido a la exacerbación del lenguaje verbal y, en simultaneidad, la expresión gestual que paulatinamente se reduce.

INFANCIA	ADOLESCENCIA Y MADUREZ
↑ EMOCIÓN = ↓ RACIONALIDAD	↓ EMOCIÓN = ↑ RACIONALIDAD
↑ GESTUAL = ↓ VERBAL	↓ GESTUAL = ↑ VERBAL

Monso (1972) señala: *Volvamos a la expresión. Cuanto más inferiores sean sus contenidos, tendrá un carácter más elemental y transparente; aunque los dinamismos superiores puedan frenarla más o menos, y hasta inhibirla del todo, les será más difícil deformarla. Por otra parte, la morfología de la expresión de funciones (que preferiríamos llamar "actos psíquico" en un sentido muy lato de la palabra acto) y contenidos inferiores es mucho más universal, se presenta con rasgos más comunes a todo el mundo, que cuando lo expresa corresponde a un estrato más elevado.*

La expresión del mundo psíquico superior, en la medida de su evolución, pierde esta aparente elementalidad y adquiere una notoria complejidad. Entrecruzamientos de gestos que antes no eran acompañados por palabras, ahora se acoplan a ella en sinergia permanente. Le realzan el sentido, la validan aun más, la exacerban o disminuyen en semántica. Ahora son gesto, acción, palabra, metáfora, literalidad, entre otros, los que se aúnan en un todo comunicativo en ese intento de traducir idea en mensaje.

Por ejemplo, la posibilidad de teatralización y simulación, la capacidad de representar un papel o colocarse una máscara y representarla, depende de actividades psíquicas superiores. Disociarse, actuar en el lugar de otro, ser un personaje, implica haber desarrollado no solamente dotes artísticas, sino funciones cognitivas y emocionales evolutivamente más maduras. Puesto que no se trata de una simple reproducción, mímica, o copia –tal cual se desenvuelve en niños pequeños–, se trata de remedar sintiendo y haciendo sentir que no soy yo quien está, sino un personaje.

En la medida que se evoluciona, por ende, se incrementa el nivel de complejidades. Los procesos de abstracción, los niveles de asociación y el incremento de funciones cognitivas y neuropsicológicas, sumado a las herramientas verbales y paraverbales, hacen que la complejidad corra el riesgo de transformarse en complicación.

Siempre se afirma que los niños son más *llanos y simples* en su capacidad de entendimiento y emisión. En principio, porque al no tener desarrollado completamente el lenguaje verbal, los niños apelan a las escasas palabras con las que cuentan para expresarse. Por otra parte, la preeminencia del lenguaje gestual lleva a que se utilice mayormente este recurso, por lo tanto, la comunicación es más rudimentaria y básica.

Los padres, cuando le tratan de explicar o hacerle comprender algo a un niño, deben recurrir no sólo a términos que redunden en simpleza, sino también a estructuras sintácticas básicas y simples. Por el mismo motivo, en las sesiones de psicoterapia infantil, las intervenciones del terapeuta deben ser simples pero, fundamentalmente, directas. No debe implementarse demasiada estrategia ni diplomacia para comunicarle a un niño las cosas del más alto voltaje emocional.

En la emisión de mensaje, en el niño, sucede el mismo fenómeno. Mientras que un adulto se encuentra lleno de inhibiciones o pruritos comunicativos, el infante lo ejecuta de manera directa, sin importarle demasiado las pautas del contexto en donde se encuentre. Un adulto se halla en una reunión social, rodeado de gente con la que tiene poca confianza, y siente ganas de ir al baño. Seguramente, se las ingeniará para no llamar demasiado la atención y, más aun, para averiguar dónde está ubicado y lograr dirigirse al sitio de manera sigilosa y sin ser percatado.

Cuántas represiones y complicaciones comunicacionales ocurren en el mundo adulto, más precisamente, ¡se construyen en el mundo adulto! Un niño, en cambio, preguntará a sus padres en voz alta: *¿Mami, dónde está el baño…?*, inclusive explicitando qué necesidades fisiológicas lo aquejan en ese momento: *¡Papi…, Tengo ganas de hacer caca…!*[15]

---

[15] En unas vacaciones en la localidad costera de Cariló, en un bar en medio del bosque, actuaba un animador de un espectáculo infantil. Había un grupo de niños que se encontraban sentados alrededor del escenario, mientras que los padres se distribuían en torno a las mesas del bar. Llegamos con mi esposa y mi hijo de cuatro años, cuando el show ya había comenzado. Franco, nuestro hijo, se sentó al lado nuestro en una mesa a una distancia considerable del escenario, mientras que esperaba que le trajeran una gaseosa. Con timidez, rara en él, sentado en su silla y cruzado de brazos miraba ávidamente al conductor que, por cierto, era muy gracioso. A los cinco minutos, se puso de pie y caminó sigilosamente hasta el borde del escenario donde estaban sentados todos los niños. Pensamos que se quedaría allí, como el resto. Sin embargo, continuó caminando hasta situarse al lado del actor y le dijo contoneándose: *¡Yo tengo músculos…!*, mientras intentaba hacerse el forzudo moviendo enérgicamente sus brazos y sacando panza. El locutor se reía, pidió un aplauso para él, y el público se rio y aplaudió. Nos dimos

Véase que los contenidos que se expresarán con mayor simplicidad y transparencia y con una significación inequívoca y universal son los originados por los instintos y emociones, entre los que se encuentran el estado de ánimo (tristeza y alegría) y el goce y el dolor, según M. Monso (1972).

Pero más allá de los gestos de llanto, dolor, boca fruncida –a los que podríamos rotularlos de *primarios*–, existen otros que incorporan otras partes del cuerpo, además del rostro, que sugieren semánticas que han sido adoptadas mayormente por identificación. Por ejemplo, ciertos movimientos de manos como la amenaza de pegar, el dedo índice en actitud imperativa, la mano en signo de pregunta, el típico gesto de asentimiento moviendo la cabeza de arriba abajo cuando se recibe información, la actitud de señalar, etc.

Todos estos gestos son internalizados por identificación: la mirada atenta y consciente del infante que observa y escucha para incorporar para sí y luego reproducir. La repetición de estímulos cotidianamente, la respuesta correcta de un padre a un hijo en la ubicación de un cubo en el espacio adecuado, las contestaciones a los continuos *porqués*, son algunos ejemplos de este tipo de aprendizaje. Aunque el proceso no debe pensarse únicamente como voluntario. Las sucesivas interacciones familiares conllevan un aprendizaje por imitación pero no consciente. La adopción de reglas familiares instaura formas de actuación, gestos, costumbres, hábitos, cuya estereotipación culmina en apropiación como parte de la personalidad de cada integrante. Siempre teniendo en cuenta que este tipo de aprendizaje es distintivo: cada miembro incorporará para sí lo que logre captar del sinnúmero de datos que le proporciona su contexto.[16]

_____

cuenta de que los que sentíamos vergüenza o estábamos inhibidos frente a su actitud éramos nosotros, los padres.

[16] En este sentido, es interesante revisar la diferencia que establece Ronald Laing sobre el término dato. El autor afirma que lo que la ciencia empírica denomina datos, deberíamos llamarlos captos, ya que tales datos que se

Si las atribuciones de significado de los gestos dependen de la sociocultura (teniendo en cuenta que las familias, grupos secundarios y diversos contextos dentro del contexto matriz aportan sus peculiaridades), somos nosotros, los integrantes de ella, los que connotamos a los gestos de una semántica determinada. Quiere decir que la variación de una cultura a otra conlleva una variación de significados. De la misma manera que el sonido de la campana era un estímulo para Pavlov, un gesto simple como *señalar con el dedo* puede constituirse en un error epistemológico si no se tiene en cuenta la cultura de la que el observador es portavoz. Este es un ejemplo ilustrativo que H. von Foerster (1994) trae a colación acerca de la famosa antropóloga Margared Mead que, si bien lo refiere al uso del lenguaje denotativo, vale aplicarlo como ejemplo en nuestro análisis:

[...] *en el curso de una de sus investigaciones sobre el lenguaje de una población aborigen, trató de aprender este lenguaje a través de un procedimiento denotativo. Señalaba un objeto y pedía que le pronunciaran el nombre; luego otro objeto y así sucesivamente; pero en todos los casos recibió la misma respuesta: Chemombo. Todo era Chemombo.*

---

incorporan son seleccionados arbitrariamente por la estructura conceptual de las hipótesis ya formadas. Dato significa lo que es dado. Esta definición es coherente con la concepción representacional del conocer, con lo cual, desde esta perspectiva, se puede afirmar que el mundo externo ofrece un sinnúmero de datos observables. Capto, en cambio, refiere a lo que es captado, y se aplicaría al concepto del conocimiento adaptativo: de la experiencia sólo podríamos capturar de ese sinnúmero de datos solamente algunos. Pensar en términos de datos implica pensar utópicamente que nuestro aparato cognitivo tiene la posibilidad de percibir objetivamente y en forma pura (sin atribuciones de significado) los elementos a describir que ofrece el mundo externo. Las estructuras conceptuales solamente le permiten al observador captar algunos de esos datos, de acuerdo al modelo epistemológico con que se construya, mientras que el resto aparecen como puntos ciegos ante sus ojos. Para el observador no existirían una cantidad de datos, sino sólo algunos factibles de captarse por calzar con sus estructuras conceptuales. (Ceberio y Watzlawick, 1998).

Pensó para sí: ¡Por Dios, qué lenguaje terriblemente aburrido! ¡Todo lo designan con la misma palabra! Finalmente, después de un tiempo, logró averiguar el significado de Chemombo, que quería decir... ¡señalar con el dedo! Como se ve, hay notables dificultades aun en la mera utilización del lenguaje denotativo.

Claro que cualquier occidental hubiese dirigido su mirada a la cosa que el dedo apuntaba. Este es un automatismo que muestra el significado aprendido del gesto. Un dedo índice erguido en un puño cerrado dirigido hacia una cosa implica señalar, y a nadie de nuestra cultura se le ocurriría, de cara a la pregunta *¿qué es esto?*, contestar *es un dedo señalando*. Frente a la pregunta, la mirada estaría focalizada en el objeto y no en el dedo.

Contemplando todos estos elementos en este breve análisis, volvamos a la disquisición que planteamos anteriormente: parece que los gestos siempre son el *resultado de*, y que es sumamente dificultoso y utópico discriminar cuando son reacción pura de cuando competen a móviles biológicos, emocionales, afectivos o cognitivos internos, de los que el contexto no tiene influencia.

Como habíamos concluido, los gestos son siempre resultado, ya sea por los factores que revistamos oportunamente –internos o interaccionales–, el músculo reacciona en función de estos factores, por tanto, siempre es reactivo.

En este sentido, el gesto *es el diseño de un músculo o de un grupo muscular*. Es algo así como un grupo de *artistas musculares*, ordenados, estimulados y organizados por impulsos nerviosos provenientes de la corteza cerebral y vehiculizados por la acetilcolina, entre otros neurotransmisores, que se activan en pos de un mundo emocional, biológico y cognitivo, mediante estímulos que van desde elementos internos (recuerdos, reflexiones, factores orgánicos, etc.), hasta la comunicación humana y objetos del contexto.

Yo puedo llorar, por ejemplo, porque si mi *partenaire* llora (en forma directa) me emociona su llanto. Bajo el mismo hecho, una formulación diferente (indirecta) de interpretar y concebir ese gesto puede ser entender que, mediante el llanto del otro algo resuena en mí; puedo conocer qué, desconocer o no saber bien claramente qué es lo que me moviliza, pero me hace reaccionar, me emociona y me hace llorar. Algo construyo del llanto del otro. Su gesto intenta transmitirme, pero soy yo quien construye algo –particular y subjetivo– de esa mímica. Más precisamente, es una co-construcción analógica, más allá del entrecruzamiento de digitalizaciones, de influencia recursiva. El gesto, como unidad comunicativa, es efecto y causa en una infinita reciprocidad ecológica.

Algo me hace reír, me da rabia o me enoja, algo que puede producir una reacción diferente en otra persona, a mí me produce estas reacciones; yo reacciono a <u>mi</u> modo, con <u>mi</u> gestualidad, tal vez ese algo me estimula un recuerdo, un olor un sabor, una imagen, o cualquier vía sensitiva que se utilice. Me cuento algo de ese significado que han intentado transmitirme mediante el gesto y mis músculos construyen una mímica que expresa lo que me está sucediendo y ese es mi significado que intento transmitir.

Por tal razón, una película, una historia narrada, una obra pictórica, una ópera teatral producen tal diversidad de reacciones en el público. Cada uno se identifica y se proyecta en la historia. La historia, que no es la historia que se cuenta, es la historia que construyo de la que me cuentan (algo que me cuento de la que me cuenta la experiencia). Una conjunción de los cinco sentidos (con relevancia de unos por sobre otros) en sinergia hace que construya una respuesta: un gesto, una palabra, una acción, o un todo articulado de todos estos elementos, en síntesis, *algo* que espera ser apresado por el contexto, por ejemplo, por otro ser que construirá *algo* de mi *algo*.

V. Flusser (1992) sintetiza:

Voy a resumir lo dicho hasta aquí: una manera de definición del "gesto" consiste en entenderlo como un movimiento del cuerpo o de un instrumento unido al mismo, para el cual no se da ninguna explicación causal satisfactoria. A fin de poder entender los gestos así definidos, es necesario descubrir sus "significados". Eso es exactamente lo que hacemos en cada paso, y eso constituye un aspecto notable de nuestra vida cotidiana. Pero todavía no tenemos ninguna teoría de la interpretación de los gestos y estamos limitados a una lectura empírica, "intuitiva", del mundo de los gestos, del mundo codificado a nuestro alrededor. Y eso significa que, por lo que se refiere a la adecuación de nuestra lectura, no dispongamos de criterios fiables. [...] La definición de gesto aquí propuesta supone que de lo que se trata en la misma es de un movimiento simbólico.

Los movimientos gestuales se extienden y manifiestan por todo el cuerpo, pero se centran mayormente en el <u>rostro</u>, aunque no dejan de tener menor importancia los movimientos mímicos del tronco y las extremidades.

La gestualidad del tronco, principalmente, se focaliza –entre otros– en las torsiones, las flexiones de cintura, el subir o bajar los dos hombros o bajar uno y subir otro, el erguir o hundir el pecho, encogerse de hombros, encorvarse, estirarse, agacharse, sentarse, ponerse de pie, formas y estilo de caminar (rápido, lento, rígido, saltando apoyando la punta del pie, meciéndose a ambos lados, moviendo demasiado los brazos, etc.). Por ejemplo, dar la espalda, en muchos países occidentales, es un signo de rechazo y descalificación.

En las extremidades, son importantes las flexiones y el estiramiento de piernas, el estiramiento o flexión de brazos, el cruzar o descruzar las piernas, sentarse con las piernas abiertas o cerradas, mover repetitivamente una pierna o un pie (tembleque), contraer una pierna y la otra estirarla, maniobrar solamente con una pierna o un brazo, sentarse hacia delante, en el extremo de la silla, recostado, estar de pie descansando el cuerpo sobre una pierna que se encuentra tensionada, mientras que la otra descansa.

Pero, de las extremidades, las manos son las grandes estrellas. Las manos son instrumentos corporales sumamente expresivos e indispensables para la vida útil del ser humano y no sólo las manos sino también los dedos. La gesticulación de manos, en general, acompaña y acompasa a las verbalizaciones que, como los grandes directores de orquesta, se mueven cadenciosamente o de manera impulsiva. Diseñan en el aire las figuras que se explicitan con palabras, o restan inmóviles y pasivas en ciertas personas con timidez o rigidez de personalidad, se cierran como puños y golpean una puerta o una mesa, o expresan el triunfo y yerguen dos dedos en forma de *v*, o cierran el puño y levantan el dedo gordo como deseo de buena suerte, señalan con puño cerrado y el índice al frente, se hace un círculo entre el índice y el gordo en señal de ¡ok!, se sobresale el dedo mayor del puño cerrado como signo de agresión, se juntan todos los dedos hacia arriba unidos agitando la mano en señal de pregunta. Las manos saludan moviéndose de derecha a izquierda o aprietan otra mano. Más allá de todas la funciones indispensables que pueden desarrollar, necesarias para la supervivencia (comer, agarrar, conducir objetos, etc.), las manos abrazan y acarician expresando el afecto y la seducción, o golpean mostrando la agresión.

Por lo general, los movimientos del rostro componen una gestualidad fina dada la cantidad de pequeños músculos que lo conforman. Las expresiones de los ojos, la frente y los labios son las tres zonas de mayor relevancia gestual facial. La articulación de las tres áreas, que operan organizadamente, produce un cúmulo de gestos sumamente expresivos a la hora de comunicar. Aunque no sólo se trata del ejecutor del gesto sino del interlocutor. El *partenaire* comunicacional también tiende a focalizar su mirada en el rostro del compañero. Por lo tanto, palabra y gestualidad facial se unen a la vista de un interlocutor ávido de entender lo que intenta transmitir el emisor.

En los ojos, ya hemos remarcado en otro capítulo, existen una serie de micromúsculos alrededor del globo ocular, precisamente en los párpados, pómulos y ojeras; músculos que le otorgan a la mirada un sesgo particular, tanto, que de anestesiarse la zona restaría solamente una mirada lívida e inexpresiva, casi *mortuoria*. Los ojos pueden entrecerrarse en la seducción y en el sueño, abrirse al máximo ante la sorpresa, mirar hacia arriba en la reflexión, observar hacia abajo en la tristeza, fruncirse en las mejillas y pómulos en la confusión, concentración y esfuerzo, fruncirse las ojeras y la nariz en una típica expresión de oler feo como síntoma de descalificación (si no es que realmente hay mal olor en el ambiente), los pómulos colocarse *en punta* en la agresión.

La frente posee diversas movilidades, todas rondan en el movimiento de contracción/expansión. Muchas de estas gestualidades se articulan en complementariedad con la mirada. El ceño fruncido en el enojo, dolor de cabeza, mal humor, entre otros; la expansión en la sorpresa. Una ceja se levanta en la seducción. El fruncimiento de la frente y las fosas nasales bien abiertas en la rabia.

La mímica labial juega un papel relevante en el rostro, principalmente porque es el lugar de la gesticulación de la palabra. Es decir, además de una semántica expresiva verbal, se le acopla una gestualidad que acompasa la alocución. Los labios son el lugar del afecto mediante el beso, la seducción mediante el juego con la lengua, la alegría mediante la risa, el sarcasmo cuando se frunce uno de sus extremos, la tristeza cuando se coloca en herradura hacia abajo, el dolor cuando se frunce totalmente, la bronca cuando se muerde, la duda cuando se superpone el inferior sobre el superior y las cejas se elevan.

Infinitos son los gestos que podrían enumerarse. Hemos descripto solamente una serie asociada a significados parciales, lejos de absolutismos y relaciones objetivas, teniendo en cuenta que cada gesto puede tener multiplicidad de atribuciones, de las que hemos elegido algunas a manera de ejemplos.

La complementariedad o contraposición de los diversos gestos ejecutados en las diversas partes del cuerpo (rostro, tronco y extremidades) en sinergia con la palabra hace a una codificación completa. Por tal razón, no se trata de un solo gesto y el tratar de interpretarlo, sino de una serie de gestualidades (macro y micro) que se aúnan en un todo complejo en pos de transmitir un significado. Tal vez, nuestras distinciones perceptivas hacen que un gesto tome relevancia, pero son numerosos los que colaboran y se hallan secundarizados por la percepción.

Para el envío de información analógica, hay una serie de músculos que se activan para la creación de un gesto, y son múltiples las gestualidades que realiza un cuerpo para construir una semántica. Razón por la que no puede decirse que es sólo un gesto el portador de la significación, pero, tal vez uno de ellos es el que alerta al interlocutor.

Parece apropiado reiterar que en la recepción de los gestos, los hay que resultan más *alevosos* y que se revelan ante la mirada. Gestos que, socioculturalmente, pueden leerse de manera más simple, es decir, son mímicas que se prestan a jugar menos las subjetividades. Y, a pesar de que la interpretación gestual siempre es un ensamble de peculiaridades de ambos comunicadores, parece ser que ciertos gestos competen a índoles de primer orden. Por ejemplo, el ceño fruncido como enojo, o los labios que se aprietan en un juego seductor, o la sonrisa de alegría, o los ojos a medio cerrar como síntoma de tristeza, entre otros. Son mímicas clisés, muchas de las cuales son las que se observan en las publicidades gráficas, gestualidades típicas que pueden ser codificadas fácil y rápidamente.

Monso (1972) afirmó que *Al valorar la expresión hay que considerar, aparte del sujeto que se expresa, la capacidad receptiva de quienes capten lo expresado. No nos referimos a diferencias individuales de sensibilidad, sino a la capacidad humana (moldeada por factores culturales) para captar determinadas expresiones. Hay expresiones que aprehendemos con facilidad y rapidez, y a las que se confiere una signi-ficación más universal; se trataría ya de formas (en el sentido de* gestal-ten) *con una fuerte "pregnancia", es decir "formas buenas" para ser ob-jeto de una aprehensión más fácil y elemental, más inmediata que otras.*

El significado del gesto, al final de cuentas, es el resul-tado de un juego de atribuciones. El gesto es construido por la sinergia de un grupo muscular y su significado es co-construido en la interacción por los comunicadores en un contexto determinado. En una danza entre cuerpos mus-culares que intercambian palabras, mímicas y movimientos, las percepciones de los alternativos emisores y receptores adjudican semánticas a las diversas gestualidades, además de las tonalidades y cadencias que se depositan en los dis-cursos, algunas veces más asertivamente que otras. Aunque no asertivamente en el sentido de acierto como realidad ab-soluta, sino acierto en el sentido de la coincidencia de captar el mensaje del otro de manera más cercana a lo que el otro se propone o no transmitir (voluntaria o involuntariamente).

Es importante observar si las diversas gestualidades desenvueltas en las diferentes partes del cuerpo se estable-cen de forma complementaria o se contraponen. Es decir, si hallamos un rostro relajado, es de esperar que el resto del cuerpo también se encuentre distendido. Más aun, si el analógico está distendido deberá ser consecuente con el lenguaje verbal, por ejemplo, si la persona expresa *Estoy rela-jado*, su cuerpo deberá ser congruente con tal verbalización.

Pero, es cierto que pueden encontrarse posturas con-trapuestas entre las distintas zonas del analógico, o entre el analógico en general y el verbal. Hay personas que muestran en el rostro una leve sonrisa y una mirada atenta con los ojos bien abiertos y relajados como señal de *Estoy a gusto*, y su cuer-po se encuentra contracturado, sus hombros se presentan por encima de la posición normal y sus piernas tiesas. O gesticu-lan con sus manos en demasía como signo de nerviosismo, y sus piernas están abiertas o estiradas y su rostro relajado. O sus manos están cerradas como puños, sus piernas entrecruzadas, sus pies se mueven constantemente haciendo descargas nerviosas, mientras que la persona verbaliza: *La verdad, ¡qué cómodo y relajado me encuentro hablando con Ud..!*

Estas contradicciones denuncian estilos de comunicación que se constituyen en cimiente de futuras confusiones y complicaciones interaccionales que bien pueden desencadenar patologías de todo tipo. La contradicción entre el verbal y el analógico ha sido el bastión de las primeras investigaciones sistémicas que concluyen con la *Teoría del doble vínculo*, génesis (entre otras) de la constitución de la Esquizofrenia. Lo que se ha observado en este juego comunicacional expresado en esta teoría es la contraposición de mensajes en dos niveles simultáneos (por ejemplo analógico y verbal) que envuelven en paradojas a la víctima, o sea, le alteran su lógica racional. La sistematización en el tiempo y la imposibilidad de salir del juego entrampante completan el territorio ganado para la Esquizofrenia.[17]

---

[17] No es necesario remarcar que la familia es el contexto matriz donde se gesta el aprendizaje humano. La familia de un esquizofrénico moldeó una forma peculiar de establecer segmentos de comunicación que son impuestos al miembro, y se descubrió que en tanto el paciente designado mejoraba, otro miembro de la familia empeoraba. Se observó que la familia necesitaba una persona que encarnara el síntoma. Gregory Bateson y su grupo no sólo encontró pruebas de esta suposición, sino que quedó impresionado por la actitud de la familia que fomentaba y exigía que el paciente mostrara una *conducta irracional*. Investigaron lo que llamaron doble atadura o *Double Bind* en la comunicación del esquizofrénico. En un artículo llamado *Hacia una teoría de la esquizofrenia* (1962), Bateson, Jackson, Haley y Weakland describen cuáles son los ingredientes básicos para su constitución:
1. *Dos o más personas.* De ellas designamos a una, para los fines de nuestra definición, como la *víctima*. No suponemos que el doble vínculo sea infligido sólo por la madre, sino que puede ser realizado por la madre sola y por una combinación de madre, padre, y/o hermanos.
2. *Experiencia repetida.* Suponemos que el doble vínculo es un tema recurrente en la experiencia de la vida de la víctima. Nuestra hipótesis no invoca una sola escena traumática, sino experiencias tan repetidas que la estructura del doble vínculo llega a ser una expectativa habitual.

También, ciertas culturas tienden a gesticular más o menos en sus interacciones. Por ejemplo, los italianos en general y, principalmente, los oriundos del sur de Italia, gesticulan de manera exacerbada y sus manos acompasan permanentemente los discursos verbales. Es muy rica la semántica manual que se desarrolla en Italia, sola o en interacción con la palabra. En cambio, parece pobre la circunspección de la cultura austríaca o inglesa que tiende a hablar con poca cadencia y reduciendo al mínimo la gestualidad de manos y rostro.

Monso (1972) señala que entre los datos somáticos que muestran características psíquicas, se hallan los factores raciales y los tipológico-constitucionales, aunque ninguno de los dos se relaciona con formas de expresión. *Raza y tipo son componentes morfológicos prácticamente estéticos*, dice el autor; el factor constitucional puede sufrir cambios pero afecta a lo largo del tiempo. Lejos se halla de la versatilidad de la

---

3. *Un mandato negativo primario*. Puede tener una de dos formas: a) *No hagas tal cosa, o te castigaré*, o b) *Si no haces tal y cual cosa, te castigaré*. Aquí elegimos un contexto de aprendizaje basado en la evitación del castigo, antes que un contexto de búsqueda de recompensa. Quizá no exista una razón formal para esta elección. Suponemos que el castigo puede ser el retiro del amor o la expresión de odio o cólera, o –cosa más devastadora– el tipo de abandono que resulta de la expresión de extremo desamparo por parte de los padres.

4. *Un mandato secundario que choca con el primero en un plano más abstracto, y puesto en vigor, como el primero, por castigos o señales que ponen en peligro la supervivencia*. Este es más difícil de describir que el anterior, por dos razones. Primero, el mandato secundario es comunicado al niño, por lo general, por medios no verbales. Para transmitir este mensaje más abstracto se puede usar la postura, el gesto, el tono de voz, la acción significativa y las inferencias ocultas en el comentario verbal. Segundo, el mandato secundario puede ejercer su impacto sobre cualquier elemento de la prohibición primaria. Por consiguiente, la verbalización del mandato secundario puede incluir una amplia variedad de formas; por ejemplo: *No veas esto como un castigo / No me veas como el agente del castigo / No te sometas a mis prohibiciones / No pienses en lo que no debes hacer / No pongas en duda mi cariño* –del cual la prohibición primaria es (o no es) un ejemplo–, etc. Resultan posibles otros ejemplos cuando el doble vínculo se inflige, no por un solo individuo, sino por dos. Por ejemplo, un padre puede negar, en un plano más abstracto, los mandatos del otro.

dinámica expresiva. Raza y tipo constitucional suponen una estabilidad, una especie de plantilla morfológica donde se implanta la expresión. El concepto de expresión es eminentemente funcional y raza y tipo, de sustrato. No obstante, ciertas peculiaridades del sustrato pueden facilitar o inhibir la expresividad. Por tal motivo, raza y tipo son factores que condicionan la funcionalidad de los gestos.

Un fenómeno similar sucede en los trastornos psicológicos. Bajo esta disquisición de *poco* o *demasiados expresivos*, las personas con rasgos esquizoides son de poca gestualidad o de movimientos centrípetos, escasos y limitados; los obsesivos (excepto los ritualistas, que son rumiantes en las acciones) son de motricidad fina; las fobias aparecen más recatadas por la paralización, excepto en la actitud de huida; mientras que en la histeria, los movimientos son más expansivos y teatrales, tal cual el trastorno bipolar, que en la polaridad maníaca se expresa gestual y actitudinalmente de

---

5. *Un mandato terciario negativo que prohíbe a la víctima que escape del terreno.* En un sentido formal, quizá sea innecesario establecer este mandato como un elemento separado, pues el reforzamiento en los otros dos planos implica una amenaza para la supervivencia, y si los dobles vínculos son impuestos durante la infancia, la fuga, por supuesto, resulta imposible. Pero parece que en algunos casos la fuga de ese terreno es imposibilitada por ciertos recursos que no son puramente negativos, por ejemplo, caprichosas promesas de cariño, y cosas por el estilo.

6. *Por último, el conjunto de los ingredientes ya no es necesario, cuando la víctima ha aprendido a percibir su universo en pautas de doble vínculo.* Casi cualquier parte de una secuencia de doble vínculo puede ser suficiente, entonces, para precipitar el pánico o la cólera. El esquema de mandatos en pugna puede llegar a ser reemplazado por voces alucinatorias.

El grupo de Bateson no sólo observó que esta situación ocurre entre el preesquizofrénico y su madre, sino también que puede aparecer en personas normales. Siempre que un sujeto es atrapado en una situación de doble vínculo, responderá de un modo defensivo y en forma similar a la esquizofrenia. En otras áreas, algunos autores han subrayado la importancia de los errores de tipificación lógica, demostrando que el humor, la poesía, y la creatividad en general se caracterizan por la constitución intencional de errores de tipificación, *si pretendiéramos eliminarlos nos quedaríamos con un mundo chato y estancado*, señala Keeney (1983).

manera extravagante. Mientras que en la depresión priman la lentitud de movimientos y perseveración de gestualidades que se sintomatologizan en la persona del enfermo.

Más allá de las gestualidades prototípicas de algunas socioculturas y patologías mentales y de los aspectos cualitativos del analógico –que implican lecturas semánticas (o sea codificaciones) de los gestos–, existen indicadores cuantitativos que miden, por así decirlo, la medida justa o correcta en la construcción de un gesto. Una mímica tiene una longitud en recorrido de movimiento, repetición y velocidad, en un lapso de proceso. Por lo tanto, un gesto posee una distancia de trayecto, que puede multiplicarse, y esto transcurre en un tiempo determinado a una velocidad determinada. La fórmula involucra longitud, amplitud, velocidad, repetición y variable tiempo.

El cerebro envía una orden que delimita de manera exacta cuál es la dimensión del gesto. Ni más ni menos para esa persona y su tipo de personalidad, y en las circunstancias interactivas que se encuentre viviendo en un contexto determinado. Se contemplan, entonces, personalidad, situación, interacción y contexto. Aunque el proceso de aprendizaje en la evolución ensaya y corrige hasta realizar los movimientos correctos para alcanzar objetivos. La rectificación de ángulos de desviación posibilita que el cerebro registre y memorice información nueva a aplicar en forma directa por asociación y abstracción en próximas situaciones diferentes, iguales o similares a las anteriores experiencias. Estas acciones permiten alcanzar un nivel de perfectibilidad y particularidad en motricidad fina, gruesa y acciones propiamente dichas.

Si la persona posee ciertos rasgos histriónicos, sus gestos serán más expansivos que las medidas esperables normales. Como si la personalidad tuviese un sesgo obsesivo –como la técnica del relojero–, sus movimientos serán pequeños, casi milimétricos y obviamente más cortos en recorrido que los esperables en sujetos medios.

No solamente estos indicadores son aplicables para el protagonista de los gestos, el ejecutante, sino para el perceptor. Afirmamos que alguien es muy ostentoso no sólo por el contenido de lo que dice, sino por cómo lo expresa. Describimos alguien que es muy rígido, además de por las características de su manera de pensar, también por la dureza de sus movimientos. O maníaco, quien además de la estereotipación de sus movimientos se caracteriza por la velocidad con la que los ejecuta.

Claramente, esta percepción cuantitativa de la gestualidad se observa en las actuaciones de teatro, donde en el libreto se redacta una explicitación puntual de gestos, mímicas y movimientos de algunos tramos de la obra. En una obra de teatro, existe una parte del texto donde los movimientos se hallan a la debacle de la espontaneidad del actor y, por supuesto, esta calidad de naturalidad dependerá de sus aptitudes artísticas y del entrenamiento actoral para la composición del personaje. En otras partes del libreto, los movimientos, actitudes, como también diversas mímicas se hallan pautadas, y el actor en su representación deberá intentar reproducir mediante la espontaneidad tales pautaciones.

Como se verá, el actor se somete a un doble vínculo *casi esquizofrenizante*, puesto que *debe* voluntariamente transformar en espontáneo lo reglado en el texto. Si debe hacerlo mediante la voluntad, deja de ser natural. Los sucesivos ensayos harán que el actor logre el *como si*, es decir: que el momento señalado en el texto se reproduzca de manera fiel y fluya de manera *espontánea*. O sea, deberá fluir en velocidad, longitud de trayecto, repetición y tiempo, de manera precisa y encontrarse revestido de una intensidad emocional acorde. Cuando esta ecuación se produce, afirmamos que la escena es *creíble o no creíble*, según la armonía y equilibrio que muestre en la expresividad. El actor nos convence de que él no es él, sino su personaje. Creemos que ese actor no es ese actor sino un padre afligido, una mujer herida, un niño chistoso y tierno, en fin, alguien que no es él. Es, en ese momento, cuando tal credibilidad nos hace sentir, vibrar, vivenciar emocionalmente: nos hace reír, doler, nos produce ternura, rabia, enojo, alegría. Allí donde emergen los sentimientos, es cuando el gesto del otro ha transmitido la frecuencia exacta.

Debemos aclarar que un gesto siempre transmite: inclusive cuando el gesto no resulta espontáneo, está transmitiendo que no resulta espontáneo. Solamente cuando en la actuación, además de una información racional, se transmite un sentimiento, una emoción, estamos en condiciones de afirmar que ese gesto, cuantitativa (en función de la cantidad de movimientos de la mímica) y cualitativamente (clase de gesto) se encuentra en el punto justo.

El otro polo se observa cuando la actuación no resulta creíble. A una representación no se le adjudica credibilidad, en el caso que todas las variables cuantitativas exceden el marco del *punto justo* al que hacíamos referencia. Esta exacerbación del gesto se denomina *sobreactuación*. Allí es donde el espectador acredita que lo que ve y escucha es una obra. La historia representada es creíble cuando un espectador no logra diferenciar cuándo es realidad y cuándo ficción, tal cual lo plantea Luigi Pirandello en su ópera magna *Seis personajes en busca de un autor*. Cuando el espectador sabe que es una obra representada, esta discriminación marca el hecho de que la gestualidad, conducción del espacio y el movimiento de su cuerpo son artificiales. El actor es el actor intentando representar, no es el personaje.

Contrario a la sobreactuación, se encuentra el actor que actúa por debajo de la medida gestual indicada, es decir, la gestualidad armónica con lo que el texto pauta. En este caso, todas las variables cuantitativas no alcanzan a ejecutar la gestualidad adecuada al papel que se debe representar, entonces se desenvuelven cadencias monocordes, escasos movimientos y gestualidades a mitad de trayecto.

Como se observa, en diferentes partes del desarrollo utilizamos la expresión *la medida justa*: cabe cuestionar qué significa, cuáles son los indicadores o cuál es el baremo que afirma que las variables implementadas para la construcción del gesto son las correctas. Existen indicadores cuantitativos, como a los que hemos hecho referencia anteriormente, indicadores que en cierta medida son universales pero que se transforman en particulares cuando se adecúan al estilo personal de cada sujeto. Cada medida cuantitativa no puede ni debe universalizarse, porque lo que resulta una variable de mímica correcta para una persona, en otra puede resultar sobreactuación o actuación por debajo de lo esperable. De la misma manera, esta hipótesis puede extrapolarse a los estilos sociales de gestualidad, o sea, a la gestualidad que prepondera en ciertos contextos socioculturales. Ciertas mímicas en algunas culturas resultan espontáneas y naturales, mientras que esas mismas trasladadas a otros contextos aparecen como artificiosas e impuestas.

La adecuada proporción de variables cuantitativas en los gestos en articulación con las cualitativas asegura la transmisión semántica. Un gesto logra transmitir una emoción, un sentimiento, un estado, una reflexión,[18] cuando tales variables se aplicaron en su justa medida. De lo contrario, existe artificialidad en la interacción, entrando en cuestiones de confusión comunicacional y creando un arrollador efecto dominó en dirección al caos, con la aparición

---

[18] La transmisión de aspectos racionales mediante la gestualidad ofrece dificultades. Más bien, es la palabra el vehículo efectivo para lograr comunicar contenidos de tinte intelectual o racional. De manera opuesta, a veces el lenguaje verbal resulta un obstáculo para la expresión de emociones y sentimientos, resultando más efectiva la comunicación analógica. Esta distinción es meramente gráfica: en el mundo de las interacciones humanas ambos lenguajes se complementan.

de sentimientos negativos como engaño, mentira, falsedad, hipocresía, traición, entre otros.

Variables cuantitativas y cualitativas aunadas de manera equilibrada, entonces, hacen efectiva la claridad de la comunicación. No obstante, siempre contamos con la *magia* de la metacomunicación como recurso salvador y desestructurante de futuros círculos viciosos en dirección a los empastes y confusiones.

Un gesto crea realidades

Un gesto, como bien señala Flusser (1994), siempre *articula o expresa* un significado y de esto da cuenta la semántica y su transmisión. Pero, más allá de que el gesto pueda constituirse en una reacción cibernética o ser el producto de la esfera cognitiva o emocional, de cualquier manera el universo analógico es la exteriorización de ciertos rasgos psicológicos de la persona.

Al hablar de expresión nos referimos siempre a una exteriorización de lo psíquico. Un gesto con la mano, o ciertos movimientos faciales pueden ser reveladores de amor, odio, alegría. [...] la actitud del desconocido que se nos cruza en la calle, a veces nos permite adivinar al optimista o al deprimido, a la persona autoritaria o al emprendedor y sociable. En todo ello hay una evidente exteriorización, activa o pasiva, de ciertos rasgos psicológicos. Pero la intensidad y facilidad con que logre exteriorizarse el rasgo, dependerá de su raigambre personal [...]. (Monso, 1972).

La semántica del gesto del interlocutor no tiene por qué coincidir con la codificación que construya el receptor. Como hemos señalado anteriormente, el tiempo de interacción permite un conocimiento más agudo y profundo de la personalidad de los alternativos emisores y receptores. Este conocimiento es el que posibilita acercar con mayor precisión el significado real que se intentó transmitir.[19] En este sentido, el gesto es una *intervención provocadora* hacia el receptor, una invitación a responder. Provocadora, porque trata de generar en el interlocutor una contestación verbal o analógica y esto, por lo tanto, implica que siempre hay comunicación de retorno (*feedback*), por mínimo que sea el indicador comunicacional de los interaccionantes.

Existen ciertos gestos que, como *muletillas analógicas*, se estereotipan en el tiempo. Formas de reírse, gestos labiales, oculares, manuales, frontales, en mejilla, posturales, troncales o en extremidades pueden repetirse a lo largo del proceso evolutivo. Esta repetición y rigidificación del gesto hace que la piel pierda su elasticidad en la zona específica donde la mímica se desarrolla y se produzca una cisura definitiva. Con lo cual, en la medida que ciertos gestos se establecen, tienden a repetirse con mayor facilidad. Se crean así cisuras, rictus, líneas profundas que dan cuenta de una forma de proceder, un estilo, una actitud.

Monso (1972) afirma: *Hay además, a expensas de factores inconscientes y que en el aspecto neurológico son ya de orden reflejo, la posibilidad de "fijar" ciertas expresiones. En este punto no importa solamente el hecho de la creación de un hábito expresivo, sino el proceso inverso, que por un lado entronca con la Psicología adleriana y por el otro con el Conductismo: la posibilidad de que una expresión periférica (digamos incluso artificiosa) sostenida largamente, vaya dejando de ser artificiosa, como si por el mero hecho de llevarla impresa en el sujeto en su periferia fuera calando hondo, personalidad adentro. La máscara arraiga más allá de la piel, y lo que era una aparente identificación para sintonizar con los demás, acaba en plena fusión que nos permite discriminar qué es lo primitivo y qué el revestimiento.*

---

[19] O <u>no</u> se intentó transmitir, ya que muchos de los aspectos del lenguaje analógico son espontáneos e inconscientes y no tiene lugar la intencionalidad consciente.

No puede decirse, entonces, que un gesto aislado expresa, sino que también el automatismo de un gesto crea realidades, más aun, signa una actitud de vida. Ciertos rictus en el rostro, por ejemplo, generarán *feedback* acordes y complementarios con otros, cuestión de confeccionar profecías autocumplidoras. O sea, por ejemplo, que si mi rostro expresa molestia o fastidio (porque mi gesto se halla petrificado en mi cara, o sea, una cisura afincada en mis labios) en una situación determinada, a pesar de que no lo sienta, algo generaré en mi interlocutor. Tal transmisión implicará a los resultados. El *partenaire ingenuo* tratará de tener actitudes complacientes y adulonas cuestión de cautivar a su interlocutor. Se construirán así, paulatinamente, circuitos interaccionales que, lejos de suprimir el supuesto fastidio, hacen que el protagonista se sienta fastidioso y molesto, pero ya no para el ideario del *partenaire* sino realmente. Se partió del supuesto y *voilá!*

Una mímica de leve sonrisa que los músculos risorios enclavan en un rostro puede desencadenar la sensación de provocación irónica en los interlocutores que cuentan una situación desgraciada y triste.

Por ejemplo, si existe una expresión de agresión que se encuentra *petrificada* en un rostro, en las relaciones se desarrollarán interacciones compensatorias y recíprocas, es decir, el interlocutor desenvolverá acciones que culminarán en hacer realidad a la supuesta agresión y la cisura gestual se reforzará aun más. Una postura corporal de abatimiento (mirada hacia abajo, hombros hacia delante, espalda encorvada casi en genuflexión) describe a una persona con baja autoestima y desvalorizada. Semejante *pobrecito* será blanco de descalificaciones complementarias reafirmantes de su escasa autoestima y de posiciones en *up* en los intercomunicadores.

De cara a su impotencia, el *partenaire* activa su gestualidad omnipotente, acentuando aun más la impotencia del protagonista y tendiendo a dominar la situación erigiéndose en un jefe natural, tácito y por qué no oficial en la interacción. Luego el protagonista desvalorizado se queja y se deprime porque en una entrevista laboral no lo aceptaron para él puesto de trabajo que el tanto necesitaba. O lo desaprobaron en el examen de la universidad, o un amigo lo maltrató, o una novia lo traicionó con un conocido más exitoso, en síntesis, se hallará involucrado en cualquier situación donde la descalificación sea el juego más habitual. La culminación del proceso será externalizar su situación sin hacerse cargo de su participación, atribuyéndole a su mala suerte los nefastos resultados.

Un gesto mínimo, un rictus establecido en el rostro, puede crear en un imparable efecto bola de nieve, actitudes y comportamientos que conforman cuadros situacionales que, de sistematizarse, constituyen verdaderos sistemas con todas las características de los mismos: pautas, funciones y todo un código propio con pelos y señales de identificación.

Aunque, además de entender que el gesto es la expresión de contenidos y dinamismos psíquicos, cabe observar que en la expresión gestual se despliega un juego de *tensiones psicomotoras* y esta actividad expresiva se aprecia de maneras diferentes. En principio, de un modo directo, donde observamos una mímica o un gesto y se interpreta de forma inmediata (estímulo y reacción). Otro modo refiere a una manera indirecta, cuando observamos el resultado del gesto (una escritura, una comida, la construcción de algo, etc.) y a través de este podemos construir hipótesis o inferencias. Cómo es el trazo que caracteriza al dibujo o a la escritura, el tipo de forma, si se presionó más o menos, si es más grueso o más fino, etc., o cómo se cocinó, la manera de colocar los componentes, si se cocinó lento o rápido, qué se utilizó para preparar el plato.[20]

---

[20] Muchas de estas hipótesis que se infieren de los resultados de los gestos y actitudes, bien pueden representar metáforas o analogías de otras situaciones.

La tercera y última forma habla de un principio ideomotor según el cual la percepción de un movimiento nos despierta un impulso a reproducirlo:

[...] *se llama efecto Carpentier. Las producciones expresivas de los demás, observados en forma directa o registrada, nos moviliza un impulso a expresarnos de un modo análogo, generalmente acompañado de cierta emoción, por lo común breve. Supone una mayor o menor identificación con la expresión ajena.* (Monso, 1972).

Esta reproducción automática del gesto en una interacción parece ser una inercia propia de las relaciones humanas. Ya hemos planteado en otro punto de este desarrollo, que parte de la gestualidad es adoptada por identificación. La identificación no es ni más ni menos que la reproducción de un gesto de otro, adoptarlo como propio, y su ejercicio en perpetuación lleva a que sea definitivamente incorporado. Esta incorporación hace que el gesto que se constituyó en un automatismo en sus inicios, sea asociado a una semántica que le otorga sentido en la transmisión.

La reproducción del gesto puede aparecer en forma pura e independiente de toda injerencia intelectiva o interpretación consciente. El mimetizar al interlocutor puede producirse de manera espontánea o inconscientemente, con una total repercusión en los efectos motores y emocionales. En otras oportunidades, el mimetismo se produce por el recuerdo, proyecto, deseo, o sea, algo que circula en el interior de la cognición de la persona.

Milton Erickson, el famoso hipnoterapeuta, era un maestro en realizar este tipo de ecuaciones lingüísticas. Por ejemplo, cuando una pareja lo consultaba por problemas sexuales, era común que aplicase una forma indirecta de abordar el tema: planteaba la analogía entre tener relaciones sexuales y la forma en que se aprestaban para cenar o cocinar. La forma de comer, por ejemplo, puede denunciar cómo se encara una relación sexual: si se prefiere devorar la comida de un solo bocado o si se estila masticarla despaciosamente. Si ella desea una cena romántica con velas, o él cocinar rápidamente un bife vuelta y vuelta a la plancha y beberse una copa de vino.

Lo notable es que estos procesos de mimetismo no poseen una selectividad clara y pueden producirse incluso sobre aquellas expresiones que se repudian o que se critican en los demás. Sucede que, cuando en psicoterapia se revisan las identificaciones históricas, muchas de las quejas del paciente o las críticas referidas a las actitudes de sus progenitores culminan en adoptarse como propias a lo largo de la evolución. Es algo así como lo que el Psicoanálisis llama *identificación con el agresor*. Sí, y no es para menos, este efecto *Carpentier* lleva a que en los juegos humanos, la persona se termine asociando a una matriz de identificación que es, por así nominarlo, el propio *enemigo*.

Este fenómeno es moneda corriente en los secuestros, cuando la víctima desarrolla una especie de *amistad* con sus secuestradores. Los victimarios se convierten en el nexo indispensable para la vida y supervivencia de la víctima y si no aparecen conductas violentas en ellos, en una transición paulatina se desenvuelve un contacto afectivo tal que genera en el damnificado sentimientos de protección hacia sus propios captores. En algunos casos, una vez terminado el proceso, son socios en proyectos (como en un secuestro político en la Argentina), o en romances (como en el caso de una desaparecida de izquierda en la época de la dictadura militar con su carcelero).

La madre descalificadora y crítica con su marido fue la vivencia de una paciente que siempre odió ese modelo de pareja que le ofrecieron sus padres. Hoy, ella se encuentra descalificando a su propio marido, repitiendo el mismo esquema relacional que no toleró en su infancia y adolescencia. Otro caso es el de un paciente que permanentemente se quejó de la frialdad y distancia afectiva que su papá impuso en la relación con él. Aunque no sólo con él, sino con la familia en general y en especial con su madre. En la actualidad, son su pareja y sus hijos adolescentes los que se quejan de su actitud fría y distante, como un *hombre de hielo* de los afectos.

Estos procesos de mimetización se labran respetando las transiciones evolutivas sistematizándose en el tiempo. Los efectos gestuales cotidianos que capta el observador participante son el pasaporte a que se introyecten desde motricidades finas hasta acciones concretas (conformadas también por cadenas de gestualidades).

Este desarrollo acerca de la mimetización gestual en la interacción respalda la técnica ericksoniana del *Hablar el lenguaje del paciente*. El genial hipnoterapeuta, remedaba –en pos de la hipnosis sin trance– las posturas corporales, tonalidades de discurso, manierismos, expresiones faciales, además de palabras y frases, que se estereotipaban en la persona del paciente. De esta manera, lograba introducir con gran perspicacia sus intervenciones, fundiendo el lenguaje del terapeuta con el lenguaje del paciente. Pero si el lenguaje lleva una semántica implícita, lejos nos hallamos de copiar solamente estéticas mímicas, sino que también se procesan significaciones, formas de construir el universo perceptivo.

La construcción de un gesto siempre se apoya en dinamismos psicomotores. Este dinamismo está vinculado a la expresividad. Y no sólo nos referimos a la expresividad como a una actividad gestual activa, sino también a esa gestualidad pasiva, casi de inmovilidad, a la que equivocadamente se le atribuye el rótulo de inexpresiva. Equivocadamente, ya que para afirmar la nominación de *inexpresiva* hace falta cierto dinamismo psicomotor que la produzca.

Podemos afirmar que alguien esta durmiendo, es indiferente, está relajado, lívido, paralizado, tieso, quieto, congelado, petrificado, inmóvil, entre otros calificativos, porque hay cierto ejercicio muscular gestual que lo indica. Más aun, el rostro de un muerto muestra esos signos de vaciedad biológica que se diferencian de un rostro vivo con señales de pasividad, aunque resistentes a aceptar que la persona haya fallecido digamos *parece que estuviese durmiendo*, o *parece que está descansando*, o *no parece que ha fallecido…* Estas últimas distinciones hacen referencia a los micromovimientos a los que hemos hecho mención anteriormente. Por mínimo que sea, entonces, el dinamismo motor demarca signos vitales.

A esta altura de este desarrollo teórico, no cabe duda de que el motor de la expresión gestual se relaciona más con el mundo emocional que con el área racional-intelectual. Ya sea por una cuestión reactivo-cibernética o por factores cognitivos que se influencian recíprocamente en el contexto, ya sea por la fisiología o la neuropsicología que accionan músculos y la mímica corporal, el factor emocional y afectivo impregna a toda esta concatenación de factores e implica al resultado.

Entonces, ¿para qué sería necesario utilizar el canal analógico para expresar elementos intelectuales o racionales, si para ello utilizamos la palabra? Si bien acciones de investigación, elaboración de hipótesis, desarrollos teóricos, exploraciones científicas marcan pautas de expresión del ser humano, los motores del dinamismo expresivo gestual en cada una de estas áreas del quehacer intelectual son los afectos y las emociones.

Se puede hablar de cuánta es la atención que se presta, de una mirada concentrada o de un gesto de inteligencia, también de una actitud capaz, o de indicadores gestuales que muestran los intentos o esfuerzos por recordar. Aunque estas son observaciones de la intelectualidad de una persona, la gestualidad es desarrollada por el motor de la emoción. Podríamos afirmar que en cada una de estas expresiones, el impulso afectivo es la avidez, la pasión, el placer, el gusto, la alegría, la tenacidad, entre otras emociones.

Las expresiones más acentuadas, más puras e interpretables con mayor agudeza y uniformidad en un mayor número de personas son aquellas donde los factores emocionales se movilizan con mayor intensidad y más primitivamente (recordemos la gestualidad del bebé). Puede concluirse, por ende, que lo que se expresa gestualmente como *intelectual* es, fundamentalmente, llevado a cabo por un motor afectivo. Cuanto más pura sea una emoción o un afecto, más sencilla resultará su construcción gestual y más nítida su transmisión y codificación por parte del interlocutor.

Cuando el motor de funciones no es especialmente afectivo y se relaciona mayormente con lo racional e intelectual, se dificultará su expresión sin el auxilio de la palabra. El vehículo de la expresión intelectual o racional, sin duda, es el canal verbal. Allí es donde encuentra vía libre la expresión de contenidos racionales. Racionalidad y emoción parecen poseer una relación directamente proporcional entre el lenguaje verbal y paraverbal respectivamente, tal como lo venimos desarrollando.

Vale señalar, también, que la instintividad es eminentemente expresiva. Con sus bases biológicas, el instinto se expresa mediante la gestualidad pero conformando una actitud general. Por ejemplo, en el caso de la sensualidad o la agresión, señala Monso, existen ciertas personas que desarrollan gestos que marcan un rango de mímicas sensuales o agresivas *como atributo de su manera de ser o conducirse*. Y, es cierto, más allá del contexto en el que pueden caber gestualidades ocasionales (me provocan, o agreden a un ser que amo, o me seducen en un clima de provocación sexual), hay una actitud general en algunas tipologías de sujetos que excede el marco situacional y conforma un estilo de personalidad. Hay personas que poseen una actitud agresiva (pecho hacia delante, ojos salientes, rictus en punta en sus labios, ceño fruncido) a pesar de que se encuentren entre amigos pasando un momento agradable. O son muy seductoras (realizan movimientos con cierta cadencia, su voz se torna intimista y modulada, entrecierran los ojos, juegan con sus labios), a pesar de que no halla ningún tipo de intencionalidad sexual por la contraparte. Así, se hallan personas que se ganan el mote de *agresivas* o *seductoras* por su forma de expresión, postura corporal o gestualidad del rostro.

El autor, en su investigación acerca de la expresión (1972), recorre una serie de gestualidades describiendo de manera general ciertos gestos que acompañan o se correlacionan con emociones o estados. Este universalismo gestual se contrapone con la peculiaridad mímica a la que hemos colocado tanto énfasis. No obstante, es interesante la descripción que realiza pues marca, a manera de baremo, algunos patrones gestuales de cara a los instintos, emociones y sentimientos.

Por ejemplo, acerca del instinto amoroso, M. Monso describe la expresión inicial de búsqueda, donde la gestualidad se centra en los ojos abiertos y brillantes y cierto aleteo nasal y turgencia en las partes blandas del rostro (pómulo, mejillas). Más precisamente, en las expresiones sensuales en el juego amoroso afirma que el hombre presenta una actitud más agresiva, audaz y desvergonzada, mientras que la mujer tiene una apariencia menos interferida por la agresividad:

No sólo muestra los ojos abiertos, sino también que entreabre la boca como una flor, expresando su anhelo de efusión, de recepción, de intercambio y fusión total, a diferencia del varón que busca, con su porte más dominador y su boca acaso sonriendo con superior condescendencia, pero manteniendo los labios unidos, aunque solamente llega a comprimirlos entre sí cuando tras la actitud convincente o fascinadora comienza a incubar una emoción colérica.

La mirada, en el juego amoroso, es *aguada que no mira al objeto*, con cierta vaguedad y con aire envolvente. La mirada del juego amoroso es de fusión, valoración y codicia hacia el objeto.

De cara al instinto amoroso-creador, se encuentra el de destrucción. En el instinto destructor, la mímica corporal se coloca en tensión, contracción muscular y sólo se distiende cuando aparece la fatiga o la vivencia de derrota. Aparece una turgencia en las partes blandas del rostro, como los pómulos, que parecen que se salieran del rostro y se angularan en punta y las mejillas se endurecieran. El agresivo muestra los labios apretados entre sí y el labio inferior hundido hacia adentro, apretando los dientes y contracturando la mandíbula cuando cierra la boca, mímica que permite observar los músculos laterales del rostro. Las ventanas de la nariz se abren sin aletear y se aspira profundamente (fruto también de la ansiedad), posibilitando una mayor entrada de aire y compensando la oclusión de la boca. De esta manera, se logra abastecer las necesidades de una mayor ventilación pulmonar, requerida por el esfuerzo físico realizado o por realizar, dada la tensión de una situación estresante y de alto valor adrenalínico. Esta hiperventilación va más allá de si la lucha se remite únicamente a lo verbal y no se corre riesgo de agresión o violencia física.[21]

En la furia, todo este grupo gestual se exacerba, porque también los niveles de tensión, de estrés, de falta de control de los impulsos y de rabia se incrementan. También los ojos se mantienen más abiertos que lo normal, con dilatación de pupilas y un brillo más acerado que en el deseo amoroso. La mirada es inquieta, hipervigilante, como dispuesta a defenderse y pronta para atacar. Si bien la mirada puede saltar de un punto a otro, en general, se dirige a un punto fijo con tenor focal, recto y casi *perforante* (por la intensidad) a un objetivo definido.

En la agresión la mirada es rechazante, descalificante. Claro que resulta difícil discriminar cuáles son las características de una mirada rechazante: en ocasiones, se mira de costado, de reojo, con fruncimiento de ceño; en otras, la mirada es frontal con leve fruncimiento de mejillas y labios, y la comisura de labios levemente contraída. En la agresión, también hay puños apretados y enérgicos, mientras que en

---

[21] Monso señala hasta qué punto la actitud de abrir la respiración, por así llamarla, no resulta una reminiscencia ancestral (algo así como una huella genética) de las luchas libradas por las anteriores generaciones que nos han precedido en la maduración de la especie. O un afán inconsciente de adoptar una postura más temible frente al enemigo.

el amor, las manos se encuentran abiertas, prontas a dar o recibir afecto mediante caricias.

En las situaciones de alto voltaje de bronca, la cólera, los ojos se mantienen bien abiertos pero con una mirada punzante e hiriente, convirtiendo a los ojos en una especie de lanzas a punto de atacar. Los puños se cierran, los brazos se contracturan, los hombros se elevan rígidos y el rostro muestra los signos típicos del enojo y la rabia (ceño fruncido, cejas en punta, contractura mandibular, etc.).

En la actitud omnipotente, soberbia o petulante, a veces la frente se descontrae (como tirando las sienes para atrás), levemente se eleva una de las dos cejas y, por lo general, el mentón se levanta por arriba de la posición normal, acción que lleva a que los ojos miren hacia abajo y destaquen una asimetría relacional; el pecho se hincha y se yergue en demasía. El pedante hace que su entorno se vuelva más pequeño que él mismo.

La envidia, que también puede ser considerada una forma de agresividad encubierta, a veces se caracteriza por una sonrisa socarrona y lateral con los ojos entreabiertos que no focalizan al objeto envidiado.

Las situaciones, por ejemplo, en las que se recibe con sorpresa un evento catastrófico, se caracterizan por una gestualidad marcada por una gran apertura ocular, inestable, ansiosa, que mira de un lado a otro. Frente a situaciones sorpresivas, la boca cobra un rol protagónico: *boca de pez*, redonda, abierta y estática es un signo característico.

De cara al miedo, puede contraerse el rostro y rigidizarse el cuerpo paralizándose. El rostro es de tensión e hipervigilancia, con los ojos bien abiertos y con un rictus donde las mejillas se arrugan bajo los ojos, la frente se contrae y la mirada se hace hiperkinética. El sujeto se encoge sobre sí mismo encorvándose y replegándose para atrás cuando se paraliza y se repliega.

Otra posibilidad es activar el cuerpo y realizar la huida. En la huida, la posición es hacia delante, con una pierna que sobresale por sobre la otra, se mira hacia delante sin girar la cabeza dejando atrás la situación de peligro. Monso señala que la expresión *esconder la cabeza como el avestruz* en situaciones de miedo tiene su correlato humano cuando frente a situaciones temidas se cierran los párpados enérgicamente, con aproximación de las cejas entre sí.

En las situaciones de miedo, aparece el típico castañeteo de dientes y rigidez mandibular que producen sensaciones de minusvalía e inferioridad de condiciones frente al peligro, con falta de dominio del propio cuerpo. Cuando se traccionan las quijadas o se aprietan las mandíbulas, existe en el organismo una suerte de compensación en la distribución de energía y actividad funcional. En tanto el cuerpo centre más su actividad en una parte (activación, observación, movilización), tanto más se distiende el resto de las partes corporales mientras que se activa una, principalmente aquellas zonas aledañas a la protagonista del movimiento y que no resultan indispensables para su actividad. Esto es lo que los reflexólogos han llamado *ley de inducción*, que es lo que observamos cuando al canalizarse la energía hacia los músculos articulares del maxilar, se relaja en el rostro la musculatura superficial más próxima.

Cuando el sentimiento de culpa invade a la persona, aparece una mirada en *down*, hacia abajo, una leve superposición del labio inferior por sobre el superior sin mostrar los dientes y fruncimiento de ojeras y mejillas, ojos a *media asta* y una mínima constricción de la frente. La espalda se encorva y la cabeza se mete entre los hombros (efecto *avestruz*).

En los momentos de prueba o examen y de tensión, a la espera de un resultado decisivo, la frente se tensa, se aprietan los carrillos, la mandíbula se contractura, se muerde una y otra vez y se traga saliva con esfuerzo dado que la boca se seca y se empasta, razón por la que el rostro se contorsiona cuando se intenta tragar.

Por último, la polaridad alegría/tristeza se suele situar en la boca mediante la risa, una sonrisa abierta y plena, con los labios entreabiertos o con la boca cerrada estirando y afinando los labios. O con las comisuras algo caídas y prolongadas hacia abajo y con un pequeño surco que la separa de las mejillas. Los ojos se hallan abiertos, chispeantes y movedizos, con un brillo agudo, a veces semicerrados por la risa que puede llegar a carcajada. La boca y las comisuras cobran un papel relevante. La boca se arquea hacia arriba, elevamos las comisuras y los mofletes lucen brillantes, ayudando a exaltar nuestras ojeras por debajo de los ojos. Los ojos están abiertos y brillantes o se entrecierran por la risa y la frente limpia y despejada.

En general en la alegría hay una subida de facciones, mayor turgencia en partes blandas del rostro y aumento del tono y cadencia de la palabra. La motricidad es más ágil y variable, hay bullicio, *ruido*, a veces desenfado o descaro. Mientras que en la tristeza, se observa un *derrumbe* y estiramiento de facciones, los movimientos son más pausados, y existe la sensación de movimientos cansados y flexionados. Hay flaccidez general y da la impresión de que el *cuerpo se ha encogido*.

Sin duda, puede continuarse con una multiplicidad de descripciones que comprenden diversos grupos musculares que mancomunados crean gestos prototípicos. Hasta podría redactarse un tratado. Pero, todas estas gestualidades muestran su relatividad. Cuerpos, volúmenes corporales, estilos relacionales, agilidades y torpezas de movimientos, sexo, entre otras particularidades, delimitan una subjetividad gestual que obliga a los interlocutores a metacomunicar para realizar una correcta codificación de la mímica.

Claro que esta subjetividad hace a la riqueza de las interacciones humanas, de lo contrario, la universalidad paraverbal teñiría de convencionalismo a las codificaciones y una suerte de impersonalismo relacional. De la misma manera que no existen dos seres humanos idénticos, en todo sentido, es imposible describir ni biológica, psicológica o emocionalmente las acciones de las personas de manera generalizante. Sí, es factible especular con ciertas apreciaciones típicas o comunes, pero incluso en ellas, se hallan inscriptas las huellas de la singularidad.

Segunda parte:
Intervenciones paraverbales en psicoterapia

Comunicación paraverbal en psicoterapia

A partir de todo este desarrollo, resulta difícil justificar las intervenciones terapéuticas en psicoterapia. Solamente puede elaborarse una o varias hipótesis acerca del porqué un terapeuta tomó una vía y no otra, empleó una técnica específica o eligió trazar una determinada estrategia. Solamente hipótesis, puesto que las intervenciones terapéuticas –hasta las más planificadas– son pautadas por la interacción con los pacientes y esta misma es, a la vez, articulada por las mismas intervenciones.

Aunque, también, es factible categorizar las acciones del paciente como intervenciones hacia el terapeuta. Entonces, tanto las intervenciones de uno y otro producen en el interlocutor efectos de respuesta en un todo recursivo de influencias recíprocas. Por supuesto que un terapeuta fornido de múltiples recursos (técnicos y tácticos) implementará espontáneamente sus técnicas incorporadas a la forma y al estilo de la relación. Cuanto mayor sea su repertorio de herramientas profesionales, menos ceñirá la interacción. Estereotipar cualquier técnica (uso de cuentos, connotaciones positivas, redefiniciones, prescripciones, paradojas, etc.) lleva como corolario estrechar y empobrecer la interacción y transformar el vínculo terapéutico en antinatural.

Todos los elementos de los rasgos de personalidad de un terapeuta, de sus constructos particulares, historia, creencias, valores, pautas, etc., conformarán su estilo personal a la hora de comunicarse y accionar, y por lo tanto, es inevitable que el modelo terapéutico que adopte sufra las modificaciones de ese *su propio modelo*. Frase categórica y, si se quiere, sentenciosa, aunque no deja de corroborarse en la práctica clínica. Existen numerosos modelos de psicoterapia, pero no existen terapeutas que los desarrollen en su más pura esencia. Más aun, ni siquiera los mismos creadores de un modelo lo actuaron de manera ortodoxa, es decir, prescindiendo de colocar el sello personal.

Por lo general, los profesionales traen *de fábrica* un estilo comunicacional personal y la preponderancia de este podrá traducirse en técnica terapéutica, ampliando o reduciéndolo, rectificándolo o confirmándolo. Aquellos recursos con los que no se cuenta, es necesario intentar crearlos hasta que puedan aflorar en la interacción de manera espontánea haciéndose carne en el terapeuta.

No a todos les es factible naturalmente implementar la provocación en forma confrontativa abierta o a través de la "ironía", puesto que no todos poseemos un estilo combativo, discutidor o mordaz en la vida. Frecuentemente, en las personas divertidas, que suelen animar las reuniones a través de chistes y gags, el recurso del "humor" es una de las posibilidades a incorporar. A los más histriónicos, con algunos estudios de teatro, con plasticidad corporal y enfáticos en su modalidad de discurso, les resultará sencillo traducir estos datos como la técnica de "hablar el lenguaje del paciente". [...] Aquellas personas que son contadoras de historias, cuentos, anécdotas, abundando en descripciones y elocuencia en su discurso, que saben crear silencios de expectativas, que bajan y suben su tono de voz de acuerdo a la escena que cuentan, podrán explotar el uso de "analogías, fábulas, cuentos, etc.". Los que tienen la habilidad de preguntar, creativa y minuciosamente, deberán aprender la forma de los "cuestionamientos circulares". Existen personas que tienden a observar, por lo general, el lado positivo de las cosas, que sacan el jugo beneficioso de las peores situaciones, realizando naturalmente brillantes reformulaciones, por lo tanto, serán muy creíbles sus "connotaciones positivas" en el espacio terapéutico. [...] *Las personas predominantemente concretas y prácticas, los sujetos de acción, que más que decir, "hacen", encajarán muy bien las "prescripciones de comportamiento".* (Ceberio y Watzlawick, 1998).

Más allá de que durante la formación y más aun, en los inicios del desarrollo profesional, se enarbolan una serie de defensas que son esperables si forman parte de la transición en el proceso de la constitución del propio estilo. De lo contrario, si se estereotipan, conforman modelos que lindan con caracteropatías profesionales. Es el caso de los terapeutas que se clonifican con sus maestros, es decir, adoptan la modalidad total de ellos en la actuación terapéutica. O la omnipotencia del terapeuta que cree saberlo todo, o el que sigue a pie juntillas lo que indican los manuales de psicoterapia, o los que en nombre de la intuición hacen valer cualquier intervención.[22]

Un modelo, para ser incorporado, debe pasar, entonces, por el tamiz de la personalidad del profesional que lo adopte. Tampoco la elección es azarosa. Los modelos de psicoterapia poseen ciertos patrones o sesgos que encajan con las características generales de personalidad de los terapeutas. El modelo deja de ser modelo general para convertirse en estilo o modelo particular. Un modelo compuesto por teoría y elementos técnicos, tácticos y estratégicos.

A la vez, ese estilo será sometido a una serie de exigencias contextuales. El lugar de asistencia, edades de los pacientes, si es una terapia individual, grupal, familiar o de pareja, etc., entre otras motivaciones, dan las últimas pinceladas al estilo que de acuerdo a su flexibilidad, se amoldará a las diversas situaciones. Por tales elementos, resulta importante que en la formación del terapeuta se traten de capitalizar los recursos que él posee, e intentar construir

---

[22] Un mayor desarrollo de esta temática se encuentra en el texto *Ser y hacer en terapia sistémica*, del mismo autor en coautoría con Juan Linares.

aquellas técnicas con las que naturalmente no cuente en su repertorio, en pos de ampliar su *background*. Pero, fundamentalmente, un formador debe enseñarle al terapeuta a *respetar* y *valorar* su estilo. El forzamiento de copiar o a emular hace a un terapeuta inespontáneo y hasta autómata en el vínculo con sus pacientes.

Es indiscutible que, más allá de la relevancia de los aspectos visuales de la sociocultura, la psicoterapia se ofrece y se difunde como un intercambio de palabras, es decir, una disciplina que se establece mediante un intercambio verbal. O, al menos, es lo que explícitamente se muestra. Ciertamente, y más a nivel epistemológico, es imposible creer que solamente la palabra es la mediadora participante en la gesta terapéutica.

Una sesión de psicoterapia podría graficarse en una historieta como un terapeuta y un paciente poblados de *¡¡¡bla, bla, bla, bla, bla!!!* Es que histórica y conceptualmente, se ha colocado énfasis en la palabra: en la mayoría de los modelos terapéuticos se destaca el lenguaje verbal como estrategia de abordaje.

Si es que existen dos lenguajes, siempre comunicamos con ambos, es decir, es indefectible e ilógico pensar que funcionan disociadamente. Mientras que destacamos el verbal, relegamos el analógico cuando, en realidad, es la sinergia de ambos la que posibilita la efectividad de la transmisión. De esta manera, cuando los terapeutas deben realizar una hipótesis acerca de los cambios, resistencias a los mismos, descripciones, etc., de los pacientes, hacen referencia a sus intervenciones verbales y no hacen mínima apreciación sobre sus intervenciones corporales. En parte, porque la sociocultura corre al lenguaje paraverbal a un segundo plano (y el terapeuta transita en esta cultura occidental), además, porque la mayoría de los terapeutas no trabajan con el cuerpo y, por último, porque no son conscientes de la cantidad de intervenciones que realizan mediante sus acciones corporales.

Quiere decir que la sola presencia del profesional en la sesión es, en sí misma, una intervención. La presencia, como toda presencia, genera interacciones particulares y únicas, como de hecho sucede en la consulta terapéutica. Por tal razón, desde la estética del terapeuta hasta sus actitudes mínimas generan reacciones. Un terapeuta que peina canas y ronda los 60 años generará en un adolescente una interacción diferente comparándolo con un terapeuta joven y vestido modernamente, y más aun, si utiliza términos y modismos propios de la jerga de ese ciclo. Una terapeuta embarazada podrá movilizar a aquel matrimonio frustrado que hace muchos meses que están buscando un bebé y no pueden concretarlo.

Todos estos ejemplos y conclusiones reafirman el entender que no existe la tan mentada *neutralidad terapéutica*. Desde la Cibernética de segundo orden hasta el Constructivismo no la consienten y la definen como un concepto obsoleto. Ya desde la estructura cognitiva del profesional, sus creencias, valores, significados, pautas particulares, que en mayor o menor medida se colocan en su percepción y devoluciones, como en las interacciones, mediante no sólo el contenido de su discurso sino también por la cadencia y tonalidad de sus expresiones, y el acople de su gestualidad y posturas corporales, el terapeuta ejerce una neta influencia sobre sus pacientes. Pero también esta influencia se halla sometida al flujo de las interacciones y cogniciones de los pacientes. Así en un todo recursivo.

Por lo tanto, por más que el terapeuta coloque su más adusta cara de póker, le resultará imposible mantenerse en la más absoluta e impertérrita neutralidad: *siempre influenciará al paciente*.

Fue Ronald Laing[23] el autor que describió con descarnada frontalidad los juegos de poderes que se desenvuelven en las relaciones terapéuticas. Entre tantas de sus reflexiones y ejemplos, este psiquiatra inglés, creador de la Antipsiquiatría, hacía referencia acerca del llamado de atención que una paciente le había realizado durante una consulta. Mientras que la señora hablaba, Laing se había ido con su imaginación hasta el partido de golf que había jugado por la mañana. De pronto, la señora lo sacó de su ensoñación diciéndole: *Dr. Laing, me parece que no me está escuchando...* Laing señala que en ese instante, bien él hubiese podido devolverle a la paciente que su observación no era ni más ni menos que una proyección personal, por ejemplo: *Raquel, ¿qué le hace pensar que yo no la estoy escuchando? / ¿Ud. piensa que yo soy su papá que no la escuchaba? / ¿En qué otras situaciones esta sensación se repite?* Posiciones que hacen que el terapeuta no se mueva del lugar del poder, incremente su idealización (¡cómo un terapeuta puede desconcentrarse...!), y de esta manera afirme la asimetría y se constituya en incuestionable.

Indudablemente, cualquiera de estas intervenciones muestra cómo se transformó en falsa una percepción verdadera y clara. En cambio Laing, lejos de esta posición, le

---

[23] Ronald Laing, fue médico psiquiatra y psicoterapeuta. En su trayectoria profesional, se observan las influencias de su formación psicoanalítica y existencial. En los comienzos de los 60, se involucró con los estudios del doble vínculo desarrollados por Bateson y su equipo. Estas investigaciones, que eran las cimientes de los modelos sistémico, llamado comunicacional en sus comienzos, fueron el soporte teórico del modelo antipsiquiátrico, creado por él y David Cooper. Además de ser un pragmático que llevó a cabo experiencias antipsiquiátricas como el *Kinsgley Hall*, en un edificio de las afueras de Londres donde externalizó a 16 pacientes mentales, Laing fue un teórico crítico de las tradiciones y convencionalismos de la psicoterapia, cuestiones que mostró en su frondosas publicaciones. Entre sus libros se encuentran *Esquizofrenia y presión social* (1972), *Knots* (1970), *Los locos y los cuerdos* (1979), *El cuestionamiento de la familia* (1969), *The Fact of Life* (1976), *El yo dividido* (1960), *El yo y los otros* (1961).

respondió: *Tiene razón Raquel, ¿me puede repetir la última parte de lo que me dijo?* | *¡Cómo no Dr.!*, le dijo la paciente y todo continuó con absoluta normalidad.

Cuando se desarrolla el trabajo terapéutico cara a cara, como de hecho se desenvuelve cualquier conversación convencional, es factible que los gestos del terapeuta delimiten respuestas en los pacientes y viceversa. Las actitudes y la gestualidad de cualquiera de los interlocutores son indicadores de las reacciones frente a las intervenciones, pero, a la vez, son intervenciones comunicacionales en sí mismas. El terapeuta connotará positivamente y esto provocará una reacción en el paciente, por ejemplo, levantará las cejas y abrirá la boca realizando un corto silencio en su discursiva. Esta reacción se constituirá en una intervención hacia el profesional que generará una respuesta. Más allá de la formación técnica del terapeuta, entonces, está su epistemología, de la que esta formación sólo es una parte.

La formación del terapeuta, contempla una serie de elementos que resultan claves a la hora de desarrollarse profesionalmente en el universo de la psicoterapia. Por supuesto, la capacitación teórico-epistemológica es el comienzo de introducir cognitivamente el modelo en el estudiante. Capacitación que dará cuerpo y aval a las técnicas y estrategias de la pragmática. No deberá descuidarse la formación vivencial mediante el genograma, contemplando que los aspectos más conflictivos merecerán la atención y resolución en un espacio de terapia personal. A esta parte se le debe agregar el trabajo reflexivo del taller del estilo terapéutico.[24]

---

[24] *El taller del estilo terapéutico* está compuesto por una serie de ejercicios –similares al del genograma– que se dividen en dos partes. La primera explora desde la elección de la profesión hasta todos los vericuetos epistemológicos del ser terapeuta. Mientras que la segunda parte desarrolla el repertorio de técnicas y estrategias sistémicas, en el intento de profundizar y concienciar cuáles debemos aprender y cuáles perfeccionar.

Las últimas pinceladas que hacen que un terapeuta trabaje idónea y éticamente, las realiza la supervisión, que revisa prolijamente de la mano de un maestro de experiencia el actuar del terapeuta.

Una de las funciones relevantes de la formación profesional es la ampliación en el futuro terapeuta de sus capacidades técnicas de intervención (Ceberio y Watzlawick, 1998; Ceberio y Linares, 2005):

La introducción de una línea terapéutica, además, generará una selección de cuáles son las partes de la misma en las que uno se siente más cómodo u "oxigenado" para trabajar. Esta es una de las tareas de los formadores de terapeutas: por una parte, tratar de que el alumno pueda capitalizar sus recursos genuinos y naturales, patrimonio de su estilo de personalidad, que se traducirán en herramientas en la psicoterapia. Por la otra, desarrollar en él aquellas técnicas que no competen a sus características, para de esta manera ampliar su gama de posibilidades de intervención. (Ceberio y Watzlawick, 1998).

Un ejemplo claro de cómo deben enseñar los formadores en psicoterapia se encuentra en los maestros de teatro. Una de las técnicas de formación actoral que se desarrolla hace muchos años consiste en confrontar las habilidades del estudiante con sus opuestos. Por ejemplo, si el estudiante tiene facilidad para la comedia, explotan al máximo sus potencialidades en este rubro, para, una vez instaurado, pasar al tema que más le dificulta. Comenzará, entonces, a desarrollar el trabajo sobre el drama hasta que logre realizarlo tan bien como el rubro que le surge naturalmente.

Siguiendo esta línea, el formador obtendrá de su entrenado la ampliación de técnicas y estrategias psicoterapéuticas que le permitirán trabajar con mayor libertad,

---

Cada uno de los ejercicios se estructura con una pequeña introducción, donde se explica el tema que se va a explorar. Se discrimina el objetivo del ejercicio y, por último, una serie de preguntas que operan como autorreflexiones a manera de guía u orientación de la autoindagación. Se finaliza, en los ejercicios de técnicas y estrategias, con una regla del 0 al 10 que mide el grado de facilidad de aplicación del recurso. (Ceberio y Linares, 2005).

plasticidad y creatividad, entregándose al flujo de interacciones. Más allá de las técnicas sistémicas tradicionales, es importante que el formando tome consciencia de la importancia de su cuerpo como herramienta de intervención. Es decir, que comprenda que su gestualidad, postura corporal, mímica y actitudes son posibilitadoras de transmisión de información. El terapeuta, además de ejercitar el uso de la palabra, trabajará su cuerpo y los movimientos en el espacio de consulta.

Los entrenamientos deberán poner énfasis en trabajar la plasticidad del cuerpo, lograr los movimientos precisos que logren acompañar efectivamente a la palabra: las manos que se mueven mientras se habla, los giros del cuerpo, las flexiones de torso, las expresiones faciales, arqueado de cejas, risas plenas y sonrisas, gestos de tristeza, fruncimientos de ceño, etc. La cadencia del ritmo en la alocución de las palabras, el tono que remarca algunas frases, que exalta o relaja, el tono agudo o grave, alto o bajo. La interjección de silencios, los tipos de silencios, el ponerse de pie en la alocución, el moverse en el consultorio, cuándo tocar al paciente, acercarse o alejarse. En síntesis, una serie de elementos que resultan intervenciones terapéuticas pero que convencionalmente no son tomadas como tales.

Una de las vías para introducir y crear estas aptitudes en el profesional es el teatro y el mimo. Los ejercicios actorales permiten que el terapeuta-actor desarrolle esa flexibilidad de movimientos y gestos. El teatro hace que el entrenado comience a gestar en él un dominio de sus gestualidades sin perder espontaneidad. Le ayudará a crear climas de tristeza y de alta emotividad, como climas de humor y provocativos. Climas que instan a acentuar la eficacia de la intervención y que son en sí mismos intervenciones.

Los talleres de mimo hacen que el terapeuta adquiera un rostro maleable, un cuerpo que adquiera expresividad, que aprenda a remedar y emular los movimientos del interlocutor. Que tome consciencia de su rostro. Aunque resulta extremadamente dificultoso, más bien imposible, controlar el lenguaje paraverbal. Un infinito gestual se escapa de las manos de la conducción voluntaria. No obstante, es factible instrumentar y sistematizar un repertorio de movimientos, actitudes, gestos, posturas, con el fin –al igual que la palabra– de intervenir.

Lo que puede llamarse una metatécnica, es *el hablar el lenguaje del paciente*, una de las formas más sutiles de trabajar con el cuerpo. Metatécnica es un rótulo que se debe a que, como herramienta terapéutica, hablar el lenguaje del paciente, se halla involucrada en todas las técnicas y en la sesión en general. Se trata de copiar al paciente de manera sutil, tanto el lenguaje verbal como el analógico. De *manera sutil* implica que una copia burda puede exacerbar las resistencias del paciente, cuando la finalidad es sortearlas. Actitudes, gestos, posturas, manierismos, movimientos particulares, estilo, tonos de voz, secuencia y ritmo, cadencia y tinte, etc., en el plano analógico, y su estilo de conversación, muletillas, terminología más usada, contenidos, temas predilectos, etc., en el plano verbal, son los elementos que el terapeuta deberá emular para lograr establecer lo que los neurolingüistas llamaron la técnica del *calcado*.

Esta es una de las técnicas madres que alientan a lograr mayor eficacia en la introducción de información, y constituye una de las herramientas que sientan sus bases en el arte de la persuasión y la seducción, que ya fue objeto de estudio de la retórica clásica. Si tuviésemos que ahondar en sus orígenes, deberemos remontarnos a los estudios de los sofistas y del mismo Aristóteles, quien en su *Retórica* señalaba: S*i quieres convencer a alguien, utiliza sus mismos argumentos.*

Como recurso psicoterapéutico, surge a partir de la sistematización –por parte del grupo de Palo Alto– del estilo de trabajo del hipnoterapeuta Milton Erickson. Este famoso psiquiatra de Phoenix, Arizona, se caracterizó por realizar una forma de tratamiento no convencional, opuesta a la modalidad clásica de la mayoría de los profesionales de la década del 50.

Desde una posición constructivista, tal como lo afirma Heinz von Foerster, el lenguaje abandona la clásica concepción representacional del mundo para constituirse en un inventor de realidades. Razón por la cual, es posible crear situaciones por medio del diálogo terapéutico, co-construir en el contexto de la psicoterapia universos alternativos que excedan la lógica utilizada hasta el momento, lógica que –de manera directa o indirecta– ha llevado al padecer al paciente. Hablar su propio lenguaje, entonces, es la franca entrada a la comprensión de su conocer, a entender cómo crea su mundo de significados y lo expresa en la pragmática. Desde allí es de donde podremos manipular mejor la situación en vistas al cambio.

Por lo tanto, actuar verosímilmente el estilo individual del paciente no es sólo copiar *formas,* sino introducirse en su universo de creencias, conociendo cuáles son sus marcos semánticos y representaciones de la realidad, sus particulares construcciones y el sentido de ciertas palabras y actitudes. Esta reproducción en el juego terapéutico acercará el vínculo y cautivará la atención del cliente provocando modificaciones en las atribuciones de significado sobre las cosas y situaciones, con el objetivo de la resolución de problemas.

Hablar el lenguaje del paciente es una de las técnicas que más entrenamiento exige, puesto que al emular al paciente, el terapeuta corre el riesgo de perder la espontaneidad y aparentar ridículo o burlón, desvirtuando el objetivo inicial.

Son pocos los modelos de psicoterapia que se han dedicado a trabajar con el cuerpo. Si bien los terapeutas han expuesto su propio cuerpo en el trabajo terapéutico, han colocado mayor atención a codificar el cuerpo y movimientos

del paciente y el foco no muestra el cuerpo del terapeuta
como una herramienta en sí mismo. El Psicodrama, el enfoque gestáltico y otras líneas de terapias corporales se han dedicado a leer y utilizar el lenguaje analógico de los pacientes
en pos de generar el cambio. Pero es la clínica sistémica que
desde los axiomas de la comunicación, se dedicó a explorar
los dos lenguajes: tanto el *verbal como el analógico*, trazando las
características diferenciales entre ambos.

En terapia relacional, las señales, el contacto físico, el movimien-
to, la acción, la presencia de otros provocan simultáneamente asocia-
ciones, significados y comportamientos en un contexto dado. El acento
cae sobre el actuar y dramatizar estados emotivos y conflictos en el
presente, para verificar efectivas posibilidades de cambio en el interior
del sistema familiar, mediante la intervención activa del terapeuta.
(Andolfi, 1977).

El terapeuta sistémico no toma una distancia de corte
social, una distancia de disociación, objetiva y como tal utópica. Un terapeuta sistémico hace uso de sí mismo, se pone
en juego como un cuerpo y una mente que actúa como un
agente de cambio en el sistema terapéutico. Sus intervenciones, estratégicas, confrontativas, suaves o contundentes,
perturban el sistema del paciente en el intento de hacer zo-
zobrar los esquemas interactivos presentes productores del
problema.

[…] *se considera miembro agente y reactivo del sistema terapéuti-*
co e introduce en él creatividad e inventiva personal, sentido del humor
y experiencias personales y profesionales; contacto físico, utilización del
espacio y del movimiento representan instrumentos operativos indispen-
sables para un terapeuta de la familia, que se vale de ellos con el fin de
observar secuencias comunicativas funcionales y disfuncionales, límites
personales e interpersonales, disponibilidad de cambio, etc. (Andolfi,
1977).

Como hemos señalado anteriormente, el lenguaje paraverbal es aquel en donde la persona posee menor dominio,
por lo tanto, emerge mediante tal espontaneidad que no

deja lugar a la mentira, escapando a la voluntad consciente. La posibilidad de codificarlo implica lograr ingresar en la lógica relacional de la familia, pareja o individuo: entender las reglas del funcionamiento del sistema, sus pautas, funciones, creencias, valores y objetivos.

En la observación, es importante capitalizar el estilo de interacción de los pacientes. La forma o el modelo relacional que se pone en juego con el terapeuta es, en cierta manera, la reproducción de cómo se relaciona más allá de las paredes del consultorio. Por tal razón, es muy importante en pos de la espontaneidad interaccional, el canal afectivo que se establezca con el paciente. El afecto y la modalidad relacional que se desenvuelvan acentúan la naturalidad y demarcan el estilo funcional de interacción adoptado fuera del ámbito del espacio terapéutico.

Un paciente confrontativo y crítico de las intervenciones del terapeuta se pregunta por qué la gente discute tanto con él. Una madre, que en una terapia familiar siempre responde adelantándose cuando se le pregunta a uno de sus hijos en especial, se angustia porque no entiende por qué el hijo le reclama más espacio y la rotula de intrusiva. Una mujer que cuando habla no focaliza la mirada en su interlocutor y cuando el terapeuta le realiza un espejo de su actitud (hablándole mirando al vacío), ella logra focalizar su atención en él. Una hermana expansiva y voluptuosa sentada con su cuerpo abierto y sonriente contrasta con otra esmirriada que se encuentra ensimismada y mirando al suelo. Un hijo mayor idolatrado por la familia se simetriza omnipotente con el terapeuta reproduciendo la modalidad relacional con su propio padre. Un esposo que se queja de las demandas de su mujer para que la valorice y, cuando le comenta esto al terapeuta, lo expresa de una manera descalificadora hacia ella.

Un detalle importante para un terapeuta sistémico es −en el caso de la terapia familiar o grupal− observar cómo se sientan cada uno de los participantes de la sesión. Pero no solamente la posición corporal, como lo referimos más adelante, sino la disposición en el espacio: quién se sienta al lado de quién, quién más próximo de quién, quién más alejado, quién enfrentando a quién. El terapeuta perspicaz recogerá una serie de datos de gran utilidad a la hora de señalar alianzas, coaliciones, identificaciones, segregaciones, etc.

Tal disposición espacial a veces muestra características estrictas de reglas uniformadas para la familia: de forma tradicional, los padres juntos y los hijos sentados alrededor en forma de séquito. Una pareja de padres conflictiva o con una comunicación escasa o disfuncional coloca a alguno de los hijos en medio de ellos, de la misma manera que un hijo sobreprotegido tiene poco espacio de distancia y movimiento entre el resto de los miembros que se sientan en actitud vigilante.

En otras ocasiones, las parejas en conflicto tienden a sentarse alejados a varios hijos de distancia. **Un niño –que es señalado como el hijo problemático– se halla levemente distanciado del resto de los integrantes. También cuando en la familia resta un asiento libre, a veces es la denuncia de un miembro faltante (por ejemplo, alguien que se ha muerto). Hay que observar si existe algún integrante que toma ese lugar, presto a ejercer la función que desenvolvía el desaparecido.** Las disposiciones del espacio de los integrantes de la terapia, entonces, son un recurso de interesante observación e intervención. Una niña sintomática se sienta en medio de sus padres litigantes. Cuando se les pregunta a ellos cuáles son los síntomas de la niña, la madre contesta afirmativamente y el padre niega con su cabeza descalificándola, y la hija presencia atentamente todas estas incompatibilidades.

Un padre periférico se sienta alejado de los tres hijos que se encuentran pegados en sus sillas y cercanos a la madre, que ha hipertrofiado su rol por la ausencia de este padre. Una esposa que se sienta en un sillón y habiendo otros, el marido se sienta en una silla pequeña. Matrimonios de una conyugalidad exagerada que rivalizan con los hijos se sientan en bloque. Una fratría aglutinada se sienta en bloque y arma una coalición contra los padres. Una madre sobreprotectora se rodea de los hijos y excluye al padre que se sienta alejado. Una madre controladora se sienta cerca del terapeuta y hace de coterapeuta de la familia, sin involucrarse demasiado en los juegos que suceden en la sesión.

Una pareja en litigio no comparte el sillón de dos cuerpos. Un hijo mayor que hace de marido de su madre se sienta al lado de ella en la consulta y el padre no asiste aduciendo que *tenía mucho trabajo*. Un miembro sintomático –vivido como el enfermo de la familia– se sienta apartado del grupo, mientras que su hermano y padres arman una estructura que lo focaliza con sus cuerpos en posición acusadora.

Una pareja enmarañada en los problemas se sienta en el sillón con el cuerpo sutilmente dirigido hacia el afuera de la relación. Una persona angustiada se encorva en su asiento y mira hacia abajo. Alguien huidizo y con resistencias a comprometerse se sienta tímidamente en el ángulo de la silla, como siempre listo para salir. Una señorita seductora intenta desviar y atraer la atención mostrando gallarda y alevosamente sus piernas.

Muchos sujetos *hablan* a través del movimiento de sus manos, otros cruzan sus brazos o los mantienen rígidos a los lados del cuerpo. Hay quienes reposan en el sillón, tomando su cabeza y parte del rostro en actitud reflexiva. Mientras otros –más tensionados y en actitud vigilante– mantienen su cuerpo sentado en el borde de la silla, extendido hacia delante, invadiendo el territorio del interlocutor.

Por ejemplo, existen personas que *anudan* su cuerpo, entrecruzando piernas y brazos en su modalidad de comunicación. Estas posturas serán las reacciones físicas de acuerdo a los temas que se traten, constituyéndose en un termómetro para el terapeuta atento de cuáles son las situaciones que producen más escozor. Pero no son pocas las oportunidades en que los comentarios verbales son contrapuestos a las actitudes corporales: en tanto el cuerpo se mantiene rígido con los brazos entrelazados y una postura casi genufléxica, el consultante le refiere al terapeuta: *Estoy bien y tranquilo en este tiempo con mi esposa...* o *Mire doctor, esto para mí no es un problema, ¡yo estoy relajado con este tema!*

Otras personas se frotan las manos insistentemente, mientras hablan de un tema que les detona ansiedad. Otros transpiran a mares o se agitan con facilidad cuando un tema los ahoga. Hay quienes cruzan y descruzan las piernas, y no logran acomodar su trasero en el sillón definidamente como si tuviesen migas en la cama. Están las personas que se recuestan y se estiran en el sillón, mientras que otras se sientan rígidamente. Otros piden fumar en los momentos álgidos, o un vaso de agua por la sequedad bucal originada por las tensiones de los temas tratados.

Otro estilo de comunicar se caracteriza por la transmisión verbal con un tono de voz exacerbadamente bajo. Con lo cual, es de suponer que los circuitos interactivos que se generan están constituidos por una serie de interlocutores que se acercan en actitud de querer descifrar lo que se escucha. Es algo así como tener un cortejo de personas a los pies, pendientes de entender qué se está diciendo y convirtiendo al protagonista-transmisor en el centro de la atención. Entonces, ¿qué sucedería si el terapeuta remeda su volumen de voz?, ¿cuál será la actitud del paciente frente a semejante espejo, cuando siempre encontró en su entorno (complementariamente) la acción contraria? Notablemente esta copia, con frecuencia, da como resultado que la persona se acerque al terapeuta con la misma acción que genera habitualmente en los otros, e inclusive alzando su tono de voz.

Otros sujetos hablan mucho y continuamente, sin respetar los espacios de silencio entre frase y frase. Son la muestra cabal –en sentido análogo– de un ritmo de vida acelerado y casi sin respiro. Esta particularidad es calcada por el terapeuta, que una vez que logró hablar su lenguaje, ganando su confianza, paulatinamente comienza a desacelerar su ritmo vertiginoso. Obtiene, de esta manera, el enllentecimiento por parte del paciente, no sólo de su estilo de palabra sino de su ritmo de vida. Este efecto es reforzado en el ámbito de la práctica, acoplando alguna prescripción de conducta, que traiga como consecuencia una mayor relajación en sus actividades cotidianas.

Sería innumerable la cantidad de ejemplos acerca de las descripciones del lenguaje analógico. Estos son solamente una muestra de las maniobras que recodifican y redefinen constantemente las acciones de los pacientes, posibilitando acercar la interacción terapéutica y cumplir los objetivos más certeramente. Uno de los ejemplos del uso del lenguaje paraverbal fue desenvuelto con Rogelio.

Rogelio era un paciente que no sólo escuchaba voces, sino que lo que más le perturbaba eran las señas. Llegó a la consulta sin nunca haber asistido a una sesión de psicoterapia, y solamente se encontraba medicado a medias y con un alto grado de hábito a esos psicofármacos. Él codificaba los gestos de los otros, con un gran nivel de precisión y con un florido repertorio de significados. Poco a poco, en el transcurso de las sesiones, en la medida que me había ganado su confianza, logré aprender los significados de la mayoría de los gestos, hasta elaborar un pequeño *Diccionario rogeliano de gestos.*

Muchas de las sesiones se recorrieron con fracciones de intercambio de señas. Rogelio enviaba un mensaje con los gestos y yo le respondía con gestos de acuerdo a la codificación que él les había impuesto. En la medida que los gestos que aparecían involuntariamente se habían transformado en diálogos gestuales voluntarios, poco a poco, Rogelio disminuyó notablemente sus codificaciones. Más aun, aprendió a no confrontar dichas apariciones gestuales en sus interacciones, sino a inhibirlas con señas que bloqueaban las significaciones agresivas o violentas que proyectaba en la gestualidad del otro.

Categorizaciones de gestos, actitudes y movimientos

No se trata únicamente de observar y describir el lenguaje analógico de los pacientes, se trata de codificarlo de manera correcta. Pero, antes de entrar en este tema, es necesario explicar ciertos términos en función epistemológica.

Cuando hablamos de codificación no decimos *decodificación*, como clásicamente se describía. Decodificar implica que estamos acertando objetivamente en lo que se intentó transmitir (como lo hemos explicado al inicio de este texto). Entonces, más bien lo que hacemos es codificar, que no es ni más ni menos que *categorizar* el gesto o la acción desarrollada por el interlocutor. De manera *correcta*, implica que la categorización aplicada calce o no calce en la cognición del paciente. No se entiende como una verdad o el descubrimiento de la causa original, sino como un contenido que se ajusta a la percepción y comprensión de la persona, posibilitando el cambio.

En la comunicación humana es moneda corriente realizar categorizaciones en vez de descripciones puras. Más aun en el lenguaje paraverbal. Frente a un ceño fruncido no se dice *ceño fruncido,* se describe enojo, dolor de cabeza, malhumor, cansancio, esfuerzo visual, etc. Es decir, se aplica la categorización (y con ello la significación).

En el ámbito de la psicoterapia, como en la vida cotidiana, algunos errores epistemológicos corresponden a entender como descripciones puras a categorizaciones que emergen del sistema de creencias del terapeuta. Por ejemplo, en el orden de la semántica del discurso verbal propiamente dicho, son frecuentes las oportunidades en las que escuchamos en las consultas que el paciente dice estar *mal*. Si no se pregunta qué se quiere decir con este concepto tan abarcativo en significación, el terapeuta categorizará, ecforiando su propia atribución de sentido sobre dicha palabra, que no necesariamente deberá coincidir con lo que significa para el paciente.

De la misma manera, conceptos como *mucho mejor, bien, mejor, más o menos* poseen una semántica tan particular, que si el terapeuta los pasa por alto obvia una información que puede ser de relevancia para el desarrollo del tratamiento. Preguntar *¿cuánto mejor?, ¿cuánto más y cuánto menos?*, adjudicando hasta baremos numéricos, posibilitan comprender el universo de significaciones del paciente expresado en estos términos.

Un término como *depresión* resulta muy diferente a *tristeza* o *angustia*, sin embargo, ha alcanzado tal difusión que ha abandonado su explicación técnica para encontrarse en el lenguaje cotidiano. No obstante, no pueden adjudicarse como sinónimos y el terapeuta –como parte de su estrategia– se ve obligado a diferenciarlos, puesto que tristeza o angustia poseen una atribución menos caótica, sirviendo como conceptos que redefinen marcos semánticos.

Cuando hablamos de categorizaciones, entramos en forma directa en el terreno de la *suposición*. Aunque ya hemos desarrollado este concepto en el primer capítulo de este texto, valen algunas aclaraciones. Los supuestos son construcciones de sentido sobre las conductas y exceden el marco de las categorizaciones, es decir, las incluyen. En ellos se encuentran las construcciones de hipótesis e historias, fantasías anticipatorias, etc. La suposición no es, ni más ni menos, que una construcción que conlleva categorizar las acciones del interlocutor. Es, sin duda, la que confecciona profecías que autodeterminan realidades cuando se actúa en la pragmática y más cuando no se confronta acerca de qué trató de significar el otro con su actitud.

Si bien puede resultar simple preguntar el sentido de dicha acción, paradojalmente nos posicionamos en la opción más dificultosa. Con el automatismo de afianzarse al supuesto, se responde al imaginario propio y no a la intencionalidad del interlocutor. Se complica, así, la complejidad de las interacciones. De la construcción cognitiva deviene el desarrollo de una acción, y así se constituyen sendos circuitos emparentados con lo caótico.

Pero la comunicación se entorpecerá aun más si se categoriza la actitud del otro en forma lineal, o sea, sin involucrarnos en el sistema y sin preguntarnos acerca de ¿qué he hecho yo para que el otro me responda así?, aislando la respuesta de nuestro interlocutor, como si nosotros no estuviésemos en el campo de la interacción. La respuesta que surge, entonces, será la correspondiente a lo que suponemos que el otro pensó o sintió, por lo tanto, se contestará a la propia construcción.

Una forma de explicitar el supuesto, se observa en el ámbito terapéutico cuando en las sesiones se utiliza el recurso de las preguntas circulares, en donde se explora, por ejemplo, lo que el paciente piensa que el otro integrante de la familia piensa cuando él realiza una acción determinada. O qué siente cuando es el otro el que tiene cierta actitud contraria a la que deseaba. O qué hace cuando piensa lo que siente el otro. Y así, en un entrelazado de gran complejidad comunicacional. Al cuestionar acerca del plano semántico (las atribuciones de significado), el emocional (las emociones que producen las atribuciones), y el político (las acciones), se está metacomunicando, razón por la que la información nueva que ingresa en el circuito genera la creación de realidades alternativas.

Es importante, entonces, *preguntar en vez de suponer*, constituyendo una regla pilar en la psicoterapia y en la vida cotidiana. En relación con los supuestos, en los entrenamientos del M.R.I. (Mental Research Institute) de Palo Alto, Paul Watzlawick siempre emplea –con el objetivo de explorar las construcciones y los supuestos de los participantes– un ejercicio creado por Donald Jackson. El juego se denomina *El psiquiatra y el psicótico que se cree psiquiatra* y se desenvuelve entre dos integrantes: uno desarrollará el rol de psiquiatra y el otro de un psicótico que se cree psiquiatra.

La consigna propone descubrir quién es quién. El truco que secretamente impone el coordinador –al distribuir los roles mediante una tarjeta donde se hallan escritas las funciones antedichas– consiste en que en ambas tarjetas coloca el mismo rol, es decir, colocará tanto el de psiquiatra como el de psicótico que se cree psiquiatra. Lo importante es que en ambas se encuentre redactada la misma función. Por lo general, resulta sumamente claro cómo ciertas distinciones y descripciones pueden justificar actitudes psicoterapéuticas o manipulaciones psicóticas. Por ejemplo, en una de las experiencias, el hecho de que uno de los participantes se ponga de pie y mire hacia la ventana fue tildado de una estrategia terapéutica para descontextualizar al paciente, mientras que, paralelamente, se lo rotuló como una actitud psicótica de fuga y de resistencia a las intervenciones del profesional.

Entre las tantas conclusiones que puede arrojar el ejercicio, es interesante reflexionar acerca de la importancia del lenguaje como constructor de realidades en la acción. Una simple consigna, como el descubrir quién es quién, pauta la percepción obligando a trazar distinciones en dirección a la regla que marca la premisa. Esta es una de las razones por las que cuando se realiza una derivación, es importante que el derivador no transmita inferencias, hipótesis, descripciones adjetivadas o críticas, puesto que se pauta la lente perceptiva del terapeuta. Si el profesional se llena de información, inconscientemente, trazará distinciones en la observación a favor de esas construcciones intentando corroborarlas. Tal como, por ejemplo, la técnica del Rorschach: frente al imperativo de la consigna *¿Qué puede ser esto?*, las personas observan figuras de diferentes diseños en manchas de tinta, que eso –en primera instancia– es lo que son. Quiere decir que el *lenguaje imperativo*, como en tantos textos de Watzlawick (1967, 1976, 1981, 1992) aparece descripto, no es ni más ni menos que la explicitación del libreto que obliga a trazar distinciones. Nuevamente, entonces, tendríamos una justificación teórica más acerca de la directividad de las intervenciones del terapeuta sistémico.

Por otra parte, también resulta atractivo observar en el ejercicio cómo las distinciones que recortan la cognición y que estructuran realidades son amoldadas a estructuras conceptuales previas, constituyéndose en el aval y respaldo teórico del porqué de las actitudes de los integrantes que desarrollan el rol *playing*. El hecho de que una actitud sea categorizada como un síntoma psicótico o como una estrategia terapéutica responde al rubro lógico donde se incluya la acción.

Pero el lugar de la suposición por excelencia es el lenguaje paraverbal. En el nivel analógico se tiende más –que en el lenguaje verbal– a suponer (si no se metacomunica) lo que significó un gesto. El lenguaje analógico es un gran blanco de proyecciones. Las diversas gestualidades que puedan desarrollarse en una sesión, frente a expresiones y opiniones que realicen miembros de la familia, pareja o grupo, como también de cara a las intervenciones del terapeuta, son el epicentro de interpretaciones. Pero la interpretación incluye una categorización, o sea, una atribución del mapa del observador. Por lo general, no delimitamos acciones puras y resulta hasta extraño preguntar acerca de un gesto como tal y no aplicar directamente su tipologización.

Cuando señalamos *rabia, alegría, tristeza, distracción, abu-rrimiento, burla, etc.*, estamos constituyendo rubros o clases de acciones. Cuando se categoriza, se proyecta una construcción del percibiente, que no quiere decir que sea coincidente con la atribución que manifiesta el interlocutor. Aunque, el hecho de categorizar acciones y discursos, resulta un acto automático en la cognición humana. Y es inevitable: de cara a signos de dudosa interpretación, el proyectar un rótulo sobre una acción simple obtura la mirada hacia la descripción pura propiamente dicha, bloqueando la posibilidad de metacomunicar e introducir una información nueva en el circuito. Por lo tanto, este mecanismo tendrá sus implicancias, tanto en las intervenciones como en la consecuente interacción.

Por ejemplo, el paciente fija la vista al piso: *¿está triste, reflexiona, se deprime, está concentrado en lo que se esta hablando, se encuentra aburrido, etc.?* Cuántas son las categorías de acción atribuibles a esta actitud. Resultan infinitas las posibilidades de adjudicación interpretativa sobre las actitudes. Sin embargo, a pesar de ser más simple preguntar acerca de *¿qué quiere significar ese gesto?*, las personas se sumergen en sus propias proyecciones.

En una oportunidad, un terapeuta durante la primera entrevista con una familia, mientras que realizaba el trabajo de caldeamiento inicial, jugando con el significado de los nombres de los integrantes, observó que la hija adolescente desde los comienzos de la sesión realizaba un gesto de subir el extremo de su labio hacia arriba y fruncir la nariz.

Supuso que frente al buen clima y las sonrisas del resto de los miembros, por contraposición, categorizó el gesto de la joven como desagrado, o que algo de la conversación no le gustaba. Le preguntó acerca de ese rictus: *Ana, ¿qué me dice ese gesto...? ¿Estás interesada en lo que se está hablando, o no te gusta algo de lo que estamos diciendo?* Ella respondió simpática y con una sonrisa, afirmando que no: *Al contrario, me estoy enterando de cosas que jamás hubiese imaginado...* A lo largo de la sesión, se dio cuenta de su aventurada intervención: la adolescente tenía un tic nervioso que consistía en morderse el labio superior en su extremo derecho y al mismo tiempo fruncir la nariz.

La trama de dicha complejidad cognitiva y cibernética hace del fenómeno de la distinción y categorización subsecuente un juego de doble subjetividad. El trazado de distinciones se realiza en función del mapa del observador, razón por la cual, es una construcción que emerge de su patrimonio de significaciones. Pero si a dicha distinción se la reviste de una categoría, este rubro es el producto de su modelo epistemológico. Por lo tanto, es una doble atribución. Esto tal vez explica el porqué bajo un mismo modelo de psicoterapia pueden trazarse diferentes distinciones y categorizaciones. Y la razón no está muy lejana, solamente hay que remitirse a la *persona del terapeuta* que ejerce el modelo.

La historia, estilo de interacción, valores, creencias, patrones familiares y socioculturales, un modelo teórico de psicoterapia se ponen en juego a la hora de percibir. Por lo tanto, más allá de la línea psicoterapéutica que se desarrolle, serán diferentes los distingos e interpretaciones que se tracen. El mismo modelo de psicoterapia al que adhiere el terapeuta, también constituye un libreto interno del trazado de distinciones, aunque tan sólo es una parte del mapa cognitivo del terapeuta. Un ejemplo evidente de pautación de distinciones lo establece –en el ámbito de la psiquiatría– el DSM IV, que aunará signos y síntomas acreditando un rubro diagnóstico.

Ni siquiera el mismo terapeuta es regular en sus distinciones y tipologías. Como hemos señalado anteriormente, las diferentes experiencias que moldea el ciclo vital conllevan una diferencia en el trazado de distinciones y sus atribuciones, puesto que algo ha variado en la persona, una información nueva se ha introducido en su cognición y ha modificado su mapa conceptual. Pero, además de las distinciones y categorizaciones que emergen del terapeuta en la observación de sus pacientes, también podríamos reflexionar acerca de las distinciones y categorizaciones que realizan los pacientes sobre las expresiones y gestualidades de terapeuta.

Los terapeutas, como humanos comunicativos, frente a las alocuciones y expresiones de los pacientes, desarrollan su repertorio de gestualidades que podrán ser categorizadas, creando el dinamismo particular de la sesión. Un silencio prolongado durante la sesión, en donde el terapeuta fija su vista en el paisaje de su ventana, puede ser categorizado con antípodas tan claras como una *reflexión profunda* acerca del problema planteado o *un profundo aburrimiento*. La situación ideal radica en que el paciente pregunte acerca de su supuesto, evitando actuar de acuerdo a su categorización y desencadenando así una cibernética de acciones que pueden poner en peligro la relación.

El espejo unidireccional es un excelente recurso para observar la gestualidad del terapeuta durante la sesión. En las supervisiones en directo, se observa la riqueza de las reacciones de un terapeuta frente a los contenidos y acciones que desarrollan los pacientes. La correcta puntualización por parte del supervisor evidencia la asociación entre atribuciones de significados, universo de construcciones y emoción, condensados en un gesto o una acción. A la vez, es interesante discriminar las reacciones de los pacientes a partir de la gestualidad del terapeuta. Muchos de los gestos, como hemos señalado, en sí mismos poseen el status de intervención sin que el terapeuta se dé cuenta de que la ha realizado.

Más allá del modelo terapéutico, entonces, el profesional experimentado en general se encuentra a la debacle de las interacciones de la consulta. La gama de estrategias y técnicas que se encuentran en su *taller cognitivo* posibilitan adecuar y utilizar las intervenciones en los momentos que considera apropiado. Aunque, cuando se muestra un vídeo didáctico de una sesión, los estudiantes tienen la convicción de que el maestro planificó anticipada y obsesivamente las intervenciones. Son numerosas las oportunidades en las que, cuando algún psicoterapeuta de experiencia muestra su trabajo filmado, los profesionales le consultan acerca de por qué utilizó tal o cual intervención en tal o cual momento. El maestro, en general, responde con una intelectualización o racionalización al respecto, dando cuenta de la aplicación de su modelo. Se describe lo que se supone que hizo.

La razón es más compleja. Las interacciones fueron pautando dichas intervenciones y viceversa. Cuando revemos la situación de la consulta, lo que hacemos es teorizar acerca de las técnicas y construir hipótesis, a partir de las hipótesis que se fueron elaborando en el *setting* terapéutico. Además, es interesante observar las diferentes distinciones que, observando la imagen de un vídeo, trazan los profesionales. Cada uno hace referencia a diferentes niveles de interacción o alude poniendo énfasis en el lenguaje analógico: *cuando usted le señaló al padre, la hija se dio vuelta casi de espaldas.*

O el énfasis se coloca en lo verbal en términos de estilo de expresión o de contenido: *la madre hablaba muy despaciosamente a diferencia del padre* o *evidentemente el tema de la comida le molesta, hay que observar el gesto de la hija.*

Cada profesional desde su estructura conceptual y por qué no desde su emoción traza distinciones y ejecuta categorizaciones tanto cuando observa una sesión desde detrás del espejo como en una cinta de vídeo. Cosa muy distinta a hallarse dentro del contexto de la sesión con los pacientes delante. Hay un clima que cambia.

En una oportunidad, un maestro de terapia familiar después de mostrar un vídeo de una familia numerosa, entre las tantas opiniones y distinciones que escuchó, le llamó la atención una, en la que se le señaló: *realmente, Doctor, fue increíble el clima que creó, cuando a través del silencio, mirando para arriba como reflexionando, logró que la familia se callara. Se generó un clima de curiosidad y expectación. Pensar que con tan mínimo movimiento se logró tal interacción.*

Lo interesante es que el maestro no tenía idea de lo que había generado en ese momento de la consulta. Reviendo el vídeo, recordó que una mosca dentro del despacho andaba rondando durante el desarrollo de la sesión y se había depositado justo en el ángulo de un cuadro: *siempre me molestaron las moscas y pensaba de qué manera podía tirarle un zapato ¡y matarla!*

Indudablemente, tanto para el profesional que observó el vídeo como para la familia en cuestión, dicha actitud cobró la categoría de intervención a pesar de que la intención del profesional no fue esa. Más allá de cobrar mayor elocuencia cuando el profesional que atiende a la familia es presentado bajo el status de *experto*, y para los profesionales de un curso posee el de *maestro*.

Experto o maestro, las actitudes de un terapeuta indefectiblemente están sujetas a tener su repercusión en el seno de la interacción con los pacientes como en toda comunicación humana. En otras ocasiones, las gestualidades son más alevosas, producto de una extrema categorización que desencadena una atribución masiva de elementos proyectivos, que detonan emociones de tal magnitud que impiden continuar con la sesión.

En una oportunidad, un ex torturador de la época de la dictadura militar del 76 en Argentina solicitó una consulta a un centro de psicoterapia. Su consulta no se debió a lo traumático desarrollado en su trabajo anterior, sino a una aguda depresión por la muerte de su madre. En la medida que se desenvolvió la sesión, aparecieron anécdotas de su pasado trabajo. Anécdotas que, indudablemente, surgieron a partir de la curiosidad de la terapeuta, puesto que los primeros comentarios del paciente fueron algunas de las tareas desarrolladas en los años del gobierno de facto, no porque las mencionara directamente, sino porque era relativamente sencillo deducirlas.

En la medida que evolucionaba la sesión, la terapeuta comenzó a desplegar una visible y alevosa gestualidad de asco y repugnancia. Además, no se encargó de reprimir en absoluto dichos mensajes analógicos. Se la llamó por el teléfono, preguntándole si no deseaba salir unos momentos de la sesión. Aceptó. Luego de dos o tres arcadas, logró decir que no podía seguir adelante con su trabajo porque eran más fuertes las fantasías (y realidades) que tenía por sobre esta persona que el motivo por el cual venía a consultar.

El equipo detrás del espejo fue el que posibilitó observar en detalle los gestos del terapeuta, quien despidió al señor derivándolo y explicándole acerca de la repulsión que le generaba el recuerdo de sus actos violentos y que se encontraba incapacitada para atenderlo.

El problema central en las suposiciones y categorizaciones radica en las atribuciones de significado que encierran y que se depositan sobre toda la gama del lenguaje analógico. Si bien el hecho de conocer profundamente la estructura cognitiva y relacional de los pacientes hace que el terapeuta pueda codificar la gestualidad de manera más acertada, esto no asegura que esté en lo cierto.

Por ejemplo, un rostro compungido puede revelar multiplicidad de sentidos en relación a la historia y situación actual y relacional del paciente. Si se interpreta deliberadamente dicha gestualidad, se corre el riesgo de entrar en errores epistemológicos, como lo hemos descripto anteriormente.

La convencionalidad de los gestos hace que se universalicen desde la mímica facial hasta las posturas corporales, pero en el mundo del lenguaje paraverbal no es factible la popularización de su semántica. Atenerse a cierto convencionalismo es aferrarse a patrones que no siempre deben condecir con el verdadero sentir de los consultantes. Aunque también es cierto que la espontaneidad de la gestualidad lleva a que una persona no sepa exactamente delimitar cuál es el significado de su gesto. Más aun, tal vez no sea consciente del gesto que ha realizado: es observable en el otro y no percibido por ella.

Una de las reglas de la psicoterapia en estos aspectos es no dejar de preguntar acerca de la semántica del gesto, pero no solamente, también advertir al paciente acerca de su gestualidad si no tomó consciencia de ella y a partir de allí intentar profundizar sobre su significado. A pesar de que el terapeuta se encuentre profundamente enraizado con su paciente, y tenga de él el más centrado conocimiento, no deberá confiarse en sus atribuciones a las mímicas o actitudes y las traducirá en preguntas estratégicas.

El cuerpo del terapeuta como herramienta de intervención

El cuerpo del terapeuta, entonces, también puede constituirse en una herramienta de intervención. Si el lenguaje del cuerpo muestra en la familia un estilo relacional, el profesional podrá –de acuerdo a cómo se pauten las interacciones en el juego de la terapia– no sólo intervenir mediante la palabra, sino también mediante sus propios gestos y actitudes corporales.

Caras de desconcierto, enojo, tristeza, inmensa alegría, etc., son elementos que acompañan al discurso pero que generan efectos en los pacientes. Muchos de estos efectos se traducen en preguntas que, a la vez, se capitalizan en intervención, es decir, es la oportunidad de reforzar, redefinir, connotar positivamente, provocar, etc.

El terapeuta podrá acercar su cuerpo para introducir un mensaje con mayor efectividad, como también acercarse a ciertos miembros, rotando –de manera paulatina– entre los distintos integrantes del grupo. O sentarse al lado (en el mismo sillón) del paciente individual, como instalarse en el medio de una pareja plausible de escalar simétricamente. O utilizar una dramatización de lo que sucede o caricaturizar utilizando la palabra y el cuerpo. En síntesis, el uso de su propio cuerpo es una herramienta más a su disposición en las estrategias terapéuticas.

Muy importante para evaluar el sistema terapéutico es la utilización del espacio por parte de los miembros de la familia y del terapeuta, en el curso de la terapia. Los movimientos que se realizan en la sesión no son nunca casuales y constituyen indicadores extremadamente válidos de secuencias interactivas. El movimiento, la acción, el juego, el enfrentamiento, son por lo tanto observados y solicitados por el terapeuta relacional según una estrategia destinada a recoger informaciones, a dramatizar y reestructurar relaciones inadecuadas, a activar canales de interacción nuevos o en todo caso inexpresados, que produzcan un efecto liberador sobre el paciente identificado y sobre los que interactúan con él. (Andolfi, 1977).

Como señalamos anteriormente, algunos modelos terapéuticos enfatizaron las lecturas corporales, pero manteniendo la *coherencia* de mirar hacia el afuera y no los propios movimientos del terapeuta. Es decir, el cuerpo como intervención. Un cuerpo que gesticula, se mueve, se postura en la interacción con los pacientes, pero que no se utiliza como una intervención planificada o concienciada. Si el *cuerpo habla,* ¿por qué no utilizar su lenguaje para expresarse? Aunque tampoco debe caerse en la utopía de querer controlar el lenguaje analógico. Es imposible dominar el lenguaje de los gestos o actitudes pero, al menos, algunos pueden sistematizarse como intervenciones terapéuticas.

No obstante, de lo que se trata es de que el terapeuta pueda ampliar sus herramientas intervencionistas y que los recursos corporales se constituyan en parte de su *background.* Muchas inhibiciones del uso del cuerpo pueden llegar a la fobia al contacto. Más allá de los motivos, manifestaciones afectivas corporales, tipos de saludo, abrazo, gestualidad pueden estar vedados en una persona. Estas inhibiciones hacen que se desarrollen locuacidades verbales, que la persona se ensimisme o que se amplíen otros canales en desmedro del lenguaje del cuerpo, cuestión que no favorece a su crecimiento.

Los entrenamientos que trabajan con el cuerpo del terapeuta intentan desarrollar en el profesional la plasticidad gestual y actitudinal, la flexibilidad de movimientos que posibilitan actuar en psicoterapia de manera libre. Y de manera *libre,* implica que más allá de las interacciones, el terapeuta domine su cuerpo y no se vea sometido a las restricciones de sus inhibiciones históricas. Pueda dominar el espacio de actuación, los acercamientos a la persona, sus posturas, movimientos de manos, etc.

Contar con el recurso de la comunicación analógica, no quiere decir que siempre deba utilizar una intervención corporal. Parte de la libertad a la que hacemos referencia radica en la posibilidad de elección, es decir, si el cuerpo del terapeuta se erige como una herramienta de intervención –dentro del repertorio de técnicas–, pueda elegir utilizarlo o no.

Si las intervenciones, en cierta manera, se encuentran a la debacle de las interacciones, las inhibiciones propias del terapeuta ciñen la interacción a un repertorio más estrecho de recursos. Aunque resulte un ejemplo burdo y utópico, un terapeuta que solamente maneje la connotación positiva restringirá la interacción a esta técnica cuando la relación requiera que provoque o cuente un cuento, o mande una prescripción o redefina. Un cuerpo libre implica un dominio del espacio y de los movimientos en la interacción terapéutica.

De la experiencia clínica hemos realizado un recuento de las intervenciones corporales que pueden sistematizarse como recursos terapéuticos. Es de entender que no deben aplicarse indiscriminadamente. Cualquiera de estas herramientas corporales depende de algunas variables: la contextual (el hábitat donde se desarrolla la terapia, si es un consultorio privado o un hospital, lo situacional, etc.); la persona del paciente (su flexibilidad o rigidez, ciclo vital, edad, etc.); la relación (grados de cercanía o distancia afectiva, niveles de confianza o empatía, tipo de vínculo) y la persona del terapeuta (sus características de personalidad).

Uso de la mímica facial

Cuando se trabaja en psicoterapia, el universo gestual del rostro es uno de los elementos comunicadores más relevantes. Por ejemplo, *las cejas levantadas* hacen un subrayado de la situación que cuenta el paciente o de alguna fracción del relato del terapeuta. Es decir, remarcan la importancia que reviste una escena determinada. Puede ser que lo que el paciente cuenta no constituya algo relevante para él, pero los gestos del terapeuta realcen o le otorguen un tenor de significación.

Cuando las cejas se elevan implica sorpresa, estupefacción, es como decir *¡No me digas!, Increíble, ¿En serio?, ¡¿Esto sucedió?!* y un sinnúmero de expresiones que hacen que algo del discurso propio o del otro cobre relevancia.

Las *fosas nasales*, por ejemplo, se pueden abrir como una muestra de expectación o de tensión acerca de lo que se cuenta, más aun cuando el labio superior se endurece. A veces, combinándose con las cejas levantadas, se realza el efecto de sorpresa o de relevancia por lo contado. Mientras que la combinación con el ceño fruncido le otorga una muestra de nerviosismo o de mayor tensión. También puede interpretarse como desagrado o malestar, hasta enojo, por la situación actuada o narrada. Estas sensaciones se acentúan, cuando se ladea la cara y se observa desde un semiperfil con una mirada punzante.

El *fruncir el ceño* es un gesto prototípico que sugiere multiplicidad de atribuciones. Además de dolor de cabeza, mal humor, corta visión, reflexión, entre otras, también es un signo de concentración en la escucha y de vehemencia en las alocuciones. A veces, parece que se estuviese enojado tanto en la escucha como en la verbalización, y es una excelente oportunidad para que el interlocutor pregunte acerca de lo que nos sucede, y poder así intervenir provocadotoriamente.

Toda la serie de músculos y micromúsculos, que le dan sentido y expresión a la mirada, hacen que la mirada del terapeuta hable en determinadas oportunidades. Por ejemplo, cuando los pómulos se elevan sobre las ojeras, hacen del gesto una imagen de dolor o compungimiento, también de concentración, y cuando se adiciona un ceño fruncido, es la imagen vívida de la confusión.

Es muy importante no sólo transmitir con la mirada, sino leer la mirada del paciente. Todos esos músculos alrededor de los globos oculares permiten lecturas que más allá de que sean acertadas o no, posibilitan la pregunta. Hay miradas reflexivas, pensantes, tiernas, de recuerdo que miran al pasado, de angustia, de dolor, etc., pero cuando se pregunta se establece el pie para iniciar un diálogo terapéutico. Cuando el terapeuta observa la mirada del paciente en el momento que ingresa en la consulta, el paciente observa la mirada del terapeuta que observa su propia mirada, y en ese diálogo tácito surge la pregunta que da inicio a la sesión.

La *mirada* y el *juego con los ojos* marcan la pauta de una serie de intervenciones. Cuando los ojos se cierran y se aprietan con los pómulos, el risorio se eleva y un fruncimiento de nariz hace de corolario de una expresión que muestra la catástrofe o una situación inminente o un desenlace duro, en síntesis, algo fuerte que es necesario resaltar, en ocasiones, girando la cabeza de un lado a otro como signo de inexorabilidad.

Una actitud seductora se establece con una mirada lateral, es decir, mirando de frente, rotando un poco la cabeza y mirando casi con el rabillo del ojo, acoplándole un leve estiramiento de un flanco del labio. En esta dirección está el guiñar el ojo, como señal de triunfo o de que fue exitosa una gestión, más aun si se le adjunta el movimiento afirmativo con la cabeza. Cuando es necesario colocar un toque de humor, el estrabismo es sinónimo de locura o de una situación descalabrada.

El abrir los ojos al máximo, con la inevitable alzada de cejas y el arrugar la frente, es sinónimo de una situación de fuerte peso emocional o de una situación muy esperada que se produjo de sorpresa cuando se le adiciona la boca abierta en forma de pez. Las miradas hacia abajo denotan tristeza, crean un clima de silencio, recogimiento y reflexión. Las miradas hacia arriba y fuera del foco del rostro del paciente son expansivas, buscadoras de ideas, también sugieren reflexión y crean intriga y curiosidad en el interlocutor. Sirven tanto unas como otras para generar una atmósfera de silencio, o cortar un ritmo de alocución maníaco. La curiosidad, por parte del paciente, de conocer qué piensa el profesional, desestructura el palabrerío vacío.

Cuando se desea mostrar el aburrimiento acerca de un tema que se repite y repite, o cuando un paciente se queja, critica o se culpa estereotipadamente y se coloca en la inacción, los ojos a media asta son la posibilidad de detonar las más diversas reacciones. Resulta una manera que raya en la provocación caricaturesca, en el intento de que el paciente observe lo que produce en los interlocutores: cansancio, hastío, bronca, etc. En este mismo sentido, se puede duplicar la apuesta y de forma alevosa el terapeuta puede hacerse el dormido y hasta roncar burdamente, como una ironía del estupefaciente e hipnótico estilo del consultante.

Una de las intervenciones estratégicas que se juega con sutilidad y suspicacia artesanal se desarrolla mediante la mirada.[25] Por ejemplo, cuando el terapeuta realiza una pregunta, intentará no mirar directamente a alguno de los participantes con el objetivo de que él sea el que responda. Dirigirá su mirada entremedio de dos integrantes, cosa que desorientará hacia quién está dirigida la demanda de respuesta (por lo general, estamos habituados a responder cuando la mirada del otro se dirige hacia nosotros).

---

[25] Paul Watzlawick, comunicación personal.

Frecuentemente, las personas titubean, y ese es el momento donde se observan las dinámicas relacionales, dinámicas que demarcan pautas de interacción, o sea, quién toma la iniciativa, si se rivaliza por responder, si se evade, si se hace silencio, si se cede *gentilmente* el lugar al otro para que conteste, etc.

También el simple bufar o inspirar profundamente y exhalar bruscamente, o simplemente suspirar poseen un efecto menos irónico y más natural que ejemplifican el cansancio del estilo repetitivo. Este recurso paraverbal puede aplicarse en los casos donde se relatan situaciones de máxima tensión emocional, o donde los pacientes se hacen cargo de cuadros familiares complejos, como espejo del esfuerzo que implica la función que se desarrolla. La boca en forma de herradura muestra el tedio o el aburrimiento, aunque el enojo se suele dibujar con una boca con las comisuras hacia abajo.

En esta misma línea se encuentran los mensajes analógicos que envía el terapeuta y que se convierten en intervenciones a partir de la categorización que establece el paciente en las distinciones hacia su persona. Por ejemplo, no siempre los bostezos de un terapeuta pueden tener que ver con el aburrimiento, pero es cierto que es la categorización más frecuente. Más allá de que pueda primar el cansancio, el bostezo es un claro indicador para el paciente del tedio de su interlocutor. En ocasiones, hay que aclarar que no es aburrimiento lo que siente el profesional, es simplemente relajación o cansancio. En otras, algunos bostezos adrede posibilitan mostrar que se repite una escena nociva en la vida del paciente, o el más de lo mismo, o una característica que no puede cambiarse, o en aquellas personas quejosas que hasta las cosas positivas que les suceden son susceptibles de ser relatadas en forma de calvario.

En las circunstancias en las que se relatan historias desagradables, de malestar, juegos maltratadores y dañosos, el fruncir los labios y la nariz hacia arriba, como el típico gesto de oler feo, es una manera de acompasar el relato del paciente, más aun cuando él no sea consciente del malestar que provoca su situación.

La boca, especialmente los labios, son un excelente instrumento facial para pasar información, y no porque precisamente con ella se hable, sino por las diferentes formas que puede adquirir. Por ejemplo, desde una sonrisa alevosa donde se muestra la plenitud de la elevación de los extremos labiales en su máximo rango, hasta la sonrisa más sutil, existe una gama muy amplia. Una sonrisa alevosa puede ser una provocación, por ejemplo, hacia una actitud bizarra del paciente pero que cree coherente, como así también el compartir con el paciente una situación divertida. Aunque, en ocasiones, el paciente cuenta algo trágico de manera divertida (como forma de negación) y es necesario una cara de seriedad rígida que neutralice su actitud y desestructure su mecanismo defensivo.

Una leve alza de los labios marca la sutileza gestual de un terapeuta que denuncia que tenía razón, cuando el paciente hizo lo contrario a lo que se le sugirió. Una sonrisa sutil puede constituirse en una burla provocatoria, más aun cuando se la remarca de manera pronunciada en unos de los extremos labiales. También puede resultar un gesto de placer o de triunfo, porque el paciente ha logrado realizar la modificación tan deseada.

La seriedad en un momento determinado del devenir de la consulta puede resultar una intervención. No estamos hablando de la utópica cara de póker con que tradicionalmente se retrata al terapeuta, sino de una seriedad neutra e inclusive con alguna señal en la frente del signo omega en forma leve que la acentúe. Un rostro de este tipo permite que se inhiba una posición risueña y maníaca que el paciente adopta frente a una situación de duelo o dramática, por ejemplo. A veces, resulta una puesta de límites de cara a un intento confianzudo o manipulatorio por parte de la persona. Quiere decir que la seriedad no debe conformarse en un estilo relacional, sino en una intervención.

La bronca o el enojo, más allá del típico ceño fruncido, se expresan mediante el apretar los labios o endurecerlos. El mostrar esta bronca es la actuación del terapeuta que denuncia la bronca que el paciente no puede manifestar o poner en juego en sus relaciones. O la resonancia a través del gesto, que detona la pregunta en la persona y la oportunidad para que el profesional exprese lo que se genera en la relación terapéutica, que no es ni más ni menos que lo que sucede con el paciente en otras relaciones.

Por supuesto que los labios y la expresión de la boca en general se constituyen en el epicentro de la seducción. Es importante que los terapeutas sean cuidadosos en sus movimientos labiales en relación a provocar seducciones en la relación profesional. Principalmente, en aquellos casos que plantean carencias afectivas de pareja y que tienden a idealizar la figura del terapeuta. Fruncir los labios, morder el labio inferior, mojarse los labios con la lengua son gestos que se deben tener en cuenta, en relación a las fantasías que pueden proyectar los pacientes, sobrentendiéndose que no es la intencionalidad del terapeuta seducir sexualmente a su paciente, aunque la seducción y la persuasión son dinámicas que se esperan en la relación terapéutica como parte de la efectividad de las intervenciones.

Cuando el terapeuta desea intensificar el ansia, la tensión, el nerviosismo, la angustia, realizando un espejo del estado del paciente, o simplemente acompasando en la emoción o introduciéndola en la interacción, una de las posibilidades es mover sutilmente los labios, apretarlos y relajarlos, contraerlos, tornarlos en herradura y volverlos al estado normal, o fruncirlos como el típico puchero de los bebés.

Uno de los movimientos corporales más efectivos en la búsqueda de empatía con el paciente lo constituye el gesto de asentir con la cabeza. El mover la cabeza de adelante hacia atrás repetida y cadenciosamente mientras que el paciente habla es una forma de acompasar su discurso y una manera de expresarle que el terapeuta lo comprende. Este movimiento es el típico gesto de aceptación de la información, o más precisamente, es la confirmación de la recepción. Como cuando una persona responde afirmativamente con su cabeza, o sea, es una forma de decir sí.

Una manera sumamente estratégica de su uso es aplicarlo en el envío de información. El terapeuta en la medida que interviene verbalmente, acopla a su discurso este bamboleo de cabeza, buscando la mimetización en su interlocutor. Le aplicará diferentes ritmos e intervalos, según desee acentuar ciertos tramos de información. Este es un típico estilo de hipnosis ericksoniana en el que, conjuntamente con la aplicación de cierta tonalidad de voz, fluctuaciones de ritmo en el discurso, el terapeuta *amasa* la información de forma que sea introducida efectivamente. En esa mimetización, buscará el sí en el *partenaire*.

Su opuesto es el rechazo de la información. En realidad no se rechaza la información, lo que se repele o no se está de acuerdo es con el contenido. El terapeuta puede negar con su cabeza, más aun, puede acentuar el rechazo con el gesto de oler feo (frunciendo la nariz) y apretando los ojos y labios, cuando el paciente relata una acción que realizó o proporciona una opinión que resulta bizarra o desviada de la planificación del tratamiento, o repetitiva en relación a lo sintomático, etc. No hace falta decir verbalmente, este gesto es contundente, aunque también puede constituirse en el preludio de una intervención esclarecedora.

Trabajando con las manos, tronco y piernas

Las manos, en relación al lenguaje analógico, poseen un status relevante como comunicadoras. Ya sea por la autonomía de movimientos independientemente del habla, ya sea por la actividad que despliegan cuando se acoplan a la palabra, las manos se erigen como herramientas que modelan información, la dirigen, la orientan y le otorgan contundencia a los contenidos que se transmite.

Las manos en ademán de demostración, en un movimiento centrípeto con la palma para arriba, colocan información a disposición del interlocutor. A veces, se arremolinan girando palma y dedos hacia abajo –como quien revolviese con las manos el agua de la bañera detectando la temperatura– cuando se desea merodear sobre un tema o cuando el tema se presenta ensortijado o confuso. Cuando es más sutil el merodeo, el juego manual es tal cual se tomara un cucharón y se revolviese el agua de los fideos o una buena salsa.

Cuando se intenta dirigir una arenga o intervenir de manera directiva, el dedo índice en alto y de manera imperativa sobresale por sobre el resto de los dedos agazapados en la palma. Esta posición de la mano es la que ordena y organiza, posición que se refuerza cuando el terapeuta se pone de pie en el intento de colocar mayor énfasis en *up* corporal.

Una mano que toca la frente, que aprieta y pellizca el signo omega, es sinónimo de concentración o complicación, entre otras significaciones. Puede utilizarse como prólogo silencioso, para crear curiosidad y expectativa a lo que el terapeuta va a decir. Mientras que apuñetear una mano contra la otra da un sentido enérgico a la frase que se enuncia, la remarca vehementemente, hasta le otorga un toque de provocación un tanto agresiva pero respetuosa. En otras oportunidades, no es una mano contra la otra la que se golpea, es una mano contra el escritorio en ese mismo intento de imprimir relevancia al discurso.

Cuando el profesional, violando los lugares tradicionales, se acerca al paciente, también es factible que le golpetee un hombro, una rodilla, un brazo, acentuando el mensaje verbal con un impacto kinestésico. De esta manera, apelará a introducir información por multiplicidad de canales, no sólo remitiéndose al verbal. Las manos se vuelven enérgicas cuando se cierran como un puño y se esgrimen otorgándole fuerza al mensaje. Se vuelven suaves y cadenciosas, cuando bailan y giran: otrora palma arriba, otrora palma abajo. Dan señales de éxito cuando el dedo gordo se une al índice formando un círculo; de victoria, cuando se yergue el gordo por sobre el resto. Las manos se friegan como signo de expectativa y ganas de saber con *qué se viene el paciente en esta sesión*, alentando a que la persona hable porque existe un interlocutor ávido que espera escuchar. Se apoyan en la sien o se toman la frente, como señal de concentración y atención. También, las manos que se apoyan palma con palma en actitud de rezo y se colocan semitapando la boca, agudizando la mirada, otorgan un marco de concentración en el diálogo.

Las manos tocan otras manos en los momentos de contención, como muestra afectiva. Son manos que protegen, refuerzan la presencia del terapeuta. Son manos que abrazan, que se posan en un hombro, que se colocan de manera firme en las mejillas de la persona y hacen que los ojos del terapeuta se fijen en los del paciente. Son manos próximas que desestructuran el espacio tradicional del terapeuta, acercándose al lugar del paciente. Son las mismas manos que de cara al saludo de llegada, aprietan firmemente la mano del paciente expresándole *Aquí estoy para ayudarte.*

Nadie puede negar que el sillón del terapeuta es su trono y, más allá de que pueda dominar otros espacios del consultorio, desde este puesto trabaja y despliega todas las intervenciones. Aunque el terapeuta puede ponerse de pie como parte de la coreografía profesional, la tradición marca un diálogo donde pacientes y terapeuta se encuentran sentados.

Desde su asiento, el tronco también ejecuta una serie de movimientos intervencionistas durante la sesión. Un terapeuta se sienta firme y derecho cuando desea imponer un determinado mensaje de manera imperativa, aun cuando se complete con la gestualidad del rostro y la directividad del dedo índice. Contrariamente, se sienta casi agachado, encorvado en el sillón, simetrizándose con el paciente en una posición relacional por debajo, cuando se trata de enviar un mensaje de manera estratégica persuasiva y no directiva. Otra forma es colocar el cuerpo recostado en el sillón en una actitud de relajación, tratando de que el paciente tensionado se mimetice.

Un tronco experimenta rotaciones, colocando el cuerpo de forma lateral de la cintura para arriba y mirando de frente (que obliga al cuello a colocarse derecho), evitando la clásica posición de hallarse sentado casi rígidamente, e imprimiendo plasticidad a los juegos corporales. Ciertas torsiones, como el agacharse o encorvarse en el sillón, obligan a que el terapeuta se coloque más cercano al borde del mismo y apoye alguno de sus codos en sus rodillas. Esta posición crea un clima intimista y cercano afectivamente. Hasta si se quiere, puede bajarse el volumen de la voz en tono de secreteo, armando una atmósfera propicia para las más profundas confesiones.

Los hombros también juegan significados en sus movimientos. Por ejemplo, cuando se suben y se bajan, alientan al interlocutor a continuar hablando, más aun cuando se les adjuntan el elevar las cejas y el mentón, lo cual es como decir: *Y entonces...* En cambio, cuando se elevan y se coloca la boca en herradura, con un leve movimiento de cabeza y apertura de ojos, muestran los signos de poca importancia o de que algo tiene poco que ver. Subir uno solo suele acentuar un mensaje en concomitancia con el movimiento de una mano en forma directiva. O torciendo la cabeza hacia el mismo lado del hombro que se alza, semicerrando los ojos y elevando las cejas, se puede decodificar que algo categóricamente es así o que algo no tiene remedio.

En su sillón, el profesional puede estirarse y hasta desperezarse de manera natural y sutilmente. Esto quiere decir que no deberá transformarse en una foca o una morsa en actitud de desperezamiento, sino crear una atmósfera distendida que invita a estirarse y relajarse, cuestión de que pueda favorecerse el libre afluir de información.

Las piernas del paciente son observadas e interpretadas por el terapeuta. Bien es sabido que los anudamientos parten de las piernas hasta la parte superior del cuerpo. Remedarlos, endurecerse en el sillón, entrecruzar brazos sobre piernas anudadas son un interesante espejo para mostrarle al paciente cómo funciona su malestar y para inducirlo (hablando su propio lenguaje) a cambiar de una manera persuasiva e hipnoterapéutica.

El terapeuta puede sentarse colocando su cuerpo tal cual la boca de una trompeta en dirección a un integrante de la sesión, en pos de concentrar la atención totalmente sobre él, tanto en la escucha como en la emisión de un mensaje. Una pequeña trampa comunicacional consiste en realizar una intervención dirigida a un miembro de la familia pero centrando la mirada en otro. Por ejemplo, hablar de la dependencia de la esposa hacia su marido y su propia madre e, irónicamente, señalar que *Es muy feliz no siendo ella misma*, dirigiendo la vista al hijo que denuncia con sus síntomas lo que considera la infelicidad de su madre. El profesional concentra todo su cuerpo, su mirada, torso, manos y palabra en este integrante, aunque la intervención objete plenamente a otro al cual dará la espalda y ni siquiera mirará, mientras que habla acerca de él.

Acercarse y alejarse: el cuerpo en movimiento

Como hemos señalado anteriormente, ciertas intervenciones mediante el contacto corporal tienen un mayor efecto en el mensaje terapéutico. Principalmente, en aquellas situaciones donde surgen la emoción y la angustia, como ser situaciones de intensa tristeza, duelos, pérdidas, enfermedades graves, etc., la creación de una complementariedad contenedora hace que se amengüe el malestar y logren imponerse estrategias estabilizadoras.

Frente a una persona doliente, con su mirada al pecho, ensimismada, el terapeuta puede quedarse en su lugar y simplemente contener con su mirada, como si estuviese abrazando a la distancia. En otras oportunidades, esta misma contención se realiza en un *up* corporal observando en silencio al paciente y su situación; la técnica consiste en no tocar con el cuerpo pero sí con la mirada.

A veces, el terapeuta frente al ostracismo del paciente, merodea caminando reflexivamente, acercándose, agachándose en *down*, mirando en silencio. Puede sentarse al lado del paciente. No lo toca. Alcanza sutilmente un pañuelo de papel, que coloca en las manos del paciente, o le ofrece la caja. A veces, toma el pañuelo descartable y es él el que le seca las lágrimas. En ese merodeo, puede depositar una mano firme en el hombro de la persona o una caricia afectiva en la espalda o en la cabeza.

Un terapeuta cotejará en la espontaneidad de la interacción y fragor emocional si es necesario el contacto mediante un abrazo de contención. Cabe preguntarse: ¿quién es él para el paciente?, ¿quién es el que contiene al paciente? Es el papá, el hermano querido, el amigo que se murió, su madre a la que no ve hace años, o simplemente su terapeuta real y ninguno de estos fantasmas proyectados. ¿Cuál es el tipo de abrazo? Un abrazo de frente, pleno. O el terapeuta se sienta a su lado y coloca una mano en su hombro rodeando su espalda y lo aprieta con energía. O en ese merodeo, lo toma por la espalda con las dos manos y lo abraza; o de frente y de pie acomoda la cabeza del paciente sobre su pecho, tal cual un niño que se entrega a los brazos de su madre.

También, es factible acercar la silla al lugar del paciente, flexionar el cuerpo en actitud intimista. Pueden tomarse las manos de la persona y agachar la cabeza mirando el piso en actitud reflexiva, con las piernas abiertas como un embudo invitando a la protección. En esa posición, como hemos señalado anteriormente, se puede colocar una mano en la rodilla, golpetear sutilmente al ritmo de una intervención verbal y darle elocuencia al discurso.

Por último, la entrega de un vaso de agua es un gesto contenedor que cierra el estado de angustia y que marca el descenso del estado crítico. A la vieja usanza de los médicos tradicionales, el *vaso sanador* hace que el agua decante la angustia, ingrese un frescor en el organismo y extraiga esa pastosidad propia de la ansiedad y la tensión.

Un terapeuta debe *dejar llorar* a su paciente, o sea, el espacio terapéutico puede usarse en parte como un lugar de catarsis, de expresión emocional, manifestaciones que se capitalizarán a favor de la reflexión y del trazado de vías de solución. No obstante, deberá diferenciarse la categoría de personas de *llanto fácil*, aquellas que frente a cualquier situación se emocionan, que poseen un grado de sensibilidad elevado. Esas personas hacen que sea común y esperable este tipo de reacciones, y la expresión dolorosa no constituya un momento especial. De lo contrario, el profesional pasaría las sesiones en actitud contenedora. Tampoco, aunque sea un momento de recogimiento y angustiante, el terapeuta deberá –inexorablemente– tomar una actitud de contención.

Cuándo acercarse y cuándo alejarse son movimientos pautados por la interacción con el paciente. Un terapeuta que se halle libre con su cuerpo en movimiento en el espacio terapéutico detectará naturalmente cómo debe acoplar su cuerpo al del paciente. Ese acople estructural es la armonía coreográfica de las interacciones humanas. El profesional, seguro de sí mismo, aunque no omnipotente, sabrá cuándo, en el libre fluir de los movimientos terapéuticos, deberá acercarse contactando su cuerpo con el del paciente, cuándo se acercará sin tocarlo, cuándo se alejará y tendrá presencia con su mirada, cuándo deberá salir del campo. Se dará cuenta (o al menos lo intentará) de cuáles son aquellos pacientes cuyo llanto se erige como una demanda afectiva o enlace seductor-erótico con el terapeuta, o como la búsqueda de una mamá o un padre protector, estableciendo complementariedades rígidas y homeostáticas.

Más allá de la importancia que reviste la gestualidad, ademanes y posturas corporales –los movimientos *gruesos* del terapeuta– son realmente intervenciones que pautan la interacción ya no de manera sutil. Más bien son técnicas y estrategias alevosas y muy visibles al ojo humano, que resultan intrusivas en las interacciones en el intento de gestar nuevos juegos y dinámicas. Estos movimientos, en su mayoría, implican una transgresión a los espacios convencionales donde se sitúa el profesional, es decir, un terapeuta debe tener la suficiente flexibilidad para abandonar su silla e ir en busca de otros espacios dentro del consultorio. Debe conocer su cuerpo en ese espacio, en conjunción con otros cuerpos. Sus movimientos nunca deben perder armonía y estética. Esa coreografía relacional es una amalgama interactiva a veces provocatoria y confrontativa, a veces sutil y persuasiva.

Un terapeuta familiar siempre deja unas sillas libres en su despacho. En principio, estará alerta a cómo se sientan los integrantes de la familia. Si la pareja de padres elige sentarse juntos o se hallan en los extremos intermediados por los hijos. Si los cónyuges aparecen fuertemente unidos en una parte y por la otra una fratría simbiótica los rivaliza, o existe un hijo que se halla en el medio. Si una pareja deja sillas libres entre ellos, si se sientan a ambos lados del terapeuta, si se enfrentan, si dejan una silla libre entre ellos y la cargan de abrigos, carteras, diarios, etc. En síntesis, hay un sinnúmero de combinaciones de uso del espacio por parte de la familia o de la pareja, pero poco se ha desarrollado acerca de las estrategias de movimiento del terapeuta.

Un terapeuta puede usar esas sillas, tomar cuerpo en esos lugares de ausencia, hablar desde esos sitios, explicitar las faltas. Puede incorporarse en diferentes sillas y en diferentes momentos de la sesión, buscando jugar con las distancias, acercándose y alejándose de manera repentina o paulatinamente. Puede colocarse en el extremo contrario de un participante e intervenir desde allí, necesitando elevar el tono de su voz. Acercarse a otro y hablarle cuasi secreteando. Ponerse de pie y trabajar con la familia o la pareja en un *up* corporal, como también agacharse reflexivamente al lado de un miembro resistente y buscar que calce alguna de sus intervenciones.

Puede usar esas sillas libres y darles el cuerpo de los hijos que presencian la discusión enfervorizada de una pareja de padres cuya escalada de agresión verbal no respeta tiempo, ni lugar. Discusiones ensimismadas, que hacen perder la dimensión de la presencia de los hijos en la casa mientras se desarrollan. Entonces, mientras que los cónyuges discuten en la sesión –reproduciendo fielmente la violencia doméstica– el terapeuta coloca dos sillas en las que sitúa imaginariamente a los dos hijos adolescentes. Cuando se produce un alto en la escalada, pregunta a la pareja imprimiendo un tenor de tristeza a sus palabras: *Qué dirían sus hijos mientras que ellos discuten…*

De la misma manera, la maniobra de la *foto de los hijos* se encuentra en la misma dirección. Un terapeuta de pareja solicita a cónyuges discutidores y agresivos, en la primera entrevista y en el caso de que tengan hijos, que asistan a la próxima sesión con las fotos de ellos. Colocará los portarretratos en un lugar visible, tanto para la pareja como para él. En tanto la pareja escale niveles de violencia, escaladas que hagan perder el control, que provoquen dolor, que lastimen. Escaladas que enfrasquen a la pareja y generen una descolocación del contexto en donde desarrollan la discusión, que hagan perder la consciencia de dónde y en presencia de quién expresan sus *demonios* verbales y gestuales. En esos casos, el terapeuta desarrollará un juego de miradas en secuencia: una mirada a la pareja mientras discute y una sutil mirada dirigida a las fotografías, repitiendo la misma operación en varias oportunidades hasta que los integrantes de la batalla se alerten y se produzca el ansiado silencio, y el terapeuta quede como hipnotizado por la foto de los niños. Esta maniobra puede constituirse en una intervención que no sólo haga cesar la discusión, porque desfocaliza la atención centralizada en la escalada, sino que introduzca una cuota de culpa en estos padres. Culpa, por tomar consciencia de la angustia que estos hijos deben sentir presenciando sus discusiones.

Si este juego no alcanza para que la escalada cese y los padres se conciencien de su nivel de violencia, el terapeuta podrá anexar a la dinámica paraverbal algunas palabras de alto vuelo emocional, jugando con los silencios e imprimiendo cierta cadencia a sus expresiones: *¿Qué estarán sintiendo estos hijos ahora mientras presencian la discusión de sus papás?* O elevar la apuesta: *¡Cuánto dolor, cuánta angustia sentirán Jorgito y Carolina mientras Uds. se agreden!*

Por supuesto que este tipo de intervenciones no serán necesarias en el caso de discusiones normales y funcionales, es decir, discusiones o rencillas que conlleven el control y dominio de los participantes. Situaciones que no hagan perder la consciencia del aquí y ahora de la discusión, que respeten al resto de los integrantes, que no triangulen a otros miembros y no se escale en tensión.

Claramente, puede tildarse a estas intervenciones como una manipulación o *psicopateada* del profesional. Y se está en lo cierto. Estas manipulaciones terapéuticas son llaves estratégicas, vías de entrada de información mediante *golpes bajos*. Muchas parejas no producen cambios por ellos mismos, pero sí llevan a cabo modificaciones por el bienestar de sus hijos. Cónyuges que no se sacrifican por la pareja, pero que cuando se parentalizan, se convierten en padres abnegados y sacrificados. Entonces, si la preocupación parental puede ser la puerta de entrada para cambiar la recursividad disfuncional de la pareja conyugal, bienvenido sea este acceso: el terapeuta está previniendo, por ejemplo, en el caso de los hijos, futuros adultos con dificultades afectivas o en la constitución y elección de pareja, etc.

La terapia, así, se describe viva y llena de movimiento. El cuerpo del terapeuta flexible y oportuno, se introduce en el espacio pidiendo permiso o entrando a los codazos haciéndose lugar entre la gente. Se vuelve intrusivo cuando, por ejemplo, se entromete sentándose en medio de una pareja con dificultades de entendimiento y juega entre ambos a codificar la información. Mira al señor que le comenta algo dirigido a la esposa. El terapeuta le secretea a la mujer modificando la forma de lo que intentó transmitir el marido gruñendo. Se impone la risa. La situación linda con el absurdo, pero parodia provocativamente lo que sucede en la pareja.

Mientras tanto, el terapeuta, anudado en medio de la pareja, admite que ellos necesitan un interlocutor, pero reconoce que es sumamente incómodo estar en el medio. Señala, así, cuán difícil deberá resultarle al hijo menor estar sintomáticamente en el medio y erigirse como juez de las acciones de ambos. Juez que se siente culpable si dicta su veredicto a favor de alguno de los padres, puesto que se ganará el odio y la bronca del que no ha salido favorecido en la elección. Por lo tanto, semejante entrampe comunicacional le genera ansiedad, e incrementa la sintomatología denunciante de este callejón sin salida.

El terapeuta, entonces, no sólo ocupa las sillas vacías, cambia de lugar con los integrantes. Saca al padre de su lugar y coloca al hijo mayor, que es el que ejerce la función de esposo de la madre. Acerca el asiento a una hija para que se ubique al lado de su papá viudo, hija que se ha hecho cargo de sus hermanos menores. Enfrenta a la pareja como rivales en una contienda cara a cara y no los deja que se intermedien con él. No permite que hablen del otro mirándolo a él y solicita (más bien ordena) que todo lo que critiquen del *partenaire* lo hagan en forma directa, o sea, enseña a la pareja una modalidad de comunicación frontal. Saca al hijo de las fauces de la madre sobreprotectora y lo coloca lejos, reubicando al padre en el lugar de su elección: el esposo, posición que le incomoda, por tal razón se escapa trabajando horas extra.

Un terapeuta se sienta en el epicentro de la familia, rodeado de la pareja de padres y de los hijos, en el intento de alcanzar poder en sus intervenciones dominar corporalmente todos los flancos, de cara a un padre descalificador que intenta socavar su poder terapéutico. Por ejemplo, sienta a un padre intelectualizador y coloca a su hijo rebelde y le pide que, en cambio de criticarlo, le diga a su padre que necesita afecto. Toma a una hija que insulta al padre dictador y autoritario, busca en ella la angustia e intenta sentarlos frente a frente, los ase de la mano y mirándose a los ojos la niña debe traducir la bronca en pedido.

El terapeuta, en estos movimientos, se ve obligado a agarrar de la mano a los participantes, tomarlos del brazo, acompañarlos empujando la cintura sutilmente, dirigir los cuerpos suave y enérgicamente, sentarlos y ponerlos de pie. Toma los rostros y delinea hacia donde se debe dirigir la mirada, enfoca el cuerpo en la posición correcta para generar equilibrio o entropía en las relaciones. Toda una danza conducida por un coreógrafo inteligente y artístico.

Aunque puede no sólo ser el epicentro y ejercer el control cuasi alevoso, puede mantenerse en forma perimetral y rondar por la periferia física y contextual de la familia. Mantenerse *lejos* o fuera de la ronda grupal, de pie, observando el juego desarrollado, lo que permite otra visión, una visión macro, a vuelo rasante sobre la familia. O mirar a la pareja con la suficiente distancia de una mirada fotográfica.

Es como obtener una instantánea de los movimientos y de la dinámica relacional. El hecho de no encontrarse en el centro físico de la escena, no implica que el terapeuta no continúe controlando. Controla y tal vez aun más, ya que la observación se vuelve panorámica.

El estar de pie hace que el terapeuta ejecute señalamientos apoyado en un *up*, lo que acentúa la directividad y la orden o el imperativo.[26] El terapeuta rondará entre los participantes o podrá levantarse de su sillón con el objetivo de realizar una intervención enérgica. La asimetría corporal por arriba permite adjuntarle al discurso vehemencia, energía, directividad y, fundamentalmente, un canal de intrusión disruptivo en pos de acentuar la eficacia de la transmisión. El rostro que arruga la frente, la mirada que se sostiene en la mirada a un integrante (siempre que sea dirigido hacia uno) o hacia todo el grupo, el dedo índice erguido, por ejemplo, son gestos que refuerzan la potencia del mensaje.

En ocasiones, las intervenciones se realizan alejadas del sistema, por así decirlo. Un mensaje se puede colocar en el centro del sistema familiar desde la periferia física. El terapeuta mira por la ventana, se acerca a su biblioteca. No mira a la familia, le da la espalda. Crea el clima para lanzar su bomba verbal. También, solamente crea el silencio que es, en sí mismo, una intervención. Un silencio conciliador y amortiguador de situaciones desagradables.

Pero las intervenciones de pie no solamente establecen asimetrías por arriba. El terapeuta se acerca a la pareja, apoya una mano en el respaldo de la silla, se agacha en asimetría por debajo, secretea y trata de imponer sutilmente la emoción a su discurso. Intenta conciliar, mediar. Se coloca

---

[26] Recordemos que las órdenes se ejecutan en un juego de poderes asimétricos. Desde las relaciones más primitivas, como de hecho es la relación padres-hijos, la mirada del que acata es hacia arriba, mientras que la que ejecuta la imperación es de arriba hacia abajo.

por debajo con la madre desvalorizada de la familia, al segundo se pone de pie y mira inquisidoramente al padre y al hijo menor que descalifican a esta mujer, interviene, entonces, de forma imperativa.

Toda esta danza de arriba y abajo corporales, esta coreografía entre cuerpos y palabras, debe realizarse de manera natural, sin sobreactuaciones no creíbles. No deben accionarse maniobras bruscas y menos torpes. El movimiento debe *calzar*, tal cual calza el verbo, la alocución medida o la palabra estricta. Se debe esperar, cerrar el clima, entrar en sintonía, graduar el énfasis y atropellar o, más bien, rozar si se quiere. Eso es: una danza.

En otras oportunidades, cuando los empastes comunicacionales entre los integrantes de la pareja o de la familia hacen que las escaladas encuentren terreno fértil para su crecimiento, y cuando las tentativas verbales por destrabarlas son inútiles, el terapeuta puede ponerse de pie, caminar de manera reflexiva, dar la espalda a la escena crítica y en silencio *huir* metafóricamente por la ventana. Esta acción también mide el grado de ensimismamiento que tiene el sistema por sobre el problema, la disfuncionalidad comunicacional y la escalada. Se chequeará cuánto tiempo tarda el sistema en percatarse de la ausencia del terapeuta frente a ellos.

Puede redoblarse la apuesta, cuando la familia no se ha dado cuenta. El profesional, abre la puerta del consultorio y aprovecha para consultar al equipo que está viendo esa situación. Observa, entonces, a través del espejo, si se han callado, si se han dado cuenta de la ausencia, si murmuran, etc. Hay parejas, por ejemplo, que no se percatan en absoluto de la ausencia del profesional y continúan discutiendo como si nada. Cuando amengua la escalada, el terapeuta regresará y acompañará la acción con una intervención verbal, en general de un tenor emocional fuerte que sintonice con el fervor de la escalada. Una cruel y descarnada manipulación, un golpe bajo que acierte al corazón de los participantes y que les ayude a tomar consciencia del dolor y del daño. Una intervención que transforme la bronca en angustia o tristeza.

También puede desenvolverse el proceso inverso. El profesional suelta al sistema una intervención de grueso calibre emocional. Lanza una granada que moverá los diferentes estamentos del sistema y desaparece del campo. Puede pedir permiso para salir unos minutos. Puede retirarse en silencio observando a cada uno de los participantes. Puede pretextar necesitar un vaso de agua, una consulta al equipo, buscar un teléfono, inspirar aire fresco, etc. Regresará después de unos minutos para ver cuáles fueron los efectos de la intervención.

Es claro que estas sorpresivas salidas del contexto de la sesión no deben efectuarse con sistemas que jueguen con la violencia, tanto verbal como física. Aquellos sistemas que convierten rápidamente los contextos en *ringsides*, prestos a terminar en sacudidas, bofetadas, empujones, etc. En ellos, el terapeuta restará inamovible de la consulta y sumamente atento a la posibilidad de que una mano acabe en el rostro de alguno de los integrantes.

Siempre recuerdo a una madre que trae a consulta a su hija adolescente sintomatizada por pequeñas ausencias epilépticas, totalmente emocionales y, por lo tanto, selectivas. Por el relato de la madre, eran evidentes las disfunciones de la pareja de padres y decidí, entonces, entrevistar a ella y su marido en la siguiente sesión. En esa pareja imperaba la violencia: la esposa deseaba separarse de su marido, un hombre de 57 años con claros visos de psicopatía y sumamente autoritario y descalificador. Ella le manifestaba sus ganas de separarse pero, además, su miedo a las agresiones hacía ambivalente su decisión, razón que motivaba a la violencia a su marido. Él, con un cáncer arrasador, desbastado en su autoestima, más delgado y pelado por la quimioterapia, la manipulaba culposamente apuntándole el abandono de su pobre persona.

Nunca escuché a una persona *vomitar* insultos de semejante creatividad y violencia verbal: *Te voy a meter en la vagina un ejército de ratas, Te voy a arrancar las tripas y te las voy a hacer comer*, eran expresiones dignas de un torturador de la última dictadura militar argentina. A esos irrefrenables insultos y golpes verbales, esperaba un golpe real. Mi cuerpo siempre estaba tensionado y a la expectativa de la llegada de un empujón o una trompada. Hasta que llegó. No alcancé a evitar el revés que le colocó a la mujer en la mejilla con una agilidad casi felina. Solamente atiné a lanzarme sobre él y hacerle un abrazo de oso enérgico y arrinconarlo a un ángulo del consultorio. Le pedí que se fuera, mientras tanto yo intentaba levantar a su mujer del piso. Lógicamente, con este tipo de relaciones, se debe ser muy cauteloso en la aplicación de ciertas estrategias corporales.

Otra forma similar de salir del campo de disfuncionalidades relacionales no violentas consiste en acercarse a la cocina del consultorio y preparar un café; por supuesto que con el rabillo del ojo es posible seguir la situación, hasta es factible intervenir desde la cocina –apenas se haya encontrado un hueco de silencio entre comunicadores– invitando a los participantes un café. Buscando un corte, la excusa de la búsqueda de un vaso de agua es un recurso aprovechable a manera de desestructurar el avance de la bola de nieve. A veces, puede hacerse explícito el porqué el terapeuta se ausentará del recinto. El terapeuta se pondrá de pie y colocando una mano con el típico gesto de freno, ofrecerá un vaso de agua o un café a los miembros de la familia. No dirá que cesen la discusión, sino que descontextualizará a los pacientes con un ofrecimiento.

Estas descontextualizaciones tienen su raíz en la hipnosis ericksoniana. La técnica de la confusión propone dimensiones insólitas y arbitrarias que alteran la lógica racional de los integrantes de la sesión. El terapeuta puede hacer un silencio, creando intriga y curiosidad a la vez, y señalar cosas superficiales o preguntar de manera tonta o rudimentaria. Muchos pacientes quedan pensativos en la creencia de que la intervención del terapeuta encierra un mensaje oculto que debe interpretarse.

Simplemente, en ciertas ocasiones, el sencillo hecho de que el profesional se ponga de pie crea silencio en los pacientes o detona preguntas. Este movimiento del terapeuta hace que los integrantes perciban la acción y se vean obligados, por así decirlo, a desviar el foco de la atención, que se hallaba centrado en discutir. El pretexto puede ser la búsqueda de un libro en la biblioteca. El terapeuta observa y observa entre sus libros, una frase, una poesía, un cuento, aquel texto que puede brindar un mensaje eficaz para los pacientes. En otras ocasiones, su búsqueda es infructuosa pero ha cumplido la finalidad, distraer el foco y centrar el análisis en lo que les está sucediendo a los participantes. Chequeará su sentir, explorará las emociones y reflexiones mediante preguntas circulares, elaborará ciertas conclusiones parciales.

En otros momentos, en reemplazo de la biblioteca, saldrá de su sillón y se concentrará en la pantalla de su computadora. Creará silencio e intriga. Llamará a los integrantes para que escuchen de cerca un relato, una historia apropiada para la situación problemática. Una forma de desarrollar parte de la sesión consiste en caminar en actitud reflexiva y pensante. Esta estrategia hace que el paciente siga con su cabeza los movimientos del terapeuta favoreciendo la concentración en su discurso. También, saca al terapeuta del sopor y la relajación en demasía, que lleva a que se enraíce con los brazos de Morfeo, pero no siempre porque el paciente resulte aburrido o por negación, simplemente por cansancio o sueño.

Un terapeuta camina, se frena, mira a la nada reflexionando, se apoya en un mueble, mira al paciente a la distancia, mientras continúa escuchando el relato. Se detiene, observa y señala, interviene enérgica o suavemente. El caminar amplía notablemente el espacio donde se desarrolla la sesión. Se expande más allá de los lugares estipulados por las sillas. Juega con las distancias de manera móvil. Va y viene. Se sienta y se pone de pie. Estas acciones otorgan vehemencia a las intervenciones, obligan a levantar o bajar el tono de voz y a que los participantes sigan con la mirada al terapeuta incrementando la concentración.

También, y como lo indica el modelo psicodramático, el terapeuta puede activar los cuerpos de los participantes mediante las dramatizaciones y el *role playing*. Reactualizará, así, sentimientos, reflexiones, acciones, a través de escenas pasadas que se recuerdan confusas o conflictivas, escenas que necesitan ser nuevamente llevadas a la acción en pos de resolverlas o trazar caminos de acción, o escenas fantaseadas que están por venir, deseos no realizados o proyectos futuros con intención de reprogramarlos. A veces, colocará a un padre en el lugar de su hijo, y al hijo en el rol de su papá. Otras, invertirá roles en una pareja rígida. En otras oportunidades, es una madre que lidia con una hija o con su propia madre.

Entonces, conectará a cada uno de sus pacientes haciendo del otro. Los encajará en cuerpo, pensamiento y emoción. Los hará dialogar. Guiará la conversación y acentuará las partes que le resultarán más relevantes para cada uno de los integrantes. Pedirá, al cierre, qué es lo que descubrieron o se dieron cuenta a través del ejercicio. Hará una devolución que aúne cuerpos, palabras, acciones, pensamientos, afectos y emociones. Un todo homogéneo.

Silencios que hablan

Es el primer axioma de la comunicación humana, que señala que *es imposible no comunicarse* (Watzlawick, Jackson y Beavin, 1967), el que da cuerpo teórico específico para afirmar que los silencios *hablan* por sí mismos. Son numerosas las oportunidades en las que los silencios conforman ciertas lagunas en el diálogo terapéutico. Muchas personas intentan llenar esos vacíos de palabra atiborrándolos de verborragias superficiales y suntuarias. Estas actitudes, rayanas con lo maníaco, hacen sucumbir momentáneamente la angustia que las subyace. En este sentido, el cubrir esos huecos de silencio evita, como defensa, entrar en la angustia de cuajo, angustia fruto de los conflictos en que la persona se halla involucrada.

Resultaría imposible elaborar una clasificación de los silencios. No sólo que denotaría un gran subjetivismo, sino que dependería de la relatividad que implica la atribución que codificaría el interlocutor. Los silencios durante los diálogos humanos, y en especial en la psicoterapia, resultan un blanco fácil para la construcción de categorizaciones. Y, de por sí, todos los silencios podrían rotularse con diferentes tipologías, teniendo en cuenta que de ninguna manera son todas (sabemos que se constituye en utopía tipologizar la comunicación).

Las categorizaciones son inherentes a la cognición humana, como lo hemos desarrollado anteriormente. Cada vez que percibimos, trazamos una distinción (Spencer Brown, 1973), es decir, construimos universos de universos perceptivos. Epistemológicamente, son infinitas las posibilidades de trazar distinciones en la observación, además de que las calificaciones, adjetivaciones, descripciones son en sí mismas distinciones perceptivas. Las categorizaciones son tipologías que sugieren un proceso de mayor abstracción. Bajo una categoría se incluyen un sinnúmero de distinciones. Por ejemplo, un rótulo diagnóstico se encuentra conformado por una serie de signos descriptivos que le dan cuerpo y sustento a la patología.

Los seres humanos vivimos e interaccionamos atribuyendo categorizaciones a las acciones. Más aun en aquellas que no competen al lenguaje verbal propiamente dicho, como ser el lenguaje analógico, donde se hace mayor hincapié para proyectar la atribución que se crea más adecuada. La categorización emergente es un supuesto que de no preguntarse sobre este, o explicitarlo, se corre el riesgo de construirlo en realidad, tal cual una profecía autocumplidora.

En el caso de la psicoterapia, como en cualquier diálogo humano, es importante, entonces, no quedar fijado a la categorización e intentar metacomunicar, aunque sea sobre la suposición que tiene el terapeuta sobre el tipo de silencio emergente, por ejemplo: *¿Estás pensando?* / *¿Es angustia lo que sientes?* / *¿Te fuiste al pasado?* O una pregunta más abierta acerca del silencio propiamente dicho: *¿Qué significa este profundo silencio?* / *¿Qué me dice este silencio?* / *¿De qué habla este silencio?*, etc.

En las intervenciones que tienen que ver con el lenguaje analógico, la instrumentación de los silencios en diferentes momentos de la sesión producen efectos que enzarzan desde una redefinición, un cuento, la aplicación de la metáfora, hasta el prólogo de la venta de una prescripción. En un silencio del paciente, el silencio del terapeuta puede ser una compañía contenedora, por ejemplo, aunque también puede resultar provocativo. Todo depende del tramo de la secuencia del diálogo y el impacto por sobre las vivencias de los pacientes. Cualquiera fuese el motivo que originó el silencio, es un momento propicio para la observación aguda, por parte del terapeuta, de todos los rasgos paraverbales del paciente, como la gestualidad del rostro, la postura corporal y, principalmente, la mirada. Estos signos permiten, pregunta mediante, codificar la gestualidad e indagar acerca de tal categorización.

Existen silencios de *aburrimiento*, aquellos que surgen cuando un tema o un problema se repite y se repite, sin encontrar eco de solución en la acción. No solamente el terapeuta se aburre con el discurso de siempre, sino que es el mismo paciente o pacientes, que se aburren hablando más de lo mismo con más del mismo resultado. En muchas ocasiones, este silencio es fruto de la queja. El paciente se queja, critica y rumia, mientras tanto, se sumerge en la inacción. El tedio que produce en el silencio puede ser acompañado de un gesto del terapeuta que lo demuestre provocatoriamente.

En otros momentos se observan silencios de *resistencia*, en donde los pacientes rehúyen a ingresar al trabajo del problema que los aqueja. Hacen silencio mientras juegan perimetralmente rondando sobre lo que les sucede y realizando banales comentarios, hasta que el libreto de la huida concluye. Cual *film*, el terapeuta observa y observa hasta dónde se piensa llegar. Isomórficamente, esto sucede fuera del consultorio con la vida misma del paciente. El terapeuta puede denunciar este juego de manera intempestiva o, simplemente, observar y sonreír irónicamente, en el intento de generar la pregunta curiosa del paciente acerca de su actitud.

Hay silencios de *reflexión*, cuando luego de una intervención provocadora o redefinidora se establece un silencio pensante. La persona masculle el señalamiento del terapeuta, asocia y comprende, o por lo menos intenta pensar acerca de lo que se le señaló. Mueve sus ojos y los fija en un punto. Se toca o se rasca la cabeza, se aprieta el entrecejo.

Muchos son los silencios de *angustia* que surgen en la terapia. En general, son fruto de una situación conflictiva que afecta profundamente las emociones y no produce efecto de palabra, sino un llanto silencioso. Un silencio de este tenor puede surgir también en relación a una intervención terapéutica de fuerte tenor afectivo. Los silencios, en determinados momentos de escalada en una pareja o en una familia, adjuntando cierto gesto de tristeza en el terapeuta, pueden resultar un golpe bajo. A veces, logran cerrar una recursión y un estilo de interacción agresivo y sumerge a los integrantes en un largo silencio de angustia. Un señor fija su vista al piso. Una señora asoma sus primeras lágrimas. Un niño se tapa sus oídos y un adolescente mira hacia afuera intentando tragar saliva.

Por otra parte, se encuentran los silencios de *desinterés,* en donde la persona asiste a la terapia por decisión de otros. Un adolescente que es mandado por sus padres, o el silencio de un esposo que fue traído a la consulta mediatizado por la presión de su mujer. O un hijo que asiste por compromiso a la sesión familiar. No se trata de descreer del tratamiento, sino de resistencia o de falta de incentivos o motivación, también de falta de consciencia de la importancia del problema o de la existencia de problema.

Silencios de *descreimiento,* en donde las personas no creen en absoluto en la psicoterapia y se encuentran asistiendo a una sesión para consultar por un hijo, o mandados por la escuela o por cualquiera de las razones que justifican al tipo de silencio de desinterés. En general, del descreer de la efectividad de la psicoterapia, resultan racionalizaciones que ocultan los temores y miedos a enfrentarse con situaciones críticas a resolver. A veces, los maridos o padres que llegan casi obligados, después de unos minutos de silencio en donde el terapeuta intentó empatizar en vano, serios, comienzan a hablar prologando con un *Le quiero aclarar que yo no creo en la terapia.*

Se encuentran silencios de *desafío,* donde la persona asiste a la sesión, no sólo descreyendo de la efectividad de un tratamiento, sino también con la secreta intención – como señala Watzlawick– de *derrotar al experto.* Este tipo de silencio espera la intervención del terapeuta con la secreta expectativa de confrontarla o negarla. Son los pacientes que utilizan como muletilla de comienzo de discurso un *No pero, no...* Muchos de ellos, manipuladores alevosos o encubiertos, se sonríen o dan cátedra, asimétricamente por arriba del profesional, en un arranque de soberbia u omnipotencia.

Están los silencios de *expectación,* donde el paciente con notables ganas de expresar lo que le sucede, acelerado por resolver su problema, vuelca un borbotón de historias, frases y anécdotas, y espera ansiosamente la devolución del terapeuta. Aquí, son muy altas las expectativas colocadas en la psicoterapia y en la palabra del profesional. La persona mira de manera insistente al profesional, con el cuerpo encorvado hacia delante de su asiento, y a la espera de respuesta, traduce con su cuerpo: *¿Ud. qué piensa de lo que me sucede Dr.?*

Los silencios de *desconcierto* son aquellos que se establecen de cara a una intervención paradójica, o que resulta inentendible para el paciente, o porque altera la lógica racional. También, simplemente, porque cuenta algo que le ha sucedido y no entiende el porqué, o se halla confundido con los hechos o actitudes propias o de sus interlocutores, etc. Estos silencios de desconcierto buscan la respuesta en el terapeuta. La persona mueve la cabeza como diciendo *¡No puede ser…! No entiendo…* y mira al profesional en actitud de espera para hacer entendible la situación.

Otros silencios observan a la *rabia*. Son silencios que transforman la angustia en bronca. La persona, en el silencio, se muerde los carrillos, mueve la mandíbula, contrae sus puños, en ocasiones golpea un puño con otro, se contractura. Son el resultado de conectarse, entre otras cosas, con historias de dolor, de vivencias de haber sido manipulado, de muertes injustas, de intervenciones terapéuticas provocativas o irónicas.

Hay silencios que simplemente muestran un estilo *telegramático* de comunicación. Son personas que, por lo general, hablan poco y cuando se disponen a contar alguna historia, no entran en detalles ni en anécdotas anexas, son, más bien, *guturales* en sus expresiones. Muchos de ellos son tímidos o vergonzosos o desvalorizados que creen tener poco para aportar en las conversaciones.

Otras veces, los silencios tienen que ver con la *atención* o el respeto hacia el interlocutor. Un terapeuta habla y la persona se halla atenta a lo que se está señalando. Algunas personas –como señalamos– poseen un estilo de telegrama, hablan poco y son mayormente escuchadores. Otros simplemente se hallan concentrados en lo que se comenta en la sesión y no interrumpen. Ese estilo reproduce cómo la persona funciona con otras personas, es decir, no se trata de que sea atenta solamente cuando habla el terapeuta, sino cuando habla el resto de los integrantes, por ejemplo, de una familia. Aunque a veces se muestra lo contrario: se tiene un excesivo respeto por la palabra del profesional y resulta invasivo y descalificador con el resto de las personas.

No obstante, realizar una clasificación de los silencios podría llevar prácticamente un tratado de ciencias de la comunicación humana. Es que los silencios (como se observa en este breve desarrollo) son factibles de ser categorizados y, de esta manera, lograr introducir o tomar un dato más de los mensajes analógicos. Tal codificación alienta, en la dialéctica de la psicoterapia, a construir significados variados que permitan perturbar la interacción disfuncional y homeostática. De más está aclarar que es importante la prudencia en la categorización. Un error debido a una categorización errónea puede llevar a mayores niveles de confusión en el discernimiento e interpretación del caso.

El equipo y el espejo unidireccional

El uso de la cámara Gesell es una tradición en terapia familiar. Las primeras investigaciones con familias, desarrolladas en el Mental Research Institute, cuyos resultados arrojaron una de las teorías fundantes de la conducta esquizofrénica –La Teoría del Doble Vínculo (1962)–, tuvieron como protagonista al espejo unidireccional, más allá de las ahora viejas filmaciones en cintas de 8 mm.

En aquella época, los estudiosos de la comunicación humana se encontraban aplicando el modelo de la Cibernética y de la Teoría general de los sistemas a los circuitos humanos. El traslado de estas ideas que venían de disciplinas como la ingeniería y de ciencias como la física sentaron las bases para una nueva epistemología de la comunicación. Se entendió, entonces, que toda conducta es comunicación y que hasta el silencio comunica. Este postulado ampliaba el concepto del acto comunicativo más allá de la palabra, es decir, la comunicación trascendía el carril de lo verbal propiamente dicho.

Nació así una pragmática de la comunicación humana, cuyas ideas y diversas conceptualizaciones se hallaron sintetizadas en el texto *Pragmatics of Human Communication* (*Pragmática de la comunicación humana*, 1967) de la mano de P. Watzlawick, J. Beavin y D. Jackson, y en *Steps to an Ecology of Mind* (*Pasos hacia una ecología de la mente*, 1970) del famoso antropólogo Gregory Bateson.

En los finales de la década del 50 y comienzos de los 60, los investigadores Jay Haley, J. Weakland, W. Fry, liderados por G. Bateson y con el auxilio del psiquiatra D. Jackson, pasaban horas observando a familias detrás del espejo unidireccional, como también cintas de filmaciones de 8 mm y escuchando grabadores a cinta. El afán era registrar exhaustivamente los contenidos que expresaban los miembros de las familias, cómo se expresaban, las interacciones que desarrollaban explorando tanto los aspectos verbales como los analógicos. Así pudieron conceptualizar cómo, fundamentalmente, la madre de la víctima (el esquizofrénico) enviaba mensajes contradictorios en distintos niveles pero de manera simultánea. Y concluyeron que de repetirse en el tiempo y con cierta regularidad, se socava y destruye la lógica racional (principalmente los niveles lógicos) que todo ser humano necesita para funcionar con una cuota de coherencia en su pensar, sentir y actuar. Es decir, la víctima se vuelve loca.

En esta investigación paradigmática, el espejo unidireccional adquirió un gran protagonismo y lo que fue el trabajo con familias a nivel investigativo pasó a constituir un modelo terapéutico. Un modelo cuyas bases conceptuales desestructuraban la epistemología lineal reduciéndola solamente a un tramo de circuitos circulares de niveles lógicos superiores.

Un modelo que rompió con viejos dogmas y certezas, que cuestionó el convencionalismo de la terapia individual incorporando otros miembros al espacio terapéutico.

Una familia, una pareja, una fratría, un grupo social, un círculo de amigos pueden participar de ese espacio si así fuese necesario. Con la nueva tecnología de los equipos de DVD y de vídeo, se registran de manera sencilla las sesiones de psicoterapia para que el equipo profesional estudie a posteriori y archive de manera visual el seguimiento de casos. No obstante estos avances tecnológicos, el espejo unidireccional continúa teniendo una fuerte presencia en la terapia sistémica.

Bajo el patrimonio de que *Ocho ojos ven más que dos* (en el caso de que haya un terapeuta en el consultorio y el equipo que se encuentre detrás del espejo esté compuesto por tres personas), la escena de la terapia sistémica describe a uno o dos terapeutas de campo y a un equipo de terapeutas detrás del espejo comunicados por el intercomunicador.

Uno de los problemas principales en las lides de la terapia familiar consiste en el procesamiento del caudal de información que se obtiene en la presencia de los integrantes de la familia y del sistema en general. Si la información que circula en una sesión individual ya de por sí implica la asimilación por parte del terapeuta de una serie de datos que sería utópico almacenar y concienciar a todos los que se transmiten, una sesión familiar multiplica toda esta serie de estímulos. Aunque no sólo por ser mayor cantidad de integrantes, sino por la recursividad de la información y las infinitas retroalimentaciones que circulan.

Una solución a este tema fue el enfoque de la co-terapia. El uso de la dupla terapéutica permite, en la medida que los terapeutas se complementan, intervenir de manera variada y organizada. Mientras, por ejemplo, un terapeuta es el que lleva la iniciativa de la sesión, el otro lo respalda mediante la mayor observación y el registro escrito de expresiones o lenguaje analógico.

Los terapeutas grupales, hace muchos años, han adoptado esta forma de trabajo, donde es uno el que avanza y el otro queda en la retaguardia. Uno el que confronta y el otro el que connota positivamente. Aunque más allá de que esta pueda constituirse en un estilo de personalidad de cada uno de los integrantes de la dupla, la singularidad radica en que estos roles no se desenvuelvan de manera fija o estática, sino que puedan ser intercambiables. Un terapeuta podrá ser mordaz e incisivo en alguna situación o con algunos pacientes y en otro momento mostrarse contenedor y connotador positivo. Esto forma parte de la coreografía de la dinámica estratégica de la dupla profesional.

La terapia sistémica ha optado por la formación de un plantel de terapeutas detrás del espejo unidireccional. Es decir que además de la dupla de terapeutas en la sesión, que dan en llamarse *terapeutas de campo*, se conforma un equipo de profesionales que trabajan detrás del espejo auditando (tanto a la familia como a los profesionales) y participando de la sesión activamente mediante el diseño de hipótesis e intervenciones subsecuentes.

Si bien los terapeutas que trabajan directamente con la familia tratarán de ser objetivos y neutrales en su evaluación, se trata siempre de una tarea difícil, expuesta a los procesos de transferencia y contratransferencia, el terapeuta casi siempre se ve envuelto en la interacción familiar, es decir, llega a ser parte del "sistema familiar". Los miembros del equipo que observan esta interacción desde una ventana unidireccional se encuentran en mejor posición para determinar cuáles de los procesos observados son específicos de la familia y cuáles tienen que ver con la interacción con el terapeuta. (Simon, Stierlin y Wynne, 1994).

El uso del espejo posibilitó, además, realizar supervisiones en vivo. La supervisión del trabajo terapéutico a cargo de un terapeuta de experiencia y con solvencia teórica, siempre se desarrolló a posteriori de las sesiones del profesional. Un terapeuta, después de una primera entrevista o de una serie de consultas, solicitaba ser supervisado con el afán de chequear algunos puntos que obstaculizaban su tarea, o simplemente ser guiado en los pasos del tratamiento en pos de mejorar y ampliar su rango de conocimientos sobre el modelo. Pero con el uso del espejo, un supervisor puede realizar la tarea durante la entrevista, observando cómo trabaja el profesional y guiándolo *in situ*. Este tipo de supervisión, permite <u>no escuchar</u> el relato de lo que sucedió en la sesión, sino observarlo y escucharlo en forma directa, lo que suprime un eslabón en la cadena de subjetividades.

R. Ceberio y J. L. Linares (2005) afirman que el modelo de supervisión sistémica es intervencionista y directivo, tal cual el modelo en psicoterapia. El supervisor dirige al terapeuta, aunque lo hace consciente de sus capacidades y recursos, sin arrastrarlo a inútiles desafíos ni poner a prueba sus inevitables limitaciones. Como la familia tiene preferencia, se hace todo lo posible por garantizarle una asistencia de calidad. Por eso la terapia familiar ha desarrollado mecanismos para optimizar la intervención en la intersección de los planos clínico y didáctico. El uso sistemático del espejo unidireccional y grabación de las sesiones forman parte de ellos.

Pero, además, el supervisor puede usarse a sí mismo para enriquecer la intervención. Así, por ejemplo, utilizará el interfono que comunica la cámara de Gesell con la sala de sesiones para impartir instrucciones al terapeuta. Ya forma parte del contexto de atención el sonido del timbre que anuncia una intervención del equipo o del supervisor detrás del espejo o de quienes quiera se haya optado por presentar como eventuales supervisores. Si la sugerencia o el comentario a hacer son más complejos o las circunstancias lo aconsejan, el supervisor entrará en sesión y comunicará su mensaje cara a cara.

Para las familias, estas intervenciones son siempre enriquecedoras y positivas, puesto que, con independencia del contenido, comunican una impresión de que se dispone de recursos técnicos y humanos sofisticados. En cuanto a los terapeutas en formación, necesitan realizar un trabajo que les ayude a procesar tales intervenciones como complementos necesarios y no como pruebas de su insuficiencia. La experiencia enseña que, casi siempre, los alumnos se sienten tranquilizados por la seguridad que representa la presencia activa del supervisor. En cualquier caso, la intervención de este permite calibrar algunos rasgos de la personalidad del terapeuta, en la línea de la inseguridad, la autoestima, la ansiedad y la competitividad, y ayudarle a mejorarlos.

El cuadro tradicional de terapia familiar, en relación al uso del espejo unidireccional, muestra el desenvolvimiento de ciertas acciones esperadas durante la sesión, cuyas principales son:

- Un terapeuta que presenta al equipo que se encuentra detrás del espejo que, en general, nunca será conocido por la familia.
- Un equipo que llama por intercomunicador al terapeuta para enviarle información del caso: señalarle algún detalle de la familia que no observó o una intervención que desea que realice.
- Un equipo que le envía información sobre la actuación del terapeuta.
- En ocasiones, el terapeuta puede salir del campo por su propia iniciativa o por solicitud del equipo, con la intención de que el equipo le ayude a ampliar su observación, o porque el equipo necesita pasarle una información demasiado extensa para utilizar el intercomunicador, etc.
- El terapeuta puede salir del campo antes de que finalice la sesión, con el objetivo de co-construir una devolución final que puede incluir ciertas intervenciones y prescripciones.

Sin duda, el espejo ocupa un lugar en el espacio de la sesión, porque el espejo significa *equipo terapéutico*, y todo el juego que puede desenvolverse en torno a este implica mayor presencia terapéutica en la consulta. Esta descripción no opera en desmedro del trabajo que realice un terapeuta que no cuente con un equipo. La labor individual del terapeuta no sugiere menor efectividad. Solamente, en el caso de que fuese necesario, sus hipótesis deberán ser chequeadas y reflexionadas en un espacio de supervisión, cuestión de ampliar el marco de sus construcciones teóricas acerca del caso.

En cambio, las hipótesis sobre la familia que se elaboran en equipo son el resultado co-constructivo de una serie de profesionales que intentan unificar sus diversos puntos de vista en pos de un objetivo. Esto no quiere decir que no existan discrepancias, coincidencias, discusiones, acuerdos y desacuerdos sobre el caso. Todos estos elementos son los que se ponen en juego en la post-sesión, momento en el que se desarrollan las hipótesis de partida, planificación y seguimiento del caso.

Aunque es necesario mencionar que el equipo como una *gran familia* también pasa por las vicisitudes que acaecen en toda familia. Principalmente, es en particular notorio cómo un equipo puede isomorfizarse con la familia y desarrollar juegos relacionales similares a ella, o este isomorfismo puede recaer solamente en un miembro que se identifica con el miembro de la familia o, por ejemplo, el equipo actúa, dice, hace, lo que la familia no logra llevar a cabo, etc.

Un espejo unidireccional, como todo espejo, arquitectónicamente hace el espacio más grande, o sea, puede duplicar las dimensiones del consultorio. En realidad, esta descripción, más allá de la literalidad, bien podría considerarse una metáfora. Una metáfora que significa que también se duplican las dimensiones terapéuticas mediante la ampliación y riqueza de la participación de una serie de profesionales. El espacio se amplía, puesto que atrás del espejo, el consultorio se continúa edilicia y humanamente.

El espejo-equipo delimita también los movimientos que debe realizar un terapeuta, tanto con los cuerpos de los miembros de la familia como con el suyo propio. Esto no quiere decir que el terapeuta no se mueva con libertad, sino que sus movimientos se hallan mesurados por un baremo de actuación que bien puede ser regulado por el equipo. Si un profesional se acerca demasiado a alguno de los miembros, o es demasiado insistente en calzar una construcción, o con su cuerpo denota estar intimidado por algún integrante de la familia, o porque se distrae y claramente demuestra con su mirada que está pensando en otra cosa, o porque comienza a cambiar de asientos a los diferentes participantes cuando no es apropiado sacarlos de un momento de gran intensidad emocional, etc.

El espejo es la presencia del equipo dentro de la sesión. Aunque una vez que el terapeuta de campo explicó el modelo de trabajo, rápidamente en el desenvolvimiento de la sesión, los pacientes se olvidan de la presencia del equipo y actúan naturalmente. Cabría preguntarse si este olvido es positivo o negativo. Es cierto que no son pocos los pacientes que sienten que el espacio terapéutico debe ser un espacio reservado a la presencia de un terapeuta y sus pacientes, y no resiste explicación alguna sobre la asistencia de otros profesionales en la sesión. También hay quienes agudizan más o menos sus tendencias paranoides.

Pero, en muchos casos, la resistencia es del profesional. Por una parte, muchos terapeutas tienen la fantasía anticipada de que los pacientes no van a aceptar la propuesta, con lo cual, su forma de explicar la manera de trabajar aparece debilitada y dudosa. Así, construyen una profecía autocumplidora y confirman su supuesto inicial. Otros tienen miedo de perder al paciente, al no aceptar su forma de trabajo. Otros tienen resistencias a mostrarse frente a otros profesionales, en la creencia de ser juzgados, criticados, descalificados. Mientras que otros no desean trabajar en equipo, puesto que deberían compartir los honorarios profesionales. Puede producirse cualquiera de estas posibilidades o la sinergia entre algunas; resulta más honesto que el profesional asuma sus resistencias a que las desplace a la familia.

Un terapeuta compenetrado en el modelo y absolutamente convencido de su posición profesional, impondrá directiva y no despóticamente su forma de trabajo a los consultantes. La seguridad de su ejercicio, hará que ante cualquier duda o pregunta o fantasía persecutoria de los pacientes, devuelva una respuesta asertiva y tranquilizadora.

Más allá de estas disquisiciones, el terapeuta es el que debe no olvidarse de la presencia del equipo. Algunos terapeutas van a la carga con el despliegue de la sesión y marginan al equipo, o sea, se mueven, intervienen, señalan, pero no consultan ni una vez al resto de los profesionales. Fruto de la omnipotencia, de la negación, de las resistencias, o de cualquiera de las hipótesis que desee elaborarse, el terapeuta de campo permanentemente debe establecer conexión con el equipo. Y el término *permanentemente* no significa que en acto siempre deberá estar hablando por el intercomunicador, implica estar conectado en pensamiento, reflexión, emoción y acciones. Entendido así, el terapeuta se constituye en portavoz y representante de un *team* terapéutico y, como tal, hará sentir a la familia o la pareja, por ejemplo, que es todo un plantel profesional el que trabaja para su bienestar.

No obstante, no existen pautas determinadas que describan cuál es la manera de proceder del plantel profesional. *Para los terapeutas que están acostumbrados a trabajar solos, la labor del equipo suele ser aburrida; esos terapeutas se sienten controlados y limitados en sus métodos terapéuticos. Cuando los miembros del equipo tienen cierta experiencia en el trabajo en conjunto y pueden hacerlo en un clima de confianza no competitivo, las tensiones de la terapia pueden aliviarse enormemente, y mejoran de manera notable el potencial para el procesamiento de la información y la introducción de estrategias adecuadas.* (Simon, Stierlin y Wynne, 1994).

Convencionalmente y de manera tácita, se halla estipulado que es el equipo el que debe llamar al terapeuta para enviarle información, a pesar de que no siempre se hace necesario que el equipo se comunique. Pero un terapeuta activo en su rol y convencido de que es parte de un plantel puede –alterando la regla tácita– ser él el que llame al equipo en busca de ayuda: *¿Quién habla del equipo? / Soy Gustavo. / ¿Podrías preguntarle al equipo cómo ve a esta pareja?*

Si bien es un pedido real de información, no deja de ser en sí misma una intervención estratégica, ya que el terapeuta podrá escuchar las diferentes opiniones del equipo por el intercomunicador y simplemente, frente a la vista de los pacientes, decir el guturalismo nasal tradicional *¡hujummm!*, creando intrigas en la medida que suelta cada sonido. A propósito, también puede realizar un juego de miradas. Mientras que le hablan (o no, y hace como si le hablaran), escudriñará a cada uno de los integrantes realizando especialmente muecas de sorpresa con los que se desee obtener ciertos efectos.

Cuando cree necesario colocar una cuota de ironía, sarcasmo, o imprimir cierto dramatismo a lo que le transmiten, contestará mirando a todos los integrantes o a uno en especial, señalando: *¡No…, yo no puedo decirle esto, me parece un tanto fuerte transmitirle este mensaje con tanta crudeza…!,* y crear en el miembro la demanda curiosa que presiona para que se explicite la intervención. En esta misma dirección, puede realizarse el mismo proceso, pero cuando se comienza a teatralizar el envío de información puede decirse: *¡Oh, no…, esperen…, es demasiada información; salgo unos minutos y me comentan todo lo que desean que la familia sepa!,* incrementando las expectativas en la medida que el terapeuta no retorna. Cuando entra, podrá mirar a la cara a cada participante o tomarse de la frente, suspirar, sentarse, pedir disculpas por la demora y una multitudinaria gestualidad en pos de crear un efecto anticipatorio de lo que verbalmente va a enunciar.

Dentro de esta misma línea, el hecho de colocar una cuota de humor provocativo hace que las intervenciones más duras puedan ser aceptadas mediante una sonrisa: *¡Qué! ¡¡¡Que le diga que el marido es un inseguro, que se hace el fuerte pero que en realidad tiene miedo de quedarse solo...!!! ¡No, no puedo decirle esa barbaridad; me parece que se va a enojar!*, mientras tanto, el terapeuta puede estar mirándose al espejo, a un integrante, a la nada, en síntesis, a cualquier lado menos al rostro del marido.

Lejos del humor e inclusive imprimiéndole una cuota de dramatismo, en voz alta, el terapeuta puede repetir lo que cada miembro del equipo señala acerca de la familia o la pareja, o lo que el equipo le devuelve a cada uno de los integrantes. Es decir, son intervenciones dirigidas tanto al sistema en general como a cada una de sus partes.

Puede llamar al equipo y transmitirle en voz alta una intervención que va dirigida a la familia o a uno o a varios de sus miembros, por ejemplo: *¿Uds. qué piensan sobre lo que hace en la escuela Federico? ¿Parece que está más revoltoso de lo normal, no? Mientras tanto... Mientras tanto sus padres no logran enganchar el canal apropiado para comunicarse. Se pelean por tonterías y no respetan que él está presente, más aun lo colocan como juez...* Es decir, se le habla al equipo, e inclusive también puede señalarse a los integrantes implicados en la intervención mientras se observa el espejo, aunque en realidad es un señalamiento para la familia o para algún miembro en especial.

A veces estos diálogos entre el equipo y el o los terapeutas de campo se establecen sin intercomunicador. El terapeuta mira al espejo, se pone de pie en el centro de la escena familiar, señala a los integrantes implicados y verbaliza sus impresiones. Pide permiso y se retira para reunirse con el equipo detrás del espejo.

Un terapeuta puede salir del consultorio a consultar con el equipo cuantas veces lo desee, siempre con el criterio de no abusar, puesto que se corre el riesgo de perder la continuidad de la sesión por las sucesivas ausencias que, aunque duren minutos, pueden romper con el clima de la consulta. También, es interesante discriminar algunas de las intervenciones estratégicas que el terapeuta puede poner en boca del equipo pero que en realidad son observaciones de él. Por ejemplo, cuando sale al encuentro del equipo y en realidad es una excusa para cuando regresa expresar lo que él piensa pero avalado por el *team* terapéutico.

Un terapeuta de campo debe tener la suficiente habilidad para articular opiniones variadas del equipo. Es una tarea de alta complejidad reunir numerosas opiniones fundiéndolas en forma concatenada y complementaria. Exige, fundamentalmente, rapidez y creatividad. A veces, el plantel de terapeutas no se muestra muy respetuoso y avasalla con sus diferentes construcciones acerca del caso. Saturan al terapeuta de campo y lo bombardean sin piedad. Sabio es el terapeuta que coloca límites o intenta, al menos, encastrar las construcciones capitalizando las potables y confrontando con preguntas las que no considera oportunas, o postergando algunas construcciones para ser discutidas en la post-sesión.

En otras ocasiones, ante la visita del terapeuta de campo, el equipo se sumerge en el silencio o se muestra callado e inhibido, principalmente cuando es un maestro de terapia familiar el que está llevando la consulta y el plantel es novel y no se atreve a dar su opinión por temor a equivocarse. No son pocos los equipos que, ansiosos por participar, sobrecargan de hipótesis al terapeuta de campo y este se ve obligado a traducir las hipótesis en intervenciones. Es decir, no le facilitan hipótesis más intervenciones, y es el terapeuta el que debe hacer la transformación. Contrariamente a estos *teams* verborrágicos, hay equipos que se dedican a preguntar y no a estructurar respuestas que faciliten la tarea al terapeuta de campo. Tampoco son preguntas que abren a la reflexión o que generan nuevas construcciones que redefinen la sesión;

son preguntas desde el no saber, que colocan al terapeuta de campo en una posición de profesor que debe responder al cuestionamiento de un alumno. Esta es una actitud que muchas veces entorpece el trabajo y desvía el foco, y hace perder el tiempo mientras que los pacientes esperan.

Como hemos señalado anteriormente, hay equipos que discuten entre sus miembros y confrontan al terapeuta, iso-morfizándose con la familia o la pareja. Aplican las mismas reglas de juego e interaccionan de una manera similar. El terapeuta, entonces, se encuentra en dos consultas divididas por un espejo: en una parte se halla el problema de la familia, y en la otra, el problema de la *familia* de terapeutas. Sin duda, que son múltiples los atravesamientos fantasmáticos que pueden resonar en un equipo terapéutico. Vivencias, experiencias, emociones, formas de interacción, sucesos críticos bien pueden resonar en los participantes de manera individual, según el estilo y características del sistema familiar que se empariente con el sistema terapéutico. Este doble juego de sistemas e individuos potencian los procesos identificatorios y los desplazamientos acelerando así las resonancias.

En otros equipos se encuentran opiniones contrapuestas. Estas confrontaciones pueden producirse en función del problema, de los integrantes, de la hipótesis de lo que sucede, etc. Por ejemplo, parte del plantel profesional realiza una alianza tácita con un miembro de la familia identificándose con su actitud y características, mientras que la otra parte se erige en defensa de otro miembro por considerarlo el más desprotegido. Para una parte del grupo, el problema se halla en la escasa disponibilidad de un padre más ausente que con presencia afectiva; paralelamente, otro sector del grupo piensa que el problema es la mujer avasalladora y asfixiante; para un tercer sector, el problema que urge resolver es una serie de conductas agresivas del hijo y del alto consumo de alcohol.

Esta disimilitud de opiniones puede producirse con respecto a los pasos a seguir, por ejemplo, en la aplicación de prescripciones en la planificación del trabajo terapéutico. Una parte del equipo puede entender que el eje de las tareas debe encontrarse en la madre, mientras que otra parte piensa que el hijo mayor es el resorte que se debe mover para que el resto del engranaje familiar se active. Otros pueden creer que el sistema familiar no está preparado para llevar adelante acciones dirigidas y prefieren que se remarquen algunos puntos de la sesión en forma general y que se lleven algo para reflexionar.

Cuando el problema es cuestión de hipótesis, los equipos tienden a ampliar sus perspectivas, aunque no son pocas las oportunidades en que las construcciones teóricas se confrontan. Un terapeuta de campo, en cualquiera de los casos, tiende a acoplar, a establecer complementariedades entre los diversos puntos de vista y no a introducir entropía.

Cuando el terapeuta desea realizar una *intervención disociada*, con la ambición de que los integrantes del sistema familiar revean su posición y logren reflexionar, sintetizará las dos opiniones señalando que *Parte del equipo piensa que Uds. deben separarse, que la situación no da para más, que son muy descalificadores… y que esta característica no tiene solución… Mientras que la otra parte dice que cree en sus recursos, que son personas inteligentes y que se quieren y que todavía tienen chance de ser felices juntos… La verdad que no sé con qué opción quedarme… ¿Uds. qué piensan?* Estas intervenciones llevan a que las personas deban tomar una decisión e intenten, por lo menos por primera vez, estar de acuerdo en una de las opciones. Esto demarca una planificación de tratamiento y pasos a seguir.

Otra opción alternativa al tradicional ocultamiento de las identidades de los miembros del equipo es la presentación del plantel profesional a los pacientes. Al inicio o a la finalización de la primera entrevista, el terapeuta mostrará a cada uno de los integrantes del equipo, ya sea mediante la iluminación de la cámara señalando quién es quién, ya sea de manera personalizada. Estas acciones hacen, en parte, que se desmitifique la intriga de *quiénes son esos profesionales que hablan de nosotros*. También, le da mayor cuerpo de equipo al equipo, y una mayor responsabilidad en sus intervenciones, puesto que ahora *tienen cara*.

Otra técnica creativa y por qué no atrevida es el *Reflecting team* (equipo reflexivo). Tom Andersen (1991) y su equipo, en los prolegómenos de la finalización de la sesión, por ejemplo, apagan las luces del consultorio para encender las de la cámara. De esta manera, los integrantes de una familia o de una pareja observan a todo el plantel profesional y las deliberaciones que realizan acerca de la consulta. Desde la elaboración de hipótesis, reflexiones, resonancias, etc., todo un cúmulo de información es discutido en presencia de los pacientes. De esta manera, la deliberación se transforma en una intervención que muchas veces redefine desde el problema de consulta hasta cuál es el problema en realidad.

El equipo reflexivo, en general, se halla detrás del espejo unidireccional y está compuesto por tres personas, aunque el mismo Anderson señala que no siempre se encuentran atrás del espejo y no siempre son tres integrantes. Dentro de las configuraciones posibles, Andersen (1994) describe que el equipo puede estar compuesto por un terapeuta que oficia de entrevistador y cuatro o cinco profesionales. *Si hay más de una persona además del entrevistador, por lo común se sientan detrás del espejo, pero también podrían sentarse en la sala de entrevistas. Algunas veces, cuando hay un espejo, los dos grupos cambian de sala cuando habla el equipo reflexivo. Si existieran las comodidades prácticas con un doble juego de micrófonos y altavoces, los dos grupos podrían quedarse en sus respectivas salas y se podría bajar la luz en la sala de entrevistas mientras que se ilumina la habitación donde se encuentra sentado el equipo, a la vez que se cambia la transferencia de sonido.*

Equipo reflexivo, entonces, da en llamarse a la parte del equipo terapéutico que escucha el desarrollo de la sesión del sistema de entrevista[27] y establece, a posteriori, una conversación con este. Si en el equipo reflexivo sólo hay una persona, además del terapeuta del caso, indistintamente podrá sentarse en el consultorio o hacerlo detrás del espejo, aunque a la hora de reflexionar puede hacerlo en el despacho al lado del terapeuta de campo. El autor explica que los miembros del equipo reflexivo deben mirarse a la cara mientras hablan y no mirar a los miembros del sistema de entrevista. Si alguien mirara a algunas de las personas del sistema de entrevista, sería para incitarlas a tomar parte de la discusión reflexiva, sacándolas así de su ventajosa posición de escuchar a distancia.

El equipo reflexivo, que escucha, nunca da instrucciones sobre lo que el equipo de entrevista va a decir o cómo sus miembros deben hablar. Cada miembro del equipo reflexivo escucha en silencio la conversación. Los miembros no se hablan sino que cada uno de ellos se habla a sí mismo haciéndose preguntas. (Andersen, 1994).

Los cuestionamientos centrales se encuentran en la reflexión acerca de qué otras formas podría ser presentado el problema, o de qué otras maneras podría ser explicado. Si el sistema de entrevistas lo solicita, los integrantes del equipo reflexivo hablan acerca de sus ideas sobre el tema, mientras que son escuchados por el sistema de entrevistas. Cada miembro del equipo reflexivo expondrá su versión, para que luego los miembros del sistema de entrevista hablen y discutan entre sí el impacto de las ideas desarrolladas. De esta manera, tienen una conversación sobre lo que conversó el equipo reflexivo acerca de la conversación del sistema de entrevista.

---

[27] Anderson llama *Equipo o sistema de entrevista* al sistema que presenta el problema (la familia, la pareja, el grupo, etc.) más el entrevistador (terapeuta de campo).

Simon, Stierlin y Wynne (1994) señalan que *En los últimos años se han introducido varios usos novedosos del enfoque de equipo en el campo de la terapia familiar y conyugal. Un uso creativo del trabajo terapéutico en equipo es el método del "Pick a Dalí Circus", de Landau y Stanton (1983), en el cual un equipo de varias personas puede estar en la misma habitación con la familia. Los miembros del equipo se identifican abiertamente con diferentes coaliciones y posiciones familiares con respecto a un tema dado. Un miembro del equipo en general hace de "terapeuta identificado" y se une a la familia o al paciente identificado.*

Otro de este tipo de enfoques innovadores del trabajo en equipo es el desarrollado por Sheinberg (1985), mencionado por Stierlin y otros (1994), y *consiste en poner en escena un debate entre los miembros del equipo, que seguidamente presenta a la familia un dilema que es isomorfo de la situación familiar construido estratégicamente.*

Es indudable que son infinitas las maniobras posibles en el juego desarrollado entre el equipo y el terapeuta. Estas son solamente algunas que no pretenden constituirse en un libreto estipulado, sino que demuestran que pueden alterarse –o si se quiere transgredirse– las reglas tácitas que categórica o dogmáticamente colocan en ciertos lugares de la escena terapéutica tanto a los pacientes como al terapeuta.

Todas estas intervenciones refuerzan la efectividad del mensaje verbal. Hacen que la estructura sintáctica se sostenga y que posea una semántica poderosa, aunque muchas de ellas pueden poseer un status propio de intervención sin establecimiento de la palabra. La genialidad de una buena intervención radica en que calce en la cognición y en la emoción de la persona, pero para esta efectividad es necesaria la conjunción entre el contenido y la forma de lo que se intenta transmitir.

Es lógico que cuando se trabaja en equipo es necesaria la complementariedad de multiplicidad de lógicas individuales que se expresan mediante hipótesis, intervenciones, reflexiones, resonancias, etc. Sin duda, resulta más complejo trabajar con semejante entramado de complejidades comparado con la labor del profesional que desarrolla su rol en soledad.

El trabajo en equipo posibilita aprender a compartir en la concordancia y en la diversidad. Implica aceptar que existen otros con ópticas diversas y que no hay errores o equivocaciones, más bien diferentes tipos de hipótesis. Sugiere, además, abandonar ciertas inflexibilidades narcisísticas que omnipotentizan el rol. El trabajo en equipo ayuda a aprender a distribuir responsabilidades. Enseña a cambiar opiniones en la discusión del caso. Por último, hace que el terapeuta abandone la soledad de la consulta.

Construcción de esculturas

En esta misma dirección, el terapeuta entrará al universo del consultante mediante el cuerpo: diseñará esculturas que reproduzcan las dinámicas de la familia, de la pareja o de la persona. Si bien las esculturas familiares son originadas en el Psicodrama, fue Virginia Satir (1972) quien las desarrolló de manera muy activa en sus talleres grupales y trabajos terapéuticos con familias y parejas.

Las esculturas sirven, entre otras cosas, para observar los equilibrios, la homeostasis y los desequilibrios y las entropías caóticas. Fundamentalmente, muestran el funcionamiento de los sistemas, hacen concienciar los puntos de bloqueo u obturación en la dinámica, como también las funciones de cada uno de los miembros, funciones que colaboran en los resultados y calidad del sistema. Exploran, desde el cuerpo, espacio y movimiento, los aspectos cognitivos (creencias, valores, pensamientos, reflexiones), los emocionales (sentimientos, afectos y demás emocionalidades como rabia, angustia, ansiedades, alegrías) y los aspectos pragmáticos, en donde es factible, luego de construir la escultura, programar tareas que reproduzcan pasos a la acción.

Las esculturas exigen al terapeuta un grado de manio-brabilidad de su cuerpo y el cuerpo de los integrantes de la sesión. Debe guiar, orientar, tocar a las personas cual muñecos de goma, flexibles y maleables, cuestión de que los cuerpos de los personajes de la escultura logren entrelazarse en el intento de construir un mensaje significativo para la familia, pareja o grupo.

Es una de las tareas terapéuticas que más exponen al terapeuta a entremezclarse con los pacientes. Que ayude y oriente a esculpir cuerpos, que los flexione, yergue, modele sus expresiones y posturas, que tome el lugar de los protagonistas, que se acerque *empastándose* –por así decirlo– en los componentes del sistema hasta tomar distancia para ver en una vista fotográfica la totalidad de la escena. Entrar y salir, salir y entrar en el sistema, en un doble juego de ser parte del sistema y de no ser parte del sistema.

Cuando el terapeuta observa las pautas de interacción de una pareja y desea cierta contundencia en la intervención, el escenario del cuerpo es una vía que denuncia de manera alevosa el juego desarrollado. Una de las esculturas de pareja representativa de la técnica se observa en las situaciones donde uno de los integrantes de la pareja necesita *oxígeno*, puesto que se siente demasiado oprimido y asfixiado por el *partenaire*.

En general, las soluciones intentadas, fracasadas al tratar de acerca al *huidizo*, observan a un cónyuge que frente a la distancia del compañero intenta complacer, concretar todos los deseos del otro, estar a su disposición. Esto hace que la distancia del otro se transforme en huida. El *partenaire* siente que el otro es una especie de pulpo y que es succionado por sus tentáculos. Entonces, trata de retirarse aun más, motivo suficiente para que el *partenaire* realice más de las mismas acciones duplicándolas en intensidad, e intente complacer y complacer hasta mostrarse incondicional. La huida del compañero se ha transformado, a esta altura del juego, en *fobia*.

Si el terapeuta invita a poner de pie a los integrantes
de la pareja y les propone la escultura, colocará frente a
frente a cada uno, por ejemplo, y modelará a una señora en
actitud de huida y a un marido que intenta retenerla tomándola de los brazos, manos, trayéndola para sí. Cuando más
ella intenta salir, más trata él de retenerla. Si a la escultura
se le otorga movimiento y palabra, el efecto es aun más
interesante. Ella tirará para afuera de la relación tratando
de escapar, y él la retendrá más ejerciendo más fuerza. Él
dirá enérgicamente: *¡Quiero estar contigo!* Y ella fóbicamente
gritará: *¡Suéltame!* Si se congela la escultura, manteniendo la
tensión, da como resultado una hermosa pieza en equilibrio
estático. Así, es factible mostrar la dinámica entrampante a
la que se someten los interlocutores. Se encuentran inmo-
vilizados, el sistema no crece, o mejor dicho involuciona,
obteniendo el resultado contrario a lo que anhela cada uno
de los cónyuges.

En la atención de familias o grupos es factible crear
una escena familiar tal cual una *fotografía* o una *escultura* colocando a los integrantes de la familia en lo que se considera
el desempeño de roles y funciones que cada uno ejerce en
el sistema. El armado de este tipo de escultura es otorgarle
cuerpo físico a la dinámica familiar. Es factible jugar con el
espacio colocando a los miembros en distintas posiciones,
por ejemplo, a los integrantes con mayor poder subirlos a
una silla o a los de menor poder sentarlos en el piso. Se
articularán los gestos, ademanes, se estructurarán triangulaciones, acercamientos corporales, distancias, etc. En síntesis,
todos los elementos que posibiliten el mejor y más cercano
diseño de lo que la persona en el grupo o la familia piensa
acerca de cuáles son la características de su sistema familiar.

Se tratará de construir una imagen que se considere
más cercana a lo que es el funcionamiento real de la familia de origen o creada, por ejemplo. Se explorarán las acciones de cada miembro, como así también las funciones

desarrolladas. Además de desentrañar el código que rige en el sistema y cuál son las posiciones y las funciones.

La técnica para construir una escultura consiste en elegir entre los integrantes del grupo a los miembros de la familia de origen del protagonista. Si es una familia la que consulta, se propone que entre todos sus miembros armen una escultura familiar con las consignas pertinentes que señalará el coordinador. Por ejemplo, en el caso de un grupo, se explicará el porqué de la elección, qué cosas se ven reflejadas en los integrantes que se asemejan a cada miembro real de la familia. El protagonista también elegirá a su doble, con el cual trabajará hasta que se incorpore él mismo a la escultura.

Una vez realizada la selección se procederá a escenificar. Se diseñará una escultura que muestre la dinámica de funcionamiento del sistema familiar que, en cierta manera, permita observar el código y las funciones que desempeña cada uno de sus integrantes. Con total libertad, el protagonista esculpirá a los personajes como desee, instándolo a recordar las posiciones de cada uno de los integrantes de la familia. Los de mayor poder se colocarán en un plano más elevado. Los de menos poder podrán inclusive arrodillarse o sentarse, etc. Es importante jugar con los gestos faciales, hasta encontrar los que se cree que identifican claramente a cada miembro. Se tendrán en cuenta las posturas corporales.

También se debe pensar en las distancias: se puede colocar a los miembros que se alían más cercanos físicamente y de espaldas a los indiferentes. Los que se confrontan, con sus manos ejerciendo presión sobre las manos del otro. Los distantes, alejados. El miembro que es presionado por otros integrantes puede ser tironeado de distintos lados, etc. Asimismo, las triangulaciones se deben incluir en el diseño, como así también las coaliciones. El escultor luego se incluirá en la escultura, y es importante que indague en su sentir.

A posteriori, se colocará al doble en su lugar. Observando la escultura, explorará qué siente y piensa al ver reflejada a su familia. La mirada luego se focaliza en la posición individual: observando al doble, el protagonista, ¿qué siente y piensa al verse en esa posición? Se chequearán las emociones que se detonan en cada personaje en su posición. Los espectadores pueden colocarse en el lugar de algún personaje elegido y expresar una reflexión o un sentir desde esa posición. Se pueden ejecutar cambios de roles. El protagonista puede tomar el lugar del padre o de un hermano, etc., y explorar el sentir desde ese rol.

Además, mientras que se desarrolla la escultura, se puede solicitar que cada uno de los personajes, o algunos seleccionados a criterio del coordinador, realice un soliloquio desde el rol[28] expresando una reflexión o una emoción que le despierta el personaje. En síntesis, el coordinador se dirigirá al grupo desarrollando cambio de roles, soliloquios desde el rol, dobles, espejos, aparte de amplificaciones y demás técnicas psicodramáticas, en vías de incrementar la comprensión del funcionamiento del sistema familiar. En el cierre, se expondrán las reflexiones del protagonista y del grupo en general.

El terapeuta podrá instar a los participantes a reflexionar. Preguntará al protagonista acerca de cómo ha observado a su familia. Si encuentra diferencias entre lo que pensaba de ella antes y lo que piensa ahora. En relación a los miembros, ¿quiénes están más cercanos y quiénes más alejados? Se indagará si se tiene mayor claridad acerca de las funciones que los miembros desarrollan en el sistema, si se reflejaron las alianzas, coaliciones, confrontaciones, indiferencias, envidias, admiraciones, protecciones, etc. Se verá

---

[28] La técnica del soliloquio consiste en expresar en voz alta reflexiones, pensamientos, fantasías, emociones, que en la persona detona el personaje que representa.

si el protagonista se encuentra involucrado en estos juegos y con quién del resto de los integrantes.

Con respecto al lenguaje paraverbal, el terapeuta intentará codificar en las posturas corporales y los gestos, por ejemplo, cuál es el integrante centro del sistema y quién funciona perimetralmente. Cuál de los miembros es el que domina y manda y quién es el sometido en el juego relacional. Si fueron congruentes las posturas y posiciones corporales con el rol asignado o el diseño de la escultura. En la dinámica de la escultura, ¿cómo se observó la representación?: plástica, colaborativa, compartida, quién fue el que tomó la conducción de la escultura, quién se mantuvo al margen.

Existen varias posibilidades de continuar el ejercicio. El terapeuta, de acuerdo al desarrollo de la tarea y la situación grupal o familiar, apelará a su creatividad. Podrá diseñar, si lo desea, un nuevo trabajo con el psicodrama o elegirá cualquiera de las variantes conocidas como técnicas corporales.

Dentro de las posibilidades de estos trabajos terapéuticos, es factible que a las esculturas familiares se les otorgue vida. *Darle vida a la escultura* es un ejercicio donde se reproducen las interacciones habituales que cada uno de los integrantes desarrolla en el grupo familiar. Entonces, la escultura cobrará movimiento. Se partirá del diseño de la escultura familiar. En ella, se han modelado las posiciones de los miembros, gestos, actitudes y palabras que los identifican, y los diferentes juegos que pautan la dinámica del sistema. Cuerpo, espacio, movimiento y palabra se unen en esta tarea. La finalidad del trabajo terapéutico consiste en revelar claramente a los ojos del protagonista y de la familia (en el caso de que no sea el grupo el paciente, sino la familia propiamente dicha) los patrones de interacción y las dinámicas de complementariedad y simetría a los que los miembros de la familia se someten. En conclusión, se intentará explorar los diferentes juegos del sistema familiar.

El terapeuta lanzará la propuesta. Comenzará el protagonista, que deberá narrar, en forma aproximada, un libreto para los integrantes, o sea, relatar una escena determinada que sirva como ejemplo representativo de la dinámica familiar. Además, deberá pautar los movimientos que realizará cada personaje. Para lograr una mejor calidad de representación, podrá colocarse en el lugar de cada personaje y mostrar el como sí. También, es factible agregar palabra a la escultura, una frase, una expresión distintiva que demarque el perfil del integrante.

Luego de un breve ensayo, se pondrá en marcha una escultura en movimiento que mostrará la coreografía del sistema. Una vez terminada la representación, se explorará qué es lo que siente el protagonista y cada uno de los integrantes. Puede utilizarse un doble que actúe el papel del protagonista, cuestión de que este pueda observarse desde afuera de la escultura en movimiento. El terapeuta se dirigirá al grupo desarrollando cambio de roles, soliloquios desde el rol, dobles, espejos y demás técnicas psicodramáticas.

En el cierre, se chequeará el sentir del protagonista, sus reflexiones y la de los diferentes integrantes del grupo, tanto los que participaron en la coreografía como los espectadores. Por ejemplo, se explorará el sentir de las personas frente a las funciones de cada uno de los personajes. Se observará cuál de los personajes avasalla más en el espacio del grupo familiar, quién tiene menos lugar, quién se mueve y quién no, cuáles son las figuras periféricas y centrales. Se registrarán las actitudes de sumisión y mando y si se mostraron triangulaciones, alianzas y entre qué miembros.

Otra de las variantes de técnicas psicodramáticas puede ser la exageración o caricaturización de las posiciones que cada uno o alguno de los miembros ocupa en el sistema familiar. Las *amplificaciones* consisten en exagerar actitudes, gestos, movimientos, funciones, etc. Pueden representarse por repetición, en cantidad o intensidad de palabras y acciones, sobre el diseño original de la escultura.

En términos cibernéticos, las amplificaciones introducen entropía en circuitos extremadamente rigidizados en sus interacciones. A diferencia de bloquear una acción por una acción directa –*no hagas más esto*–, hacen posible un cambio al acrecentar la intensidad o su frecuencia de aparición. La finalidad de la tarea radica en elegir una acción o una verbalización que sea clave para modificar un circuito en el sistema. Ese punto podrá ser elegido por el terapeuta y amplificado por uno o algunos de los personajes de la escultura. Luego, se explorarán los cambios que pueden producirse en el sistema, para programarlos como prescripciones en el campo de acción propiamente dicho. Por ejemplo, en un padre que se muestra autoritario en una familia, es factible incrementar al doble su actitud despótica y así observar cuáles son las reacciones que en la interacción genera esta entropía.

Se partirá, entonces, de la escultura de la familia o preferiblemente luego de *darle vida a la escultura*. Se seleccionará algún punto del circuito que se considere clave para el cambio. Ese punto puede ser una acción, una palabra o un gesto por mínimo que parezca. El personaje amplificará por calidad de movimiento, tonalidad, verbalización, acción, etc. Por ejemplo, podrá subir el volumen de su voz, ampliar el movimiento de sus manos, exagerar su discurso, etc. Puede amplificar también por cantidad, o sea, la reiteración de algún movimiento o frase, etc., incrementando la frecuencia de aparición.

La introducción de desorden en el sistema, generalmente, produce efectos en todo el circuito y en cada uno del resto de los personajes. Estos efectos generan cambios en las interacciones, por lo tanto, si se continúa el movimiento de la escultura en forma progresiva, el resto de los integrantes cambiará sus acciones. Se recortará la nueva escena de la familia, con los cambios de las actitudes de cada uno de los personajes. Se podrá congelar la escena, para observar mejor los cambios en los miembros de la familia. Siempre se trabajará con una persona que realizará el doble de los personajes, para lograr que el protagonista observe desde afuera el sistema y, a posteriori, poder ingresar trazando diferencias.

Puede jugarse con las dos esculturas, la original de la que se partió y la nueva, resultado de la amplificación, y se cotejarán planteando las diferencias con la escultura original. El terapeuta se dirigirá al grupo desarrollando cambio de roles, soliloquios desde el rol, dobles, espejos y demás técnicas psicodramáticas. Una vez terminada la tarea se realizarán algunas prescripciones de acciones con la finalidad de que los protagonistas puedan llevar un cambio a la situación real.

Entre las reflexiones que se llevarán a cabo, puede preguntarse qué reacción experimentó el sistema familiar con la amplificación, o algún miembro en particular que el terapeuta vea que particularmente se vio movilizado por la tarea. ¿Quién es el más afectado y quién el más favorecido? Se observará cuáles de las funciones no se modificaron o cuál de las funciones se modificó aunque sea levemente. También se registrará qué reacciones emocionales se desencadenaron, y cuáles son las modificaciones del juego que surgen a partir del desorden. Se debe especificar qué juegos se disolvieron y qué nuevos aparecieron.

Partiendo de la escultura de la familia real, una de las formas que, en general, se adapta muy bien al diseño de la tarea, es colocar en la escultura de la familia una *pauta de cambio*, una sola modificación de la imagen, construyendo en cierta medida la familia deseada o imaginaria. Desde la escultura de la familia, se le pedirá al miembro del grupo que realice un solo movimiento –en actitud o en lo verbal– en alguno de los integrantes, que apunte a la modificación de la dinámica del sistema.

El trabajo tiene por finalidad reflexionar acerca de cuál, el protagonista considera, es el principal cambio o paso hacia el cambio en vías de modificar total o parcialmente el sistema familiar. La propuesta es conseguir concientizar una primera acción diferente dse algún miembro, para lograr *un efecto dominó* que lleve a cambiar la coreografía de la familia.

Una vez realizada la escultura de la familia con la familia o los integrantes del grupo, se observará claramente el funcionamiento. El coordinador pedirá que el protagonista realice un cambio, una modificación que constituya un primer paso hacia un cambio más estructural del sistema. La persona podrá modificar la actitud de uno de los integrantes de la escultura a través del cambio de un gesto, expresión, posición, palabra, etc.

El doble tomará el lugar del protagonista, y este observará desde afuera, intentando pensar cuál cree que sería el cambio a desarrollar. En este momento, cada integrante de la familia podrá expresar verbalmente su sentir –desde su posición– con una palabra o una frase que lo sintetice. Se dará paso al cambio, y una vez realizado, podrá verse la progresión de cambios de actitudes de los integrantes restantes, mediante las interacciones. Tal cual el efecto dominó, el resto de los integrantes se moverá en la escultura hasta construir la escultura definitiva.

Se puede solicitar, nuevamente, que se exprese el sentir de cada integrante en la nueva posición. El protagonista, que hasta ahora miró desde afuera el cambio y colaboró para desarrollar la familia imaginaria, se integrará a la escultura y se conectará con la emoción y la reflexión, manifestándola. En el cierre de la tarea, se anexará lo que sintió cada uno de los integrantes del grupo, como así también el protagonista. El terapeuta tomará cada uno de estos elementos significativos, aunándolos en una devolución general.

Se reflexionará sobre cuál de los integrantes cambió su actitud o posición. Puede preguntarse al resto de los integrantes de qué manera piensa que este cambio va a influenciar en el resto del sistema y cuáles serían los movimientos que se verían obligados a hacer los demás miembros a partir de este cambio. Se revisará qué cambios de posición y funciones se han realizado, qué actitudes y qué palabras se modificaron. Si son numerosos cambios o leves movimientos, o si el sistema resistió y no se modificó nada.

Una vez terminada la escultura imaginaria, se verá como en una panorámica y se explorará el sentir de cada uno de los integrantes. Se cotejará la diferencia entre la familia real y la deseada. Connotando positivamente, se intentará revalorizar a la familia real después de construir la imaginaria. ¿Es imposible que estos cambios se realicen en la vida real? Puede instarse a los integrantes en acciones concretas, ¿quién de ellos podría hacer el primer movimiento?

En síntesis, las esculturas, como otros juegos psicodramáticos, hacen que el terapeuta se ejercite en otra vía de acción: la corporal. Obliga, por así decirlo, a maniobrar, tocar, guiar y mover cuerpos humanos en la pragmática de la sesión. Entonces, pone a prueba las distancias corporales y viola proximidades y lejanías, o sea, conduce el espacio de la consulta.

Intervenciones del uno por uno

Cuando se abre la puerta de un consultorio, se inicia el juego relacional de los pacientes con el terapeuta. Aunque podría afirmarse que ya desde el llamado telefónico ha comenzado a cimentarse el vínculo, puesto que el pedido de consulta en la terapia sistémica tiene visos de una conversación exploratoria –como además de caldeamiento– con miras al desarrollo del futuro trabajo terapéutico. Todo es sorpresa en la primera sesión, y sorpresa más cierto grado de previsibilidad cuando el paciente y el terapeuta han transitado varias sesiones juntos. Pero también, la terminación de la consulta, el momento cuando se abre la puerta del despacho y se despide al paciente, se constituye en la oportunidad de realizar el último comentario que opera como corolario de la hora de sesión.

Más allá del transcurso de la consulta, el momento de la apertura y del cierre son instantes estratégicos de intervención, y son esos instantes los que se desenvuelven en el perímetro que demarca la apertura o cierre de la puerta de entrada. Ese cuadrilátero es el lugar clave donde se abre o se finiquita el juego de la psicoterapia. Entonces, llamaremos *Intervenciones del uno por uno* a aquellas maniobras que se realizan en la puerta de entrada a la consulta. Por lo tanto, se entiende que la sesión de psicoterapia no se inicia cuando el paciente se sienta en su sillón, en rigor, mucho de lo que se hable, se profundice, analice, converse en ese preciso momento depende del recibimiento del profesional desde la puerta de entrada hasta que el paciente se sienta. Ese pequeño periplo ofrece al profesional numerosos datos analógicos y verbales, que deben ser capitalizados a favor de enriquecer la sesión.

Todas las entrevistas pueden (y deben) observarse bajo la óptica de un mecanismo de relojería. El tiempo de la sesión debe aprovecharse en sus detalles más insignificantes, puesto que constituyen datos que aunados hacen a un todo observable.

Cuando se abre la puerta

Son numerosas las maneras de iniciar una sesión. Por supuesto, cada profesional posee su estilo relacional. En respeto a ello y sobre la base del estilo propio –cuestión de no ingresar en conductas carentes de espontaneidad y estereotipadas–, es importante que el terapeuta se conciencie de que el saludo de inicio no solamente refiere al saludo convencional y social, sino que es una excelente oportunidad para recabar información adicional a la sesión.

Por ejemplo, la apertura de la puerta del despacho permite comenzar la sesión construyendo un primer chequeo general del paciente. Es algo así como un primer diagnóstico, una impresión de inicio, una mirada que permite establecer el primer intercambio de la consulta. En esos momentos, puede proponerse cierta neutralidad en el recibimiento de cara al estado del paciente. *Ver* profundamente cómo aparece frente a nuestros ojos, cómo nos saluda, cómo está vestido, si su ropa está arrugada o perfectamente planchada, si su estilo es jean y camiseta o viste de rigurosa chaqueta y pantalón, camisa y corbata, si se encuentra impecable en toda su vestimenta y muestra un dejo de descuido en sus zapatos, que los lleva sucios, o sus uñas están sucias o muy comidas.

Qué colores utiliza, si son los de siempre o los opacó o los realzó, si se afeitó o no, si está correctamente peinada, si sus cabellos están mojados, si se encuentra atestado de olor a cigarrillo o si tiene buen perfume, si sus zapatos están lustrados, si se encuentra maquillada y se colocó aditamentos como collares, aros, pulseras –*si brilla*–, si sus uñas están pulidas y pintadas, si llega cargado de bolsos, bolsitas, carpetas, mochila, además de estar comiendo un paquete de patatas fritas, tal cual la figura boliviana de un *ekeko*.

Esa primera impresión obliga al terapeuta a ejercitar una *vista panorámica* y rápida de cómo aparece hoy el paciente en comparación con su estilo frecuente. De esta manera, puede determinarse si alteró su media, tanto en alza como en baja. El cuidado personal, entre otras cosas y sin entrar en dogmatismos, es sinónimo de aseo, orden y detallismo; aunque su exceso también muestra una fachada que oculta el caos en la manera de pensar, actuar y sentir de la persona.

Los estilos estéticos más desprolijos, como los cabellos revueltos, camisas salidas del pantalón en algún extremo, zapatos sin lustrar con cordones desatados, manchas en los sweaters (estilo que a veces en los adolescentes constituye una moda), medias corridas, uñas mal cortadas o comidas y manos desalineadas, cuerpos malolientes, o alientos *asesinos*, muestran, entre la multiplicidad de interpretaciones, no sólo la poca relevancia que la persona tiene por la estética o su falta de aseo, sino también un dejarse estar en su cuidado, poca valoración o relegarse a un segundo plano, o estar centrado en el problema postergándose a sí mismo. Claro que son muchas las significaciones que pueden enumerarse a partir de estos signos; habrá que particularizar la interpretación de acuerdo a cada personalidad y contexto.

A veces, este tipo de apreciaciones puede efectuarse luego de haber inspeccionado el aspecto del paciente de manera sutil, es decir: el paciente no se da cuenta de que el terapeuta lo ha observado de arriba abajo. Pero en otras oportunidades, el profesional puede efectuar el chequeo de manera explícita. Puede preguntar: ¿*A ver..., cómo estás hoy?*, e inspeccionar insistentemente toda la contextura del paciente, tal cual un revisor de aduana. Esta intervención es factible realizarla seriamente, o de manera empática colocando una cuota de humor. Por ejemplo, abrir la puerta y mirar alevosamente comenzando por los pies del paciente, continuando por el torso y extremidades, hasta llegar a su rostro, centrándose en la mímica facial con una mirada escrutadora pero no persecutoria. Cuando es una familia o una pareja, puede jugarse de la misma manera, tal vez focalizándose en diferentes aspectos estéticos de cada participante.

Una connotación positiva con respecto a la ropa, al cabello, al rostro, a la elegancia; un elogio seductor que enzarce algún aspecto del paciente introduce un aliento narcisista y alimenta el buen humor, favoreciendo la autoestima. Más allá de que a todos los seres humanos les satisface ser elogiados, el hecho de que el terapeuta –por el lugar acreditado que posee en la vida del paciente– haga una atribución positiva a algún aspecto del mismo, tiene doblemente poder e incidencia en su vida.

También, es interesante buscar en el paciente algún detalle estético diferente al que trae en general y realizar un pequeño comentario al respecto. Si se hizo un nuevo corte de cabello o se tiñó, si está más delgado, si se maquilló de más o de menos, si se pintó los labios, si se compró una chaqueta nueva, o lo bien que le queda un color o la combinación de los colores, o si trae un libro en su mano, etc. Todos los señalamientos acerca de estos detalles forman parte del caldeamiento inicial y hacen que el paciente o los pacientes se sientan reconocidos por el terapeuta que ha logrado identificar detalles que se creía pasarían desapercibidos.

También, colocar una pauta de humor en el comienzo de la sesión permite una bocanada de oxígeno, un golpe de viento fresco que augura un buen desarrollo. Es algo así como crear un encadenamiento recursivo de gestualidades positivas desde el inicio, que no se emparienta con una salida maníaca y menos se riñe con el malestar que puede traer el paciente ese día. Solamente, se trata de generar el clima propicio para lograr calzar intervenciones y hacer más efectivo el trabajo terapéutico.

Es interesante, en esta misma dirección, jugar con la apertura de la puerta. Tal cual una película de terror –donde las puertas se abren lentamente–, el terapeuta puede abrir la puerta de su consulta despaciosamente y sin darse a ver, casi ocultándose tras ella. En general, sucede que cuando asoma su cabeza, el paciente *ya* esboza una sonrisa (es fantástico que con un acto de semejante simplicidad se cree una situación de humor refinado). Allí, el terapeuta puede pasar revista de abajo arriba a todo el cuerpo de la persona. Hay un juego de miradas, de sonrisas y de complicidades en el prolegómeno del espacio íntimo, un espacio que se va a compartir durante una hora aproximadamente.

El terapeuta puede no pasar revista general. Simplemente (y complejamente), puede mirar la mirada del paciente. Es todo un desafío ejercitarse en observar toda esa serie de micromúsculos que dan pelos y señales del estado de la persona, como los ojos a media asta, o una mirada tensionada, agresiva, triste, lateral, etc. Es un instante a la llegada en el que las miradas se entrecruzan, un instante que se congela y da la oportunidad de devolver un gesto, una palabra que metacomunique su estado y sirva de denuncia o de concienciación de cómo se muestra o cómo lo ven: *Hummmm... ¿qué dice esa mirada?* / *¿Y esa mirada, qué me dice?* / *¿Cómo estamos hoy?* O preguntar o señalar lo que el terapeuta supone o categoriza de lo que ve en la persona, por ejemplo: *¿Estás triste hoy?* / *Qué mirada sensible tienes hoy...* / *Te chispean los ojos...* / *Qué me contarás hoy...* / *¿Con qué te vienes?* En fin, existen una serie de observaciones que pueden efectuarse en pos del estado que perciba el terapeuta, que bien puede decidir hacerlas explícitas o no, dependiendo de la estrategia a seguir.

Bajo los mismos parámetros de observación, no solamente es factible mirar la mirada sino toda la gestualidad facial, por ejemplo, la frente o la expresión de los labios. Por ejemplo, una frente arrugada, el signo *omega* pronunciado, las cejas elevadas, un rostro diáfano y abierto. Labios apretados, sonrientes, que se muerden, que se presionan unos a otros. Caras en general: enojadas, simpáticas, seductoras, complicadas, nerviosas. Más allá de los estereotipos, cada paciente tendrá una forma de expresión que un terapeuta, que desarrolle esa intuición en la detección gestual y postural, sabia y estratégicamente, explicitará o tomará en cuenta como un aporte más a la atención del paciente.

También, en ese espacio de uno por uno se deben observar las posturas corporales. La posición general con que entra el paciente en el despacho: si sus hombros están encorvados o si llega erguido, si sus brazos se hallan relajados, sueltos o contraídos, duros; si sus manos se agitan, se entrecruzan, se manosean o si se colocan en sus bolsillos, si son puños apretados, si sus piernas muestran tics o manierismos, o golpetean el piso intermitentemente denunciando ansiedad, o si están relajadas y descansa una sobre la cadera de la otra.

¿Cómo entra el paciente en el consultorio?: si su paso es agitado, cadencioso, rítmico, acelerado, lento, regular, relajado, si marcha. Si se muestra cansado, agotado, agobiado, como cargando peso sobre sus hombros. Si camina encorvado, mirando hacia abajo y sin conectarse, o si se muestra expansivo, erguido y mira a los ojos cuando camina. Si encara directo al sillón, si se detiene a tertuliar previamente o si se detiene a saludar, o si casi no saluda o saluda formalmente (porque se debe saludar), si saluda sin conectarse, ensimismado, o si el saludo es parte del transito acelerado hacia el sillón.[29]

Son también relevantes los comentarios previos al comienzo de la sesión. Estos comentarios son temas suntuarios que llenan vacíos, que esconden la ansiedad, el nerviosismo (más si es una primera entrevista), sensaciones que se erigen como defensas frente a la tensión. Aunque, también, son simplemente comentarios del convencionalismo social. Algunas de estas verbalizaciones banales rondan acerca de la humedad, el calor, el terrible frío, la nubosidad, la sensación térmica, la lluvia o cualquier fenómeno o estado meteorológico que pueda presentarse.

También, pueden remitirse al viaje realizado para llegar al despacho: cercanía o lejanía, si se viaja fácil en el medio de transporte, si el metro estaba lleno, si los autobuses no paraban, si el tránsito era agobiante, si había lugar para aparcar, etc. A veces, los pacientes que llegan por primera vez a la consulta, ni siquiera observan el hábitat donde se desarrolla. Caminan directo a su lugar, con la vista al piso. Otros, en cambio, se dedican a recorrer el consultorio, revolean sus órbitas reparando en los mínimos detalles, desde las estatuillas que se encuentran en una mesa ratona, hasta repasar los libros de la biblioteca o los objetos de arriba del escritorio, mirando de reojo los papeles que se encuentran depositados arriba del mismo (a los más atrevidos no les alcanza la mirada, necesitan tocar los objetos, contactarse con las manos). Otros se focalizan en la vista, se posicionan frente a la ventana de la consulta esperando ver el paisaje –si

---

[29] Ver más adelantes "Estilo de saludos".

lo hay–, mientras que otros se decepcionan encontrando la ventana del cuarto del vecino, y no obstante, lo husmean.

Todos estos detalles son observados por el terapeuta que, afirmado en ese espacio del metro cuadrado, recopila toda esta serie de detalles que dibujan los antecedentes de lo que le sucede al paciente, de su estado del día. Estos juegos muestran mayor complejidad interaccional, emocional y cognitiva cuando se desarrollan con un mayor número de personas, como en el caso de una pareja, una fratría, o una familia. Por ejemplo, los modos de entrada de los cónyuges muestran las diferencias en la forma de relacionarse, en la manera en la que se manifiestan los afectos, en quién está más complicado que quién.

Ella ingresa al consultorio de manera expansiva, altiva, con su mentón en alto. Él, por su parte, aparece con la mirada al pecho, ensimismado y, a pesar de ser más alto que ella, parece más pequeño. Él está brillante, impecable en su ropa y su peinado, se muestra seductor e independiente, mientras que ella viste ropa de segunda, limpia pero mal entrazada, y se ha maternalizado de tal manera que ha abandonado su rol de mujer. Él, delgado y encorvado, sometido a su mujer, viste un traje que parece que le quedara grande; ella, rubia y regordeta, entra a la consulta haciéndose lugar, imponiendo su busto prominente, saludando en voz muy alta con un claro dejo dictatorial.

Él saluda con una mirada rígida, sus cejas en punta y el ceño fruncido, y aprieta la mano fuertemente en el saludo; ella, de cara muy blanca, ojos bien abiertos y un gesto de ingenuidad, amaga a saludar al terapeuta con un beso y en una fracción de segundo mira de reojo a su marido y decide solamente darle la mano. Él, celoso furibundo, la mira exhaustivamente, y cuando el terapeuta la saluda, agudiza su mirada para ver si ella intentó seducirlo. Indefectiblemente le hará cuestionamientos después de la sesión.

Ella, hipercontroladora e insegura, mira con el rabillo del ojo cuando su esposo saluda a la terapeuta joven y linda. A posteriori, ella hará todo lo posible por sabotear el tratamiento. Ella, plena de iniciativa, irrumpe en el consultorio con paso firme y decidido; él la sigue pisándole los talones y prácticamente refugiándose detrás de ella, saluda al terapeuta mirándolo de abajo arriba. Él imposta su voz jugando el rol de galán con la terapeuta, mientras su mujer transforma su rostro arrojándole una mirada de odio. Ambos demuestran su juego ni bien han entrado a la consulta.

Es importante observar quién entra primero y quién después a la consulta. Hay personas que, fruto de su ansiedad mientras que el terapeuta abre la puerta, intentan ingresar por la primera rendija que aparece. Otros se quedan petrificados en la puerta, a la espera de que el terapeuta les de permiso para el ingreso. Algunos amagan a entrar juntos y como las dimensiones de la puerta de entrada no dan para dos personas, uno le cede el paso al otro simultáneamente y vuelven a chocarse en el intento, mostrando las pautas de la falta de comprensión en los mensajes. Un terapeuta, desde el humor, puede señalar estos actos dignos de un *blooper* de *Los tres chiflados*. Por ejemplo: *Bueno, bueno..., si empezamos así la sesión... ¡en qué terminaremos hoy!* / *A veces, en el intento de ser muy complacientes con el otro terminamos obteniendo roces y discusiones... / A veces, hacer lo mismo que el compañero lleva a que terminemos chocando...*

Quién cede el paso a quién, si da señales de caballerosidad y con un ademán invita a su mujer a entrar al despacho, si nadie cede el paso y directamente el hombre o la mujer ingresa primero. Hay personas que entran de manera abrupta, casi sacando de un codazo a su pareja, dejándola fuera de juego. Las hay también que no ingresan, que las asalta un segundo de duda, que escudriñan casi asomándose al despacho, tímidas o reticentes en su primera experiencia terapéutica. Siempre es interesante observar la panorámica de inicio: las personas en la puerta de entrada son una instantánea, una muestra fotográfica que las describe.

A veces las parejas están distanciadas, ella tocó el timbre y él se quedó atrás casi reticente a entrar, coincidentemente ella fue la que llamó para pedir el turno y el marido no estaba muy convencido porque *él no cree en los psicólogos.* Hay parejas que cuando se abre la puerta, tradicionalmente se encuentran del brazo, de la mano, o él sostiene el hombro de ella. Pero algunos *pegados,* unidos afectivamente, muy conyugalizados, vienen a terapia por los síntomas de alguno de los hijos. Notablemente, algunas parejas entran juntos tomados hombro con hombro, y realizan todo el recorrido hasta sus asientos de la misma manera, sin despegarse. Luego se sientan adhiriéndose o entrelazando sus cuerpos.

Otros se hallan de la mano, otros distanciados en cada extremo de la puerta o muy pegados hombro con hombro pero sin utilizar el contacto de las manos. En ocasiones, un brazo del hombre dirige a la mujer tomándola de su cintura en invitación a que entre primera, casi directivamente. Esta actitud se evaluará a posteriori, entre tantos datos, como un acto de caballerosidad o como un elemento distintivo relacional, donde la directividad masculina es parte del juego de la pareja. Alguno de los integrantes de la pareja aparece en la panorámica inicial con los ojos bien abiertos, simpático y con una sonrisa social bien delimitada; mientras que el compañero aparece cabizbajo, con la mirada hacia el piso y observando de reojo, opaco y distante, con un saludo de típico compromiso social, corto y de mano flácida. Mientras que uno es protagonista, el otro se relega incrementando su desvalorización personal.

Las vestimentas denuncian, también, rasgos de personalidad que a veces son alevosas complementariedades; otras, expresan los mismos gustos y no revisten notables diferencias. Ella aparece rigurosamente maquillada –hasta por de más–, aros y collares, colores muy vivaces y brillosos. Él, contrariamente, se muestra austero, con colores neutros en la tonalidad grisácea, verdaderamente un clásico. Ella resultará terriblemente impulsiva y él un ostrácico que no le es posible descargar sino con su cuerpo, somatizando.

Él, un macizo grandulón mal entrazado, mal afeitado. Profesional. De traje con reloj de plástico y zapatos sin lustrar. Ella, cosmetóloga, con un corte de cabello moderno, maquillada y con ropa perfectamente planchada y combinada. El terapeuta comprueba más tarde que él es un miserable consigo mismo y que su mujer lo impulsa a mejorar su calidad de vida.

Ella, regordeta, austera y clásica en su vestido, con pocos aditamentos y de plata. Él, longuilíneo y musculoso, peinado con gel, bronceado y mascando chicle. Ambos entran en el consultorio, ella parece una madre y él, su hijo adolescente. Tiempo después, se observará una señora totalmente maternalizada, ocupada al máximo en la crianza de sus hijos y la organización del hogar, mientras que su marido trabaja de profesor de educación física, dicta clases de aerobismo en una serie de gimnasios y es *personal training*.

Ellos son gordos, entran sus panzas primero en la consulta. No usan ropa moderna, puesto que en los talles más grandes no se encuentran buenas prendas de diseño. Se han centrado en la comida y han relegado otros bienestares de la pareja, como las relaciones sexuales y salidas sociales. Su casa es la cultura de la comida y los regímenes.

Ella, a pesar de sus 50 años, viste con estilo juvenil, casi adolescente. Delgada, musculosa y con un corte de cabello ultramoderno de jovencita de 17 años. Él le lleva 11 años, es calvo, con la panza natural de todo hombre que ha llevado una vida sedentaria y que solamente ha cultivado alguno que otro partido de fútbol entre amigos. En el trabajo terapéutico, se observan los reclamos de ella por la libertad de salir con sus amigas separadas y la acusación de él, de que su mujer le *roba* la ropa a su hija de 18 años. Él se muere de celos y afirma que ella tiene una adolescencia tardía.

Es notable cómo las contexturas físicas –gordura, delgadez, musculosidad– también sirven de orientación en el funcionamiento de una pareja, familia y de las personas en su vida particular. Más allá de los pormenores biológicos, estos estados físicos demarcan creencias, escalas de valores y la cultura del sistema. Hay familias que hacen elogio de la cultura *light* y se preocupan en extremo por estar delgados, rayanos con conductas anorexígenas. También las hay *vigoréxicas*, de cultura de gimnasio, de espejos alentadores narcisísticos. Y en el otro polo se encuentran los excedidos de peso, cuya cultura se centra entre la cantidad de comida y el culto a la oralidad, y los regímenes para poder bajar ese kilaje arrollador que paulatinamente se instaura en el cuerpo del sistema.

Como señalábamos anteriormente, también la forma y el estilo de entrada marcan pautas de funcionamiento, más aun en una pareja. Ella, por ejemplo, profesora de yoga, entra con movimientos lentos y relajados, se sienta en el sillón, colocando un pie bajo su trasero. Él, vendedor hiperkinético, entra acelerado delante de ella con los hombros subidos como señal de su contractura; espera a que su mujer se siente primero, pero cuando él se sienta después, no sólo que se desploma en el sillón, sino que la atropella con su cuerpo.

Están los dos que entran muy lentamente, saludan de manera gentil y observan todo el consultorio en cámara lenta, investigando el panorama y con cierta cautela. Es la primera vez que entran a un despacho de psicoterapia. Paulatinamente, ceden en resistir a su intimidad y hablan acerca de lo que les sucede. Otros llegan a destiempo, él con una puntualidad de cronógrafo no tolera las llegadas tarde. Entra marchando firme y de riguroso traje y cabello engominado. Ella, con los cabellos mojados –signo de recién bañada–, de jean y blusa escotada que muestra el bretel del corpiño y arreglada de apuros, llega 15 minutos tarde. Él la mira desde el sillón con cara acusadora y represora moviendo la cabeza en un signo de negatividad.

Él la fue a buscar a ella. Siempre la va a buscar. La controla, la cela profundamente. Ella siempre lo espera a la salida de la universidad, a la salida del curso de idioma, cuando termina la cena con los amigos, de todas las actividades que desenvuelve. Por supuesto que los dos llegan a terapia: juntos. Tocan el timbre y responden a coro sus nombres. Entran en la consulta juntos y caminan juntos abrazados hacia el sillón. Se sientan tomados de la mano, apretados en sus cuerpos. Ella dice, con cara de temor, pero de manera ambivalente: *No aguanto más..., necesito aire en esta relación...*

Los dos entran con la mirada en alto, simpáticos, gentiles, afectivos, saludan al terapeuta. Dan la impresión certera de que se puede trabajar con ellos, que van a comprender, que no van a malinterpretar cualquier intervención o tarea que se les señale. En ocasiones, ella –matrona empedernida– ocupa tres cuartos de sillón. A él le resta sentarse acurrucado en un extremo, coloca sus manos juntas palma con palma entre las piernas y las aprisiona. No dice nada y agacha la cabeza. En otros casos, él se sienta con las piernas abiertas, gesticula expansivamente con las manos y comienza a hablar de manera verborrágica y ella, apretujada en un extremo con las piernas cerradas y la cabeza gacha, en silencio mira hacia el piso.

Estilos de saludo

El tipo de saludo también cobra relevancia en las intervenciones del uno por uno. Las personas llegan a la consulta y el saludo marca una pauta de cómo funcionan en términos de las emociones y afectos: el grado de plasticidad, soltura o rigidez en las expresiones corporales con respecto a los sentimientos.

Hay personas que no abrazan, sino que saludan formalmente con la mano: si son hombres, por ejemplo, tanto con un terapeuta hombre como mujer. Muestran su formalismo y estructuración social, más aun si acompañan el saludo con la sonrisa social y el correspondiente *¡Mucho gusto!*, más allá de una vestimenta clásica de ese tipo de ropa que nunca pasa de moda. En grado extremo, en esta misma dirección, hay personas que saludan con la mano firme y balanceando el brazo de una manera militarista. Los hay que saludan con un apretón de manos al terapeuta hombre y con un beso a la terapeuta mujer.

La intensidad en el apretón de manos es un detalle interesante. Existe una intensidad media que hace que el saludo manual no tenga mucha relevancia. En los hombres, los más formalistas aprietan la mano muchas veces desmesuradamente y retuercen las falanges de sus interlocutores. Son saludos que se recuerdan por el *dolor* que ejercen. Muchas personas expresan sus afectos mediante la fuerza o la brusquedad de sus movimientos. Son, más bien, toscos y no logran manifestar las emociones sino a través de la rudeza. Un saludo con firmeza, mirando a los ojos del interlocutor, expresa seguridad relacional y personal.

A veces, las personas saludan con la mano fláccida y resbaladiza. Tímidos, principalmente, aquellos a los que les cuesta el contacto social y no se atreven a establecer relaciones profundas y permanecen en la superficialidad relacional. Este tipo de saludo refuerza esta hipótesis cuando la persona mira hacia otro lado y no a la cara de su interlocutor mientras da la mano, o simplemente observa de reojo y cabizbajo. El grado extremo de *fobia al contacto* se observa en personas que dan esta clase de saludo, quienes solamente toman y ofrecen la punta de sus dedos, casi no miran a la cara del terapeuta y dirigiendo su rostro al piso continúan su trayecto hacia su asiento.

Algunos toman toda la mano del interlocutor y hasta colocan su mano izquierda sobre la derecha del que saludan. Esta clase de saludo es una vía intermedia entre el apretón de manos y el abrazo. Son personas que se muestran más afectuosas en el contacto, aunque, en algunas de este tipo, su historia y sesgos de personalidad describen una persona un tanto invasiva y controladora.

A veces, encontramos manos sudorosas en el saludo, como un indicador de nerviosismo y tensión en el primer encuentro. Hay personas que hacen durar mucho el saludo y mueven repetidamente su mano de arriba abajo. Son saludos interminables, donde parece que nuestra mano se ha quedado adherida a la de nuestro interlocutor. Más allá de que pueda ser su estilo, o ser fruto de la ansiedad, el saludo puede reproducir una forma de relación social dependiente, *pegajosa*, demandante.

Todos estos datos que ofrece el inicio terapéutico muestran las complementariedades relacionales. Juegos y dinámicas que presuntivamente el terapeuta podrá interpretar, para después corroborar en las posteriores interacciones que se desarrollen en la sesión. Por supuesto que son generalizaciones y en los juegos relacionales no existen patrones generales, pero estas muestras son hipótesis ejemplificadoras de cómo deben leerse ciertos rasgos de los estilos interaccionales de los consultantes. Es capitalizar al máximo lo que nos puede ofrecer la experiencia sensible.

En ese espacio de metro cuadrado en la entrada de la consulta, también, además del apretón de manos, puede darse un abrazo. Un abrazo es un contacto más afectivo y revela mayor intimidad. El contacto corporal es más atrevido que la distancia que impone el apretón de manos. La distancia del saludo de manos es la distancia del brazo, razón por la que resulta un contacto del tipo de distancia social. En el abrazo, hay una violación de ese territorio, hay cercanía, se siente el calor y el volumen de los cuerpos.

Hay personas que saludan con un beso, pero no dan un beso en la mejilla del interlocutor, sino que exponen su propia mejilla para recibirlo. A su vez, el beso que dan cae al aire y acompañan la coreografía con un cuerpo rígido al contacto. Otros, si bien intercambian besos, abrazan con una mano mientras que interponen la otra entremedio. Otros no hacen contacto cuerpo a cuerpo, aúnan solamente las mejillas y se distancian con el resto del cuerpo sacando el trasero para afuera. Estas actitudes, resistentes a medias al contacto, dan pelos y señales de cómo se manejan los protagonistas en el área de los afectos: establecen relación, pero siempre con un *quantum* de reserva y cautela.

Para besar y abrazar hace falta estrechar los cuerpos, rozarse las mejillas, sentir los olores personales, aprender a tocar con la palma de las manos y los dedos. Se trata de sentir al otro, la calidez de su cuerpo y la calidez de la transmisión afectiva; de hecho, el abrazo, más allá de un saludo, es una expresión de sentimientos. Y para realizar el abrazo como tal, es necesario tener construido un vínculo íntimo y profundo. Por tal razón, el abrazo rompe con el saludo formal y su distancia correspondiente, e implica una violación de esa distancia.

Es necesario que el terapeuta posea cierta ducheza en la conducción de su cuerpo. Hace falta poseer cierta soltura y compromiso afectivo en la tarea. La costumbre del beso y del abrazo en la llegada y en la despedida depende tanto del terapeuta como del paciente y el contexto de donde provienen y donde se desarrolla la sesión. Como el resto de las técnicas, este tipo de saludo no puede efectuarse de manera generalizada: se debe contar como una herramienta más e incrementarla y perfeccionarla para elegir cuándo se debe o no se debe utilizar, de acuerdo a lo que la interacción de la sesión requiera. En general, tampoco es factible abrazar a un paciente en el primer encuentro. Tal vez, aparecen los saludos formales en las primeras sesiones, para que cuando se alcance cierto tipo de confianza e intimidad en el vínculo (cuando el paciente o los pacientes han logrado *desnudarse de sus miserias*), tal vez allí, sea el momento propicio para estrecharse en un saludo afectivo, más precisamente, como una expresión de sentimientos.

Cuando el terapeuta sensible a las manifestaciones corporales abraza, logra chequear el grado de dificultades de contacto que posee el paciente. Toca su espalda, sus brazos, siente el grado de rigidez o flexibilidad muscular, expresa su afecto, entendiendo la relación terapéutica como un modelo afectivo funcional a reproducir fuera del ámbito de la consulta. Cuando abraza, también es factible que detecte durezas y contracturas del paciente. Tocar esos puntos puede ser la llave que abre la puerta para trabajar la acumulación de tensiones: qué es lo que se deposita en el cuerpo, cuáles son los problemas que se desplazan como síntomas corporales. Hay que diferenciar si las durezas responden a la armadura que el paciente desarrolla en el abrazo. Si la rigidez armadúrica es abrupta y se debe al contacto. También, esta es una vía de entrada para trabajar su mundo de expresiones y contactos emocionales.

Hay personas que se dejan llevar, son abrazados pero no abrazan. Son pasivos interlocutores del afecto. Los cuerpos parecen marionetas maleables y dirigibles. A veces despiertan la sensación de que se está abrazando un muñeco. Cabe preguntarse qué sucede con esta clase de personas en sus relaciones afectivas que, después, se quejan de los reclamos de su entorno por su falta de iniciativa. En el polo opuesto, están los otros que son directivos y arrolladores, cercanos a la invasión. Dirigen el abrazo, toman y acaparan el cuerpo del interlocutor. No le permiten compartir las iniciativas. No se permiten recibir.

En una dirección similar, encontramos personas *dadoras por excelencia* que, cuando son ellas las que toman la iniciativa en el abrazo, manejan estupendamente el contacto cuerpo a cuerpo. Se saben expresar, no escatiman el contacto pleno de los cuerpos, utilizan sus manos para explorar y brindar al otro su calidez. En cambio, cuando es el otro quien toma la iniciativa, ponen sus cuerpos rígidos y no saben recibir las manifestaciones emocionales del interlocutor. Han sistematizado en su mundo relacional vínculos unidireccionales de expresiones afectivas: todo marcha bien y nadan en su salsa mientras sean ellos los emisores afectivos, pero se desorientan cuando deben colocarse en receptores.

Por supuesto que en el área de los abrazos existen los *abrazos formales*. Dos personas se encuentran y se dan un abrazo sin contacto corporal pleno, simplemente juntando el pecho y dándose dos o tres palmadas enérgicas en la espalda. Por ejemplo, si se encuentran dos mexicanos que llevan una relación afectuosa y de conocimiento en años, se dan la mano, se abrazan y se palmean la espalda firmemente, y se separan y se dan la mano nuevamente.

Este estilo de abrazo puede verse en el uno por uno en personas con cierto *quantum* de formalidad, principalmente en el abrazo de hombres con terapeutas hombres. Una cuota de machismo y las inhibiciones de contacto corporal entre hombres por asociarlo a tendencias homosexuales hacen que esta categoría de personas se refugie en la pantalla de la formalidad como defensa a expresiones afectivas más contundentes. Aunque también es factible que el paciente no se halle inhibido en estos aspectos, y no sienta avanzar en otro tipo de contacto con el terapeuta y prefiera que el vínculo se ciña solamente a la palabra.

Cuando se abraza, algunas personas resistentes al contacto corporal, tienden sus cuerpos hacia fuera, es decir, frente al abrazo intentan salirse y dan la sensación de que el abrazo las asfixiara (y eso, de hecho, es lo que sienten). Esta clase de individuos, conjuntamente con este movimiento centrífugo (tomando como epicentro el abrazo), dan unas palmaditas repetidas sobre la espalda del interlocutor.

Palmaditas tímidas que se suelen codificar como *¡Ya está bien, ya está bien, distanciémonos!*

En otras personas, las manifestaciones afectivas se expresan mediante la rudeza de movimiento en el contacto. Al igual de aquellos que dan la mano y la oprimen con fiereza, cuando abrazan, la contundencia de las palmadas en la espalda y el nivel de fuerza que se coloque en ellas son un indicador de la expresión de cuánto aprecian a su interlocutor. Quien ha recibido este tipo de palmadas en la espalda sabrá que se sienten como latigazos dolorosos, momentáneos pero dolorosos.

Pero los abrazos no solamente se efectúan como un saludo afectivo de recibimiento, también son claramente una herramienta de contención. Tal como lo hemos desarrollado anteriormente, en situaciones críticas, el terapeuta puede acercarse a cuidar o contener al paciente. Diferentes tipos de abrazos marcan pautas relacionales como la interacción madre-hijo, hermanos, matrimonio, etc. Se deberá percibir, intuir en las diferentes señales de la interacción para determinar qué tipo de contención será posible.

Un abrazo correcto es el que une dos cuerpos equilibradamente. Con la diversidad que implica el uso de los recursos analógicos, el abrazo es un acople de cuerpos en armonía. Hay pacientes que, naturalmente, expresan sus emociones y afectos mediante el cuerpo, y el abrazo es una de las formas. En cambio, otros, como lo hemos descripto, poseen diversas dificultades. De cara a tales (y no nos referimos al abrazo únicamente, sino al abrazo como parte de un estilo relacional afectivo), el terapeuta puede estructurar diferentes estrategias a la hora de intervenir en pos de denunciar esas dificultades afectivas del paciente. Es decir, las dificultades que se observan en el contacto corporal pueden constituirse en el punto de partida para focalizar el tema de la expresión emocional en todas las áreas de su vida.

Un terapeuta puede enseñar a abrazar. Cuando encuentra al paciente que se endurece puede –abrazándolo– invitarlo a aflojar su cuerpo: *Vamos, hombre, relájate…, te siento totalmente endurecido. ¿Qué te sucede en el contacto y en la expresión de afectos…?* O a la paciente que separa su cuerpo en el abrazo sacando su trasero afuera, señalarle sus torpezas emocionales; o a aquel que coloca un brazo en medio de los cuerpos y mientras que sucede el abrazo se intenta separar interponiendo ese brazo, el terapeuta puede, de manera contundente y directiva, sugerirle que intente abrazarlo con las dos manos. De la misma manera que a aquel paciente que reitera sobre la espalda palmaditas nerviosas y racionalizadoras, invitarlo a que solamente haga contacto con la palma de sus manos y con la yema de los dedos para concentrar el contacto.

Recuerdo a Julio, que cada vez que me saludaba me daba un abrazo corto y, en general, ponía su mejilla y disparaba un beso al aire. Un día, ya llevábamos varias sesiones, le pregunté, después de que repitió una vez más su saludo, si él iba a seguir recibiendo del otro un beso comprometido y él besando al aire como devolución: *Por favor, aquí tienes mi otra mejilla* (señalándosela con el dedo), *Por favor dame un beso aquí.* Julio era un gran intelectualizador y, por lo tanto, había escapado a otras expresiones que no eran racionales, como las afectivas. Me miró desconcertado, titubeaba, no daba crédito a mi intervención, la interpretó como broma. Estaba a punto de sentarse en el sillón cuando le reiteré el pedido de que me diera un beso y un abrazo como correspondía, en reciprocidad afectiva. Tembloroso, en silencio, se acercó y totalmente endurecido me dio un beso y me dio el abrazo. Toda esa sesión comenzamos a trabajar el tema de su mundo afectivo: en qué otras situaciones Julio tenía dificultades para expresar sus emociones. Él había necesitado hipertrofiar sus pensamientos y reflexiones para transformarlos en meras racionalizaciones e intelectualizaciones, en desmedro de su universo emocional y afectivo.

Estas intervenciones, principalmente la última descripta, se deben realizar cuando se haya alcanzado con el paciente cierto nivel de intimidad y confianza. No es raro que ciertas intervenciones mediante el cuerpo realizadas por terapeutas mujeres ante pacientes hombres puedan codificarse como tentativas de seducción, más aun en aquellos hombres que poseen ciertas carencias relacionadas con la figura femenina o crean narcisísticamente en sus dotes de galantería. De la misma manera que en pacientes mujeres se codifique alguna idea homosexual depositada en la terapeuta. Sucede el mismo fenómeno con los terapeutas varones. Ciertas aproximaciones corporales hacia pacientes mujeres pueden codificarse desde una tentativa de abuso hasta una forma de seducción que conlleve fantasías de pareja llenando ese vacío afectivo. Tampoco es raro que los pacientes hombres fantaseen con tendencias homosexuales en la figura del profesional.

Muchas de estas atribuciones están sustentadas en el nivel de proyección de deseo hacia el profesional, dado el *quantum* de idealización que se deposita en su figura; como también, tal cual los vínculos humanos, el otro se *propone* –por así decirlo– como blanco de proyecciones, y no hace falta el aderezo de la idealización.

En síntesis, cabe realizar multiplicidad de hipótesis al respecto que obligan a estudiarse en especificidad de acuerdo al caso. Aunque a veces no concuerda ninguna de las hipótesis planteadas y un abrazo, por ejemplo, se recibe como un abrazo y nada más. Por tanto, no son cuestiones inherentes al paciente, sino a resonancias del terapeuta, que se persigue con pensar lo que el interlocutor puede pensar. De cara a estas fantasías, que muestran a un profesional que no tiene muy resueltos sus aspectos de contacto físico, es preferible que se abstenga de estas intervenciones, puesto que corre el riesgo de caer en conductas poco espontáneas y defensivas.

Tampoco estas descripciones dejan exento que en las lides psicoterapéuticas existan terapeutas abusivos, manipuladores y psicopáticos, que aprovechan su función en pos de objetivos sucios o para canalizar sus tendencias perversas, que poco se emparientan con el bienestar del paciente.

En cualquiera de las formas de aplicación de intervenciones corporales, se debe tener especial cuidado de cuáles son las limitaciones de acercarse o alejarse del cuerpo del paciente. Un terapeuta con cierta experiencia y con cierta sensibilidad al uso del cuerpo y de la conducción del espacio intercomunicante graduará de manera correcta el *hasta dónde* llegar en el contacto físico con el paciente. El terapeuta novel se sabrá más cauteloso y buscará pequeños indicios en el acercamiento que le señalen cuándo y hasta dónde avanzar. Por ejemplo, el hecho de colocar un pañuelo descartable en la mano de un paciente en plena angustia y llanto puede mostrar, como reacción en él, el apretar o tomar la mano del terapeuta. Esta acción puede ser reveladora de la necesidad de la persona de que el terapeuta se quede cerca físicamente (puesto que se puede contener a distancia), o de la necesidad de un abrazo contenedor. En otras oportunidades, el llanto contenido hace su aparición cuando el terapeuta coloca tímidamente una mano en el hombro del paciente y este mismo le toma la mano en señal de necesidad de cercanía afectiva.

De cualquiera de la formas, por mayor que sea la experiencia del profesional, siempre el contacto corporal con el paciente debe desarrollarse de manera respetuosa y cálida, a sabiendas de que tanto la gestualidad como las acciones del terapeuta son instrumentos de intervención: esta consciencia implica adoptar una posición responsable y ubicada en pos del bienestar del paciente, y hace de la terapia un trabajo en donde los afectos tamizan profundamente.

Cuando se cierra la puerta

Cuando finaliza la sesión, es en el espacio de *uno por uno* donde se realizan las últimas intervenciones que sirven como remate de la consulta. Se trata de cuando la sesión está por concluir y el terapeuta acompaña al paciente a la salida: ese espacio de la puerta de entrada representa una excelente oportunidad para cerrar el trabajo terapéutico con algunas conclusiones, más precisamente, *un cerrar para abrir*: abrir a nuevas reflexiones, pensamientos y emociones en pos del cambio.

Cuando el paciente, la pareja, la familia se ponen de pie, prestos para salir, el terapeuta puede optar por el silencio y establecer un juego de miradas, o realizar algunos comentarios de la sesión y desarrollar en voz alta las últimas reflexiones. El trayecto que va desde los asientos a la salida puede culminar en el remate de todo lo que fue trabajado durante la sesión. Es algo así como la frutilla que corona el copón de crema. Es un señalamiento final que no necesariamente, como puede suponerse, debe ser la palabra. Puede ser el silencio alevoso o un gesto, una mirada, una palmada, un abrazo, una mano en el hombro, en síntesis, una serie de detalles analógicos que envían mensajes a los pacientes, datos que el terapeuta considera relevantes a la hora de cerrar. Esos mensajes pueden ser codificados y explicitados por el terapeuta que lee los gestos: posturas corporales, miradas expresivas y toda una serie de floridos movimientos que bien pueden ser traducidos a palabra. Por ejemplo: *Seguramente que esa mirada triste puede ser el pasaporte a crecer.* / (enderezándole los hombros) *Es posible que te sientas abatido, pero ¡le estamos dando lucha al problema…! / Así me gusta…, ¡esa mirada viva y llena de energía!*

El profesional, cuando se frena en el metro cuadrado, toma el picaporte con una mano y coloca la otra en el hombro del paciente, lo mira a los ojos y, por ejemplo, le dice provocatoriamente o de manera desafiante: *Esta es una oportunidad inmejorable para que puedas cambiar... No voy a permitirte que la desaproveches, entonces, habla con tu mujer e intenta mejorar la calidad de la relación. ¡Deja de una vez el miedo!* Esta es una forma confrontativa de concluir tratando de llevar a la acción lo discutido en la sesión.

Los efectos de estas intervenciones resultan insólitos. En el juego de complejidades, el terapeuta puede suponer cuáles fueron las intervenciones eficaces, durante la sesión propiamente dicha, para la resolución del problema de los pacientes. Pero eso es, tan sólo, una *suposición*. Dada que la comunicación como tal es compleja, únicamente puede construirse una hipótesis que infiera cuáles fueron los elementos que hallaron el camino al cambio y a la mejora consiguiente.

En una oportunidad, un terapeuta comenta en su supervisión la magnífica sesión que había tenido en forma individual con el *partenaire* masculino de una pareja en consulta. Había empleado, según él, un repertorio refinado de estrategias. Redefiniciones, connotaciones positivas, un aclarador cuestionamiento circular, todo rematado en una hermosa prescripción. El terapeuta se mostraba orgulloso. Había logrado acoplarse estratégicamente, de cara a las resistencias del señor, jugando alternativamente *one down y one up* en la relación, terminando por crear una nueva historia en la perspectiva del paciente en relación con la pareja.

Todo giraba en torno a una tercera persona, que giraba en la fantasía del buen hombre. Pero hubo un detalle que remarcó, en función de lo que trajo el paciente a la próxima sesión, ya con su pareja. Cuando finalizaban la consulta, en esas últimas palabras en el perímetro de la puerta de entrada, el terapeuta, mientras que lo despedía, culminó su conversación con una reflexión simple: *Pensando acerca de todo lo que hablamos, verdaderamente, qué adoquín afectivo que eres, ¿no?* El paciente se fue, diciéndole: *¡Realmente, realmente!*, mordiéndose los labios con gesto de sentirse un estúpido frente a sus fantasías.

A la sesión siguiente, la pareja comentó que estaban mucho mejor, que se habían aflojado las tensiones, que él había disminuido sus cuestionamientos celotípicos, que habían podido disfrutar de algunas salidas, etc. El profesional le preguntó al marido qué le había resonado de la sesión anterior para haber realizado semejante cambio. Esperando que le reconociera, debido a lo que el terapeuta consideraba una sesión brillante por todos sus artilugios estratégicos, el señor comentó que lo que más le había impactado de la sesión había sido el último comentario al abrirle la puerta: *Realmente me sentí un estúpido pensando de esa manera y reconocí que me tenía que valorar más.*

Si bien podríamos inferir que la intervención final del terapeuta fue el corolario de todo lo trabajado en la sesión, lo interesante es describir cuál fue la construcción del terapeuta y cuál la del paciente. Lo que resultó un comentario banal para el profesional, fue elocuente en el señor. Más aun, para el profesional ni siquiera la expresión *adoquín* había cobrado relevancia de intervención.

En otros casos, las conclusiones y los últimos comentarios pueden ser desarrollados en este espacio de manera reflexiva. No se trata de abundar en reflexiones filosóficas, ni en demasiadas interpretaciones, como tampoco dar lugar a que el paciente se despache a su gusto. Se estaría en riesgo de convertir un simple remate final en una sesión adicional, desvirtuando el resto de elementos trabajados durante la consulta. Muchos de estos comentarios, por parte del paciente, pueden ser palabras que llenan un vacío ansiógeno. Verborragia que se halla al servicio de obturar los señalamientos relevantes.

El metro cuadrado es un espacio donde, luego de haber desenvuelto la consulta, el terapeuta observa los gestos del paciente, la mirada, su postura corporal y escucha sus últimos comentarios. Es una gran vidriera, en donde se puede cotejar cómo llegó el paciente y cómo se va. El terapeuta, atento, puede explicitar los cambios, o solamente y en silencio, observarlos y registrarlos para capitalizarlos en sesiones posteriores.

A veces, ese lugar es el lugar de la síntesis. El terapeuta hábil muestra tres o cuatro puntos principales de la sesión. Por ejemplo: *Tienes que entender que es lógico que te encuentres ansiosa, ¡es tu última materia! Dime de qué otra manera desearías tomarlo. Si a esto le sumas las ansiedades de tus padres y amigos..., ¡hermosa ensalada de ansiedades! No te digo que te quedes tranquila porque sería inefectivo. Sí te digo que creas en ti, en tu capacidad y recursos.* Estas intervenciones aúnan encadenados dos o tres puntos claves de lo que le sucede al paciente.

En la puerta de salida, el terapeuta puede capitalizar ese minuto de despedida para reforzar las principales intervenciones de la sesión. Es algo así como una ayuda memoria de los puntos más profundos o relevantes de la consulta. El terapeuta puede enumerar esos puntos con cada uno de sus dedos: *En primer lugar, se trata de regularizar el tema estudio ya que faltan pocas materias para terminar el secundario. En segundo lugar, la búsqueda laboral: empezar por el currículum. Y lo más importante, ya que tu padre no viene a hablarte —y tú y yo sabemos que corresponde que fuese él como padre quien debe hablar después de este silencio de dos meses—, reunirte con él para aclarar el tema, ¿OK?*

El espacio del metro cuadrado es el momento de la despedida. Puede ser un saludo común, un beso, un apretón de manos, un abrazo. Depende del estilo de relación que lleve el terapeuta con los pacientes o con cada paciente. Aunque también tiene que ver con la intensidad emocional o reflexiva de la sesión. Una mirada contenedora, una mano sobre el hombro y unas breves palabras, una caricia en la cabeza o en el rostro, unas palmadas en la espalda, un abrazo fuerte, intenso, contenedor cierran de manera equilibrada la consulta. Equilibrada, en tanto el paciente sienta la presencia afectiva del terapeuta que se encuentra apoyándolo en la búsqueda de soluciones.

También la puerta de entrada es el lugar de los *augurios*, es decir, un lugar de connotaciones positivas, de palabras o gestos de aliento en pos de resolver la problemática. Más allá de que la sesión haya tenido un tenor provocatorio o desafiante, más allá de que el paciente haya sentido rabia por los señalamientos del terapeuta, es importante el reconocimiento de sus potenciales o recursos actuales. Muchos de estos augurios son vaticinios positivos y esperanzadores acerca de las posibilidades de llevar a cabo modificaciones en el *status quo* actual. Por lo tanto, gran parte de los cierres de la sesión asocian recursos y herramientas del paciente con valoraciones que los resaltan, y se constituyen en estímulos para el crecimiento.

Siempre, entonces, o al menos en un gran porcentaje de casos, el cierre en la puerta de entrada debe ser una introducción de autoestima que genere fuerza y fe personal para lograr desarrollar a pleno las posibilidades particulares. Una de las principales intervenciones del metro cuadrado responde a la valoración y calificación del paciente, la pareja o la familia: *Espero que lleves a cabo lo que hablamos, ni más ni menos, sólo eso… Te sobran recursos para salir adelante… / Verdaderamente, son una familia hermosa, con mucho amor y potenciales para crecer. Lástima que existan tantas peleas entre Uds. Pero confío en el equipo que formamos. En nombre del amor y la salud los llevo a que confíen en sus recursos y sus herramientas…*

Las connotaciones positivas y las valorizaciones son la llave efectora del empujar a la acción, entendiendo la acción como una actitud concreta de cambio. De esta manera, se entiende por qué el terapeuta sistémico es un terapeuta pragmático. Porque, en principio, el cambio en la acción puede ser el resultado de una redefinición cognitiva o emocional, o viceversa, y a partir del desenvolvimiento de una acción concreta se llega al cambio cognitivo o emocional. De una manera o de otra, el verdadero cambio es el que opera en concomitancia o en sinergia con las áreas emocional, cognitiva y pragmática, y es el que se observa en la práctica concreta.

En el metro cuadrado, el terapeuta empuja a las acciones e invita directivamente a realizarlas en consecuencia con las modificaciones propuestas durante la sesión, aunque no se haya pautado ninguna tarea en especial. Simplemente insiste en las acciones para el crecimiento. Pero en los casos donde se hayan realizado prescripciones, el terapeuta podrá reforzarlas, remarcando el *no olvidarse* y colocando énfasis en la secuencia de acciones: *Recuerda con claridad: estarás en casa de tu hermano y sin la presencia de él ni de tu cuñada, intentarás profundamente sentir el ahogo, después me llamas...* Buscará nuevamente la aprobación: *¿Has entendido bien? Entonces, ¡a la tarea!* Es decir, todo un interjuego de acciones que se refuerzan y ratifican su discernimiento allí a la salida de la sesión.

Además de la despedida afectiva o la realización de las últimas prescripciones, con la finalidad de aflojar ciertas tensiones o simplemente con la misión de enviar un mensaje adicional, el terapeuta podrá apelar –con una cuota de histrionismo y creatividad– a contar un pequeño *gag*, un chiste corto, una frase popular o una breve historia apropiados con la temática desenvuelta. La idea es el remate de la sesión mediante una historia que mueva las emociones, un chiste que coloque una pauta de humor, un *gag* que provoque, una frase que mueva a la reflexión.

Un buen cierre de una consulta puede consistir en colocarle un título a la sesión. Al igual que cuando se narra una historia, se escribe un cuento, se redacta un libro, el título denuncia la pauta de su contenido, o sea, un título da pelos y señales anticipados de lo que puede ser ese contenido. Un terapeuta cerrará la sesión reflexionando en voz alta, diciendo: *La sesión de hoy, al igual que un film, podría llamarse...*, y lanzará el título que él crea más sugerente para el encuentro y para el problema del paciente.

Hay títulos que redundan en literalidad, en elementos concretos, por ejemplo: *"Juan y Mariana se resisten a comprometerse" / "Remigia está sola" / "Lara por fin se independiza" /*

"Los Murillo sólo saben sufrir". Otros se acercan a metáforas y analogías: *"La ostra y la enredadera"* / *"José Alberto, un volcán en erupción"* / *"El gerente hiperkinético y la profesora de yoga"*. Tanto unos como otros resultan provocativos de las funciones que desarrollan los integrantes de una pareja, de una familia, o los individuos interaccionalmente.

Fuera de los límites del despacho

En lo que respecta a los movimientos que es posible realizar en la consulta, se encuentra el desenvolvimiento de las sesiones que no se adecuan precisamente a los límites que demarca el despacho del terapeuta. Fronteras que se traspasan tanto puertas adentro, es decir, en el perímetro del departamento que oficia de consultorio (por ejemplo, la cocina); como puertas afuera: el trabajo terapéutico que se desarrolla en domicilios, parques, bares o simplemente caminando en las calles.

Cuerpo y espacio en el caldeamiento

Tradicionalmente, para el juego de la psicoterapia sólo hace falta un terapeuta, pacientes y un despacho amoblado convenientemente. En ese diálogo, solamente lo que el terapeuta y paciente intercambian son palabras y gestos. Algunos profesionales (y cada vez son menos) permiten fumar; otros poseen una caramelera ofreciendo dulces; otros tienen un *dispenser* de agua fresca con vasos de plástico; otros, un refrigerador, y el agua o la gaseosa es ofertada por el terapeuta, etc.

Los más atrevidos preparan una infusión. Atrevidos, porque preparar, por ejemplo, un café, implica que el terapeuta se desplace a la cocina y hable desde allí, o haga esperar al paciente hasta su retorno con el café preparado. Esta movida simple sugiere una transgresión de espacios por parte del terapeuta, aunque bien podría constituirse en el momento propicio para comenzar a trabajar con el paciente de manera espontánea fuera del espacio de la sesión, por ejemplo, en la cocina.

Naturalmente, cuando se trabaja en psicoterapia, a veces es imposible entrar en la problemática del paciente de manera directa. Esto quiere decir que es importante destinar o dejar librado a la espontaneidad cierto tiempo para merodear sobre temas superficiales hasta llegar a los centrales que preocupan a los pacientes. Ese tiempo es el que va desde la puerta de entrada hasta que la persona se sienta en su silla. Ocupa un tiempo más el hecho de que los miembros se acomodan y encuentran sus lugares donde sentarse. Todo transcurre en silencio o aderezado con algún tópico superficial, o algún comentario más específico, hasta que alguno de los integrantes de la familia, o la pareja o el mismo paciente individual decide entrar en el tema particularizando el por qué vino a terapia o simplemente retomando lo trabajado en la sesión anterior, o comentando algo importante que le sucedió en la semana, por ejemplo.

En otras ocasiones, es el terapeuta quien pone coto a toda una serie de banalidades para ingresar curiosamente en la problemática. No hace falta que coloque abruptamente la frontera entre lo periférico y lo central del tema a tratar, aunque a veces hace falta. Por ejemplo, la familia redunda en banalidades y banalidades y se encuentra perdiendo tiempo de trabajo y el terapeuta señala un corte categórico: *Bien… Entonces, ¿cómo están con el tema que estuvimos trabajando en la sesión pasada…?* (dirigiéndose a la mamá) *¿Pudieron salir con su esposo? A propósito, ¿por qué no vino él?* En otras ocasiones, estratégicamente se va desde lo superficial al eje del motivo de consulta, en un pasaje casi imperceptible donde la familia entra en tema sin proponérselo. El terapeuta toma una frase o una expresión que puede ser entendida en otra semántica a la manifestada: *Sí Doctor, como siempre nos costó salir de casa, daban vueltas y vueltas y siempre se olvidaban de algo…* Y el terapeuta pregunta: *A Uds. siempre les cuesta salir. Hacen esfuerzos pero, es cierto, dan muchas vueltas en vez de tomar el camino directo…*

Parte de este juego que se desarrolla en el *joining* inicial puede desenvolverse mientras que se prepara una infusión o se sirve una copa de gaseosa fresca. Por lo general, los consultorios privados son monoambientes o a lo sumo de dos ambientes, de los cuales una habitación opera como sala de espera (aunque por la puntualidad de los turnos poco se espera para iniciar la sesión); la cocina, entonces, en vez de ser geográficamente un lugar apartado del despacho, puede incorporarse como un anexo. O sea, los espacios tradicionales se ensanchan en pos de flexibilizar los encuadres clásicos, en dirección a favorecer la introducción de información.

Cuando, de manera espontánea, el terapeuta se conduzca con libertad en los diferentes lugares del hábitat terapéutico e inste a compartirlos, el paciente se sentirá con la máxima comodidad para hablar de sus intimidades con menor inhibición. Por supuesto, con las limitaciones de entender que existen lugares privativos del profesional. La asepsia profesional ha sido mal interpretada por numerosos terapeutas que, imbuidos principalmente en los modelos tradicionales, tergiversaron, en nombre de la disociación y la toma de distancia, la relación terapéutica.

Siempre recuerdo a una paciente que, después de una docena de sesiones, entró a la consulta casi desesperada con ganas de ir al baño. Lo que más me había extrañado había sido su actitud temerosa y titubeante, y la cantidad de disculpas que pidió por solicitar hacer sus necesidades fisiológicas. Cuando reingresó en el despacho, le pregunté curioso el porqué de tanto preámbulo simplemente para ir al lavabo. Hacía dos meses que llegaba entre cinco y diez minutos antes a la sesión y se prestaba al ritual de tomar un café en un bar cercano al despacho para poder ir al lavabo del lugar, por la creencia de que estaba prohibido ir al baño del consultorio. Esa creencia estaba sustentada en que su terapeuta anterior no le permitía el ingreso a su baño por considerarlo un lugar privativo de la profesional. No obstante, cabe agregar que más que malinterpretar la teoría o tergiversarla, esto se trata de sentido común, de relación humana.

En esta línea de desestructurar espacios tradicionales o, más bien, transgredirlos, al inicio de la sesión y, de acuerdo con el tipo de paciente y su situación, el terapeuta podrá dar comienzo a la conversación mientras pone a hervir el agua, prepara el café, dispone las tazas y todo el ritual como un verdadero anfitrión. Es necesario observar las actitudes del paciente y, por supuesto, este ritual es factible realizarlo con un paciente de manera individual y hasta una pareja. Pero podría complicarse cuando es toda una familia, por el hecho de servirles a todos: algunos van a la cocina, otros quedan en el consultorio, y se corre el riesgo de perder un tanto el control de la situación.

En Argentina, más allá del café o del té, existe una infusión que se denomina *mate*.[30] El mate, al pasarse de uno a otro de los bebedores, mancomuna, estimula el compartir y por lo tanto, el diálogo. Existe todo un ritual de la preparación del mate. Mientras que el agua se calienta, en la cocina, el terapeuta cargará con yerba el recipiente, echará un poco de agua, enterrará la bombilla en la yerba y así sucesivamente. En el entretiempo, el paciente, acoplado a esa parsimonia, podrá comenzar a hablar de su problema o se iniciará con comentarios periféricos hasta llegar al nódulo en cuestión. El mate permite compartir, entre un mate y otro, el diálogo terapéutico. En algunos casos, algún paciente trae unos bizcochos típicos y se arma una especie de ronda afectiva en donde transitan las palabras, gestualidades y demás interacciones durante la consulta.

---

[30] El mate es una yerba (la yerba mate) que se coloca en un recipiente que puede ser de calabaza disecada, aluminio, acero, madera y que se bebe con una bombilla de metal. Se sirve echando poca cantidad de agua semicaliente, no hervida puesto que si no se quema la yerba. La persona bebe sorbiendo de la bombilla, y una vez que termina, se lo pasa al *sebador* que conserva el agua a la temperatura adecuada en un termo. Así pasará el mate a otro integrante.

Prepare lo que se prepare, en ese ámbito se verá si el paciente se queda sentado en su asiento y no acompaña la preparación en la cocina. Hay pacientes que hablan en voz alta para que el terapeuta los escuche, pero no se mueven de su lugar. Otros se acercan y se muestran totalmente cooperativos: lavan una taza, toman la bandeja y colocan la azucarera y las cucharas, otros endulzan los dos cafés. Mientras tanto, hablan de lo que les sucede, de su dolor, de su tristeza, de sus problemas. Otros se quedan en los comentarios periféricos, esperando que comience la sesión, en la creencia de que el inicio se produce cuando ellos y el terapeuta se sientan en su sillón.

Algunos vienen de trabajar hambrientos, y una infusión y unas galletas alientan a conectarse mejor con lo que les sucede. Otros, compartidores y cuidadores por excelencia, son ellos los que traen las galletas, golosinas o chocolates a la consulta. Se podrá interpretar que es fruto de la ansiedad, semejante muestra de afecto mediante la comida y los dulces: puede que sí, pero esto no quita que pueda –paliativo de ansiedad mediante– favorecer la comunicación terapéutica.

Si la sesión ha adquirido cierto nivel de ilación y concentración en ese preámbulo de preparativos, conviene no moverse de la cocina y no correr riesgos de perder el clima logrado, y, tal vez, toda la consulta se desarrolle allí. Lo más importante es consolidar una relación y un ámbito de psicoterapia que favorezca la introducción de información nueva en pos del cambio.

No se trata de *deber hacer* una infusión u ofrecer cualquier alternativa de las expuestas, se trata de contar con la posibilidad. *No con todos los pacientes, no siempre con algunos*: es decir, existen ciertos pacientes que por el grado de manipulación, rápidamente pueden saltar a una confianza extrema traspasando los límites de la relación profesional. Por otra parte, no siempre es necesario jugar el caldeamiento de esta manera con los pacientes con los que sí es posible aplicar esta fórmula. El terapeuta debe sentirse libre en su espacio y en la relación, condicionado por la ética y con el objetivo responsable de ser eficaz en el tratamiento de su paciente.

Terapia externa al consultorio

En función del caldeamiento de los inicios de la sesión, hemos observado la posibilidad de traspasar límites interiores de la arquitectura del despacho, utilizando, por ejemplo, la cocina como otro espacio común. En esta misma dirección, excediendo el perímetro convencional donde se desarrolla la sesión: ¿qué podría decirse de trabajar terapéuticamente fuera del consultorio? Muchos terapeutas tradicionales bien pueden pensar que es una estrategia o simplemente una idea descabellada. No son pocas las oportunidades en las que es el contexto el que obliga a trabajar en lugares no habituales pero que terminan convirtiéndose en el sitio normal donde se desenvuelve la sesión. Por ejemplo, en muchos hospitales públicos de Buenos Aires, por deficiencia de la estructura edilicia, la demanda de pacientes sobrepasa a la cantidad de consultorios disponibles para la atención. Es, entonces, cuando el terapeuta debe optar: o renuncia al servicio porque la infraestructura no le permite trabajar como él desea o inventa lugares recreando el clima necesario para trabajar en consulta. Así se encuentran terapeutas que realizan una consulta en la sala de espera de otra especialidad médica, utilizan el parque del hospital, el bar de los aledaños o sencillamente construyen una sesión terapéutica mientras caminan.

Pero, más allá de que el contexto mediatice la forma de atención y obligue a transgredir el *lugar sagrado de la psicoterapia*, trabajar fuera del consultorio puede constituirse en una estrategia de acción. Desarrollar la sesión en un bar cercano al lugar de la consulta, caminar por un parque, sentarse al sol en una plaza, asistir al paciente en su domicilio, aprovechar su horario de almuerzo en el trabajo y hacer una sesión en un restaurante, ver a un paciente internado en un hospital próximo a una intervención quirúrgica pueden ser algunos de los lugares atípicos donde efectuar la psicoterapia.

Seguramente que, de todos ellos, el pre o posoperatorio de un paciente en una clínica o la asistencia domiciliaria por cuestiones de no ambulación del paciente hacen que la psicoterapia se desenvuelva obligadamente fuera del consultorio. Pero no nos estamos refiriendo en especificidad a estos lugares (que, además, conllevan razones de contexto por las que el paciente no puede concurrir a nuestro espacio). No es lo mismo *decidir* realizar la sesión en el domicilio del paciente, que estar cohesionado por la situación para hacerlo. Uno de los ejemplos precisos de este tipo de atención remite al modelo desarrollado en Italia de la Desinstitucionalización psiquiátrica, cuyas ideas germinales se desarrollaron en Trieste.[31]

Como parte del proceso de desmanicomialización, se externó a la mayoría de los pacientes mentales quienes, luego de años de reclusión en el asilo, lograban retornar a sus casas natales, o recurrían a una vivienda compartida bajo la tutela de profesionales, o simplemente se iban a vivir solos. Como resultado de la supresión del manicomio, se crearon centros de salud mental que realizaban la mayoría de sus actividades fuera del edificio donde funcionaban. El

---

[31] La *Desinstitucionalización psiquiátrica* fue un movimiento antimanicomial desarrollado bajo el liderazgo de Franco Basaglia. En principio, a partir del año 1961, la experiencia comenzó en el hospital psiquiátrico de Gorizia para luego, en el manicomio de San Giovanni en la ciudad de Trieste, desenvolver un proceso de externación de pacientes que culminó en una ley nacional que prohíbe la construcción de manicomios en toda Italia y el cese de la aplicación del electroshock, entre otras cosas. Se crea, así, un nuevo modelo y organización de salud mental.
Es un modelo que convoca al respeto por la diferencia, los derechos civiles de los pacientes psiquiátricos y por la libertad y dignidad del ser humano.

punto de mayor actividad era el domicilio del paciente, respetando, así, la descentralización del manicomio, es decir, evitando crear nuevamente centros con la misma política manicomial.

Cuando se trabaja en la experiencia, el hecho habitual de visitar la casa de las personas hace que el profesional observe detenidamente una serie de detalles que son parte de la psicoterapia. La casa refleja el mundo interno de las personas, las características de la familia, la dinámica de la pareja. Describe a la fratría.

Hay livings sombríos, desolados. Mientras que la cocina es activa, donde se desarrolla la vida familiar. Se come, se lee, se mira televisión, se conversa. Es el epicentro de las reuniones familiares. Toda casa tiene lugares públicos, aquellos en los que la familia intercambia con gente ajena al clan, y privados, que pueden ser descriptos como los sitios íntimos, aquellos que no son vistos por los de *afuera*. A veces, los públicos se encuentran ordenados, mientras que los privados emulan un desorden casi bizarro. En otras ocasiones, los lugares públicos son espacialmente grandes en comparación con los espacios privados, denunciando una familia que mira hacia fuera y no su propio interior.

El tipo de decoración, por ejemplo, denuncia los gustos familiares: si es una casa recargada o sencilla, con qué clase de objetos se halla arreglada: pocos pero finos, muchos pero baratijas. Las fotos familiares, tanto generales como con preeminencia de ciertos personajes de la familia, dan la pauta de quiénes son idealizados, los ausentes, los descalificados, etc. Si abundan los libros, qué clase de lectura es la predominante. Si los cuadros son reproducciones de buen gusto u óleos baratos. Si la religión tiene relevancia, si existen cuadros de vírgenes, cristos, santos, u otras veneraciones, etc.

Cuáles son los colores predominantes en la casa. Qué diferencias existen entre los colores de los dormitorios y los lugares comunes de la familia. Si los cuartos de los adolescentes muestran sus ideologías, ídolos, gustos, sometimiento, rebeldía, marginalidad o integración, etc. Cuando se llega a la atención domiciliaria, quién está dispuesto, quién está durmiendo a pesar de que es media mañana, quién trabaja.

Cómo se visten los integrantes mientras están en el hogar. Debe observarse el grado de dejadez, deterioro o actualización que tiene el hogar. Si pierden las canillas del baño o las de la cocina, el tanque del inodoro, si hay lámparas o solamente bombillas. Si hay platos sucios o grasa en los azulejos o tierra en las repisas. El estado de higiene de la casa. Hay personas pulidísimas cuya casa es una inmundicia, otras que son consecuentes: desordenados y sucios con casas desordenadas y sucias. Otros, en la misma dirección, son metódicos y ordenados y la casa los reproduce.

Cualquier detalle de la casa (y hay múltiples) es un elemento detonante de preguntas. Un terapeuta que desarrolle su curiosidad, mirará cuadros y preguntará acerca de los integrantes: qué edad tenían (si son los miembros de la familia), quiénes son otros que desconoce, dónde estaban cuando se sacaron la foto. Todas estas preguntas mínimas pueden construir cadenas de diálogo como caldeamiento a la entrada de la sesión. Cómo reciben al terapeuta, si lo atienden, si le ofrecen un café y –si la madre ha cocinado– un bizcochuelo para acompañarlo, si lo invitan al almuerzo o merienda familiar, etc. Es decir, cuáles son las muestras de afecto y reconocimiento, cuál es el código de la familia en estos aspectos, qué clima familiar en general impera en la casa, el lugar del profesional en la familia, el grado de importancia del tratamiento.

Uno de los tantos pacientes de Trieste, Giorgio, no sólo se masturbaba compulsivamente, sino que penitenciaba rezando –también de manera compulsiva– el Rosario. Cuando fuimos a su casa, nos recibió la madre, una señora mayor con el cabello blanco y recogido, pequeña y regordeta, vestida de gris y azul, tal cual una madre superiora. Apareció su hermana, una pelirroja de lentes, también de cabello recogido, íntegramente vestida de azul con un catecismo en la mano: propiamente una *monjita*. En el hall de entrada, sorprendía un cuadro gigantesco del Sagrado Corazón que mostraba a un Cristo de mirada benévola. Un cuarto de la antigua casa reproducía una capilla de oración. Giorgio había colechado con esta mamá hasta los 14 años, las fantasías en él proliferaban y lo llenaban de culpa. No salía de su casa y ese marco de extrema religiosidad que aparecía en cada rincón de su hogar lo hostigaba castigándolo permanentemente.

En Trieste, las sesiones individuales pueden desarrollarse sentados en el banco de una plaza, creando un clima de intimidad en un ángulo del bar o caminando por la costa adriática. Se realizan excursiones con grupos de pacientes de diferentes centros y hasta es posible que un equipo de operadores lleve a grupos de pacientes de vacaciones. Este modelo puede considerarse el máximo exponente en lo que respecta a la ruptura de los espacios prototípicos de atención terapéutica.

Salir del consultorio y realizar la sesión en lugares atípicos demuestra que la psicoterapia no sólo se ciñe al espacio tradicional. Utilizar otros lugares demanda habilidades profesionales mayores con el propósito de crear el clima intimista para desarrollar una sesión en un bar o en un parque, lo que supone una mayor estrategia, puesto que son lugares públicos y ambos, paciente y terapeuta, están expuestos a las miradas y a la escucha de la gente. Le exige al terapeuta un mayor grado de maniobrabilidad en la conducción, en el manejo de estrategias, sin la contención de las paredes del despacho.

Un hombre con resistencias a constituir su radio social, una mujer con dificultades para seducir, alguien con una cuota de hermetismo y aislamiento, o una persona emparentada con la fobia social, por ejemplo, hacen que en un bar se observe cómo funcionan relacionalmente. Lo que sienten, sus inhibiciones y sus bloqueos, sus capacidades y recursos.

Una señora estresada, un hombre excedido de peso, alguien ansioso y tensionado, un fumador empedernido, alguien que debe terminar con su sedentarismo parecen ser los estados propicios para desenvolver la sesión en un parque. Mientras se camina o se sitúan en el banco de una plaza, el terapeuta pasará informaciones que apuntan directo al cambio de *status quo*. El terapeuta se detendrá estratégicamente y solicitará que escuche el canto de los pájaros o el silencio, que observe el verde, que aspire profundamente el aire de la mañana, en síntesis, toda una serie de estímulos que colaboran con la relajación, que hacen descender los niveles de ansiedad y favorecen la concentración en la terapia.

Desarrollar una sesión afuera implica una provocación a las estructuras inflexibles del paciente y un desafío a lo que le cuesta cambiar. También, en algunos casos, resulta una puesta en marcha *ad hoc* de lo que debe y cómo debe cambiar. Sirve, asimismo, cuando el terapeuta manda una prescripción y anticiparla como muestra. Por ejemplo, el terapeuta le manda a una persona muy introvertida que salga a un bar, que observe a la gente, que dialogue con el camarero, que se muestre simpática. O cuando le manda a un paciente que lleva una vida sedentaria que camine treinta minutos y solamente treinta, no más, en tres oportunidades semanales.

También es factible utilizar el espacio externo cuando se trabaja con deportistas. En este sentido, los psicólogos del deporte poseen gran experiencia en trabajar en cancha de tenis, fútbol, gimnasios, vestuarios, parques, centros de entrenamiento, pistas de atletismo, competencias, etc. Allí se ven, claramente, los factores inhibitorios de las capacidades deportivas que impiden lograr resultados esperados por el nivel de entrenamiento.

En otras ocasiones, no existen motivos estratégicos para salir de la consulta. Puede deberse solamente a las ganas del terapeuta y no referirse a pormenores del paciente. El profesional se encuentra cansado y necesita despejarse, moverse, salir del anquilosamiento muscular y necesita una bocanada de aire fresco.

Por supuesto que es necesario ser extremadamente cauteloso en quien puede aplicarse esta maniobra. La normatividad que implica encontrarse en el perímetro del consultorio pauta límites en el accionar del paciente, aunque también en el terapeuta. La geografía del consultorio, el espacio físico, forma parte de las reglas del encuadre y esto introduce límites *per se* en el vínculo terapéutico. En cambio, cuando se traspasan las fronteras del lugar donde clásicamente se desarrolla la consulta, el profesional debe estar sumamente atento a no perder ese lugar relacionalmente asimétrico con el paciente, lugar que le otorga una semántica poderosa en sus intervenciones. Por tal razón, el excederse del territorio del despacho exige al terapeuta prestar suma atención para evitar cualquier empaste del vínculo. O sea, que el paciente se confunda y crea que porque bebe un café o almuerza, o camina con el terapeuta por un parque es un amigo, un familiar o algo que se le parezca.

Por estas razones, no es productivo salir del consultorio con un paciente que se halla en *transferencia amorosa* con el profesional. El hecho de estar en la calle, en un bar o en un parque puede llegar a hacer proliferar fantasías y a creerse con más asidero que pueden concretarse. El consultorio actúa como factor pautador de la relación, un factor que delimita interacciones. El paciente puede confesar su amor, pero se encuentra en un contexto que sella el vínculo profesional. El hecho de salir de semejante muro de contención de la relación terapéutica (tanto para el profesional como para el paciente) puede llevar el riesgo de contaminar el vínculo. Es decir, el *estar afuera* puede activar las fantasías y también activar la posibilidad de concretarlas, aunque claro está, los principales límites se hallan dentro del profesional y no solamente en el hábitat donde transcurre la sesión.

Tampoco resulta efectivo en aquellos pacientes con ciertos manejos psicopáticos o con una sutil y fuerte cuota de manipulación. Más allá de los límites que pueda imponer el terapeuta, el contexto de la calle es *tierra de nadie* de cara a un paciente con estas características. El afuera puede ser una tentación para sus mecanismos, con una fuerte tendencia a simetrizarse y el intento de colocarse por arriba del profesional.

En pacientes con dificultades de atención o para concentrarse en el diálogo, sudomaníacos y acelerados acentuados, un bar o un parque pueden ser factores distractores –por hallarse poblados de estímulos– que los alientan a desfocalizarse. Aunque luego de un período de trabajo sobre ese punto, es importante comprobar si se realizaron modificaciones. Entonces, el salir del consultorio puede ser una brillante oportunidad para ver el nivel de efectividad del cambio.

Es claro, también, que en algunas situaciones donde el paciente se encuentre muy sensible y angustiado, o excesivamente triste, o cuando la problemática es muy compleja y exige desentramar conflictos aderezados por la bronca que exigen ser relatados con vehemencia y hasta elevando el tono de voz, la asistencia en un bar no constituye el momento oportuno para desarrollar la sesión. El bar puede obturar las manifestaciones emocionales y coartar la libre expresión de la sesión.

Este tipo de estrategias, en general (y se da por supuesto), deben desarrollarse con pacientes individuales. Es imposible pensar una familia o una pareja en consulta en bares o plazas públicas. Pero, no se trata de realizar las sesiones fuera de la consulta de manera regular. Esta no es la propuesta en ninguno de los puntos descriptos en este texto. Es importante, reiteramos, que el profesional cuente con la flexibilidad relacional y contextual, para aplicar estas estrategias oportunamente ampliando sus recursos de intervención. Entendiendo que el encuadre no sólo se encuentra en el contexto donde desarrolla la psicoterapia, sino dentro de sí: el terapeuta es el gran conductor y el que impone las reglas de juego en amalgama interactiva con el paciente, en busca de una complementariedad que facilite cumplir con los objetivos de manera eficaz y rápida.

Cuerpo, espacio y movimiento: Un ejemplo clínico

Este ejemplo data del año 1986 y se desarrolla en la localidad italiana de Trieste. En aquellos momentos, coordinaba el grupo de residentes de la experiencia de desinstitucionalización psiquiátrica, una experiencia pionera en donde no se utiliza el manicomio como fórmula del trabajo con la enfermedad mental. [32] Tampoco ninguna de las reglas opresivas que imperan en el asilo psiquiátrico, es decir, el electroshock, el shock insulínico, los psicofármacos como punitivos y la opresión institucional.

En Trieste, los pacientes psiquiátricos viven en sus casas o en lo que da en llamarse grupos apartamentos supervisados por un asistente social, un médico o un psicólogo. Se abastecen económicamente con subsidios del estado.

Entre tantos pacientes, el *caso Edoardo* fue una de las más notables experiencias. No sólo porque muestra diferentes tópicos estratégicos en la psicoterapia, sino también por el desenvolvimiento de la organización innovadora y por el afecto

---

[32] La experiencia está contada en primera persona, ya que el autor fue protagonista de la misma.

y el compromiso que se imponen fuertemente en la tarea. El ejemplo es un recuento de múltiples técnicas que hacen que el cuerpo del profesional y del paciente, el espacio físico y el movimiento se acoplen en un todo sinérgico y potente.

Las técnicas psicoterapéuticas –tanto sistémicas como psicodramáticas–, la labor interdisciplinaria, la función y el objetivo social, y el afecto en la operatividad fueron cuatro elementos claves del trabajo que aunados permitieron cumplir la finalidad de la tarea: recuperar y valorar la vida de un ser humano.

El hombre que no termina nunca

Edoardo es un hombre de 54 años, técnico en radio y TV. Vive a dos calles del Centro de salud mental del barrio San Vito, en una de las partes más antiguas de la ciudad de Trieste. Él siempre vivió en esta ciudad. Siempre. Murió su padre cuando era aún joven y su madre hace unos pocos años. Pero Edoardo no se resigna a esta muerte.

Este es mi primer día de trabajo como voluntario en el Centro. Yo, muy joven, terminando de cursar mi primer doctorado en Psicología, apenas recibido en España de director de Psicodrama y haciendo mis prácticas de investigación de tesis en Italia.

Edoardo era considerado un paciente muy *difícil* para los integrantes del Centro. El equipo profesional se hallaba demasiado contaminado por la frustración generada por los diferentes intentos infructuosos de su mejoría y apostó, una vez más, a que tal vez un integrante nuevo, extranjero y menos influenciado por los fracasos, podría obtener resultados más alentadores. A propósito de estos antecedentes, solicité al equipo que no se me relatara nada de la historia, así no me vería impregnado negativamente y podría realizar un primer encuentro en donde fuese yo quien recortase mi propia perspectiva.

De esta manera, después de la reunión de las 14 hs en el Centro de salud mental –espacio donde se intercambia información del cambio de turno–, el director, un enfermero psiquiátrico y yo nos dirigimos a la casa de Edoardo. En el camino tuvieron la cautela (o la ligereza) de anticiparme –acrecentando mis expectativas pero también mis temores– que en esos ocho años de trabajo con el paciente, solamente en algunos cortos períodos había logrado salido de su hogar y que al menos en una oportunidad el seguimiento de un voluntario brasileño había sido el corolario del mejor período.

Además, para desafiarme en la nueva tarea y casi provocativamente, se encargaron de comentarme que un año atrás, cuando la dirección del Centro se encontraba en manos de otro profesional, había sido la última oportunidad que intentaron visitarlo, y había sido el mismo director quien se había encargado de tal tarea. Esa situación fue una de las tentativas más frustrantes, puesto que el médico fue recibido por Edoardo y una lluvia de excrementos que emergieron de un balde lanzados con bastante agresividad. Incidente en el cual debió llamarse a los *carabinieri*, y su salida para una eventual internación de emergencia fue bastante dificultosa.

Con este panorama, sumado a las fantasías que había construido a esta altura de la conversación en esas dos calles que unían el Centro con la casa de Edoardo, subimos al cuarto piso de su casa, un edificio antiguo de pisos altos y sin ascensor. Agitados por las escaleras y con la sorpresa de lo imprevisible, nos presentamos frente a su puerta. Un agujero –que oficiaba de mirilla– dejaba entrever un corredor que terminaba en una puerta de doble hoja cerrada. También se veían una serie de puertas laterales que, a posteriori, supe que eran las entradas del baño, cocina, un pequeño cuarto y un living. Un hediondo olor mezcla de humedad, humo de cigarrillo, encierro, excrementos y suciedad se expulsaba por ese agujero en el cual, aunque repugnante, yo no podía dejar de meter mi nariz impulsado por la curiosidad.

Como el timbre no funcionaba, los golpes en la puerta se repitieron una y otra vez, hasta que apareció un hombre alto, muy alto (*que no terminaba nunca*), delgado, casi desnutrido, de cabello blanco y despeinado, vestido con una camiseta de breteles que alguna vez había sido blanca y un pantalón pijama con sendos lamparones de mugre. Arrastraba su pijama al son del chancleteo de unas sandalias de invierno, a pesar de que nos hallábamos en las puertas del verano.

Cuando llegó a la puerta, husmeó por la prefabricada mirilla e intentó entreabrirla. Cuando nos vio, su actitud fue de rechazo absoluto. El médico y el enfermero le pidieron permiso para entrar, a lo que él respondió cerrando la puerta y dando un portazo, pero el médico ya había interpuesto su zapato entre el marco y la puerta. En un despliegue de gritos, insultos y forcejeando la puerta entre los tres, finalmente, logramos ingresar a su departamento. Para continuar avanzando, fue necesario atropellar a Edoardo, que se resistía a la invasión. El médico y el enfermero pugnaban cuerpo a cuerpo y en medio de semejante disputa, entre palabrotas y empujones, pudimos penetrar en lo que era el living de su casa que, precisamente, no cumplía funciones de living, sino que oficiaba de dormitorio.

Frente a frente era más alto de lo que pensaba. Su estado personal era lamentable, es decir, un gran deterioro acompañaba a la persona de Edoardo: sucio, maloliente, encorvado y de gran abandono. Aunque, debimos reconocer, su figura escondía algún dejo de gallardía juvenil. Su casa también era la imagen del caos. Los muebles estaban correctamente ubicados y llenos de objetos inservibles que descollaban de polvo. En medio del living-dormitorio se diseñaba un sendero que recreaba a los costados montañas de basura compuesta por botellas, bolsas, diarios, tierra, restos de comida en mal estado adheridos en cacerolas (que no

sólo apestaban, sino que florecía por doquier una cantidad
de moho y hongos), entre otras minucias.

Al final de este camino dantesco, se encontraba su
cama vestida con sábanas percudidas, grises por la suciedad
y con restos de excrementos. La cama tenía el elástico roto
que evidenciaba un pozo a la altura de su espalda, cosa que
explicaba su posición corporal encorvada. Al lado de la misma, se hallaba una mesa de luz antigua donde se apoyaba
una radio a pilas y cuatro o cinco paquetes de cigarrillos
cortos y sin filtro –*Alfa*, los cigarrillos italianos más baratos– y un cenicero rebosante de colillas. Mientras que en un
costado, entre la mesa de luz y la cama, se encontraba un
balde hasta la mitad lleno de esputos. Debo reconocer que
era la primera vez que observaba semejante cuadro bizarro
que provocaba en mí como en mis eventuales compañeros
una gran sensación de compasión y asco.

Las ventanas de la habitación estaban triplemente cerradas. Triplemente, puesto que en Trieste sopla un viento
con una potencia de 150 km/h. *La Bora*, terror de los tries-
tinos, obliga a tener persiana y doble ventana para evitar
las filtraciones de aire que en invierno con las bajas tempe-
raturas se hacen insoportables. También entendí por qué
algunas calles en subida tienen pasamanos laterales.

Parecía que hacía mucho tiempo que estas ventanas estaban cerradas y mantenían en penumbras la habitación.
Estaban endurecidos los picaportes, trabados, estado que
fue agravado por mi ansiedad de abrirlas con la intención de
tener luz natural pero, principalmente, aire fresco. Mientras
que me hallaba concentrado en mi faena, Edoardo intentaba frenar mis intenciones. No me tocaba, pero sus protestas
y gritos eran enérgicos. Cuando logramos abrirlas, el sol fue
como el castigo para sus ojos, razón por la que los insultos
se multiplicaron. En cierta manera, en esos momentos, yo
justificaba las reacciones del paciente: él se encontraba en

la máxima relajación y nosotros irrumpíamos por la fuerza como un ejército que realiza un allanamiento.

Edoardo conocía a mis dos acompañantes que, cuando me presentaron, crearon en él una reacción hosca que no fue de gran beneplácito. Balbuceó algunas palabrotas resignadamente y se dedicó a continuar frenando nuestras iniciativas.

Acto seguido, detonó en una bronca mayor cuando se le propuso que viniese a nuestro Centro para almorzar. Con ambivalencias y contradicciones, mascullando improperios, aceptó a regañadientes, pero quedamos sorprendidos en el momento que extrajo de un armario empolvado *su afeitadora eléctrica* y comenzó a rasurar su barba y ponerse elegante para la ocasión. Edoardo había comenzado a envolverme en paradojas: resultaba tan incoherente que prestase atención a su barba crecida, en el marco de la suciedad y el desorden en el que habitaba.

Mientras que, concentrado, continuaba su tarea, sentado en su *aposento de príncipe en decadencia*, el director del Centro apareció en escena con una serie de bolsas de residuos –grandes y negras– y alegó: *Comencemos a trabajar... A ver usted, psicólogo argentino, así se comienza el trabajo en Trieste, aquí se inicia el trabajo social de un operador en Salud Mental.* Yo lo miraba boquiabierto, puesto que nunca había pensado que la salud mental podía pasar por este tipo de gestión. Es decir, trabajar terapéuticamente con el paciente era hacer psicoterapia, indicarle o guiarlo en sus acciones, contenerlo, pero me resultaba insólito que tuviese que limpiar su casa y nada menos que *esta casa*. Conclusión: en esa hora que duró nuestra visita, los tres recogimos aproximadamente 14 bolsas de basura. Reconozco que la sensación de repugnancia y hasta algunas arcadas nos acompañaron en la tarea.

Durante todo ese tiempo, Edoardo nos miraba atónito sentado en su cama luego de rasurarse su barba. Solamente se levantó intentado frenar nuestras acciones. En tres o cuatro oportunidades se interpuso entre nosotros para regañarnos, cuando en el afán de limpiar cambiábamos de lugar algunos de los objetos que se encontraban arriba de los muebles: *¡Dejen esta máquina acá!* / *¡No toquen esto!* / *Coloquen el jarrón aquí.* Intentaba denodadamente colocarnos límites, cual el sometido que trata de resistirse al ejército invasor que arrasa con sus posesiones.

Poco a poco comenzó a cambiarse. Recogió un pantalón arrugado y una camisa inmunda, una especie de uniforme que siempre utilizaba para realizar las compras. Cuando estuvimos los cuatro preparados, bajamos las bolsas de basura a la puerta del edificio y nos llevamos a Edoardo al Centro para continuar la labor con él.

Bañarse: una empresa imposible

En el Centro de San Vito fue donde, dentro del cuadro de rechazo constante, se mostró más dócil. Me mostré directivo de cara a su pasividad, sin darle opciones de elección o dándole falsas alternativas: *Te bañas con la ducha o con la bañera con agua calentita.* Aceptó, entonces, muy contra su voluntad, hacer algo que, supongo, para él era un imposible: bañarse. Mientras su bañera se llenaba, recurrí a una enfermera que me proporcionó algunas ropas, usadas pero limpias (como ropa interior, camisa, sweater y pantalón). Cada Centro de salud posee una reserva, apelando a los ciudadanos que deciden hacer una obra de beneficencia y donan sus pertenencias viejas pero en buen estado como gestión de ayuda a los pacientes mentales.

Conjuntamente con toallas y jabón, un par de guantes de látex ayudaron a la tarea, en la que fui acompañado por un enfermero que colaboró en semejante empresa. Edoardo no sólo estaba sucio, sino que sendas escaras recubrían su torso debido a estar mucho tiempo acostado en su cama, además de la sensibilidad de su piel, su delgadez extrema y una blancura lapidaria. Una vez dentro de la bañera, tuvo más resignación que docilidad.

Terminado el baño, se solicitó un menú más al restaurante que depende del Centro. Este restaurante abastece en sus instalaciones a los afiliados a la Unidad Sanitaria Local, tanto profesionales como pacientes, y de acuerdo a la cantidad de internados de emergencia, trae los almuerzos o cenas correspondientes. Lo acompañé en su comida y almorzamos en silencio y casi sin mirarnos. Luego decidió volver a su casa, era demasiada salida para un primer día. Nuestro primer contacto fue el silencio, un silencio de ausencia; Edoardo estaba cabizbajo, reticente al vínculo, temeroso y rechazante.

El tema Edoardo fue discutido en la reunión de las 14 hs, en donde se encontraba reunido casi todo el personal. ¿Qué se debía hacer? Era catalogado como *paciente difícil* y, además, se anexaban algunos datos de su historia significativos: su padre murió cuando él aún era muy joven (alrededor de 20 años). Vivió todo el tiempo con su madre que trabajaba de costurera, siempre en el domicilio que ahora mismo habita. Poseía con su madre una relación de extrema dependencia hasta la simbiosis, dado que ella era muy sobreprotectora y él se comportaba casi como un niño indefenso. Estudió una tecnicatura en radio y televisión, y realizó algunos trabajos como electricista. Desde hace diez años, cuando su madre murió, comenzó a desarrollar un proceso involutivo con conductas regresivas muy marcadas. A pesar de no tener antecedentes psiquiátricos, se aisló totalmente y sucumbió en el más profundo desasosiego y soledad: no quería ver a nadie, rechazaba o ignoraba a la gente y no aceptaba ningún tipo de ayuda.

El equipo decidió, entonces, –ya que lo había iniciado– que llevara adelante el trabajo terapéutico con Edoardo. Se prescribió que intentase verlo todos los días, más bien rescatarlo de las *fauces* de su casa, y que se refuerce el tratamiento con una medicación leve (Halopidol de acción prolongada inyectable, una ampolla mensual). Era mi primer caso en

Trieste (cuando coordiné el grupo de voluntarios, ya había visto más de cincuenta) y me sentía expectante; me resultaba extraño salir del contexto del consultorio e intervenir terapéuticamente en la calle o en las plazas, en el domicilio de la persona, con la familia en el propio hábitat. Era una tarea novedosa y desafiante.

A la mañana siguiente, en compañía de un enfermero psiquiátrico, decidimos que la primera acción era limpiar y ordenar medianamente la casa de Edoardo. Deberíamos estabilizar y equilibrarlo desde diferentes aspectos de su vida. Si entendíamos que la casa era el mundo interno de la persona, poner orden en ella era una manera de colocar información nueva desde su marco pragmático. De forma paralela, trabajaríamos con él cognitiva y emocionalmente, pero las acciones concretas en este tipo de trabajo a la *intemperie* sin la referencia del consultorio serían las protagonistas del tratamiento.

Es así que con los guantes correspondientes, fuimos a su departamento. Nuevamente golpeamos largo rato su puerta, encontrando el mismo panorama del día anterior: insultos, sonidos guturales de bronca y el rechazo a dejarnos entrar, pero con una función más directiva –previa apertura de ventanas–, coordinamos la operación de limpieza y posterior salida. Si bien no colaboró con las tareas de limpieza, al saber que volvería a salir al Centro de salud, lentamente volvió a tomar su afeitadora eléctrica, se sentó en su cama y comenzó a rasurar su barba.

Comencé a darme cuenta de que Edoardo hablaba con su mirada. Por una parte, se mostraba complacido con que lo atendieran y lo cuidaran (aunque nunca lo iban a cuidar como lo hacía su madre), pero por otra sentía bronca por que le *desordenaran* invasivamente su lugar, le desordenaran su desorden interno o como él había podido ordenar las piezas del rompecabezas de su vida. Entonces, al vernos actuar, su gesto se resignaba, aceptaba, se sometía y se rebelaba al mismo tiempo.

Pude, esta vez, observar mejor la estructura de su casa. Además del living-dormitorio, se hallaba un cuarto grande con dos camas, una cocina comedor y un pequeño cuarto con llave donde guardaba todas sus cosas de electricidad. Había una habitación contigua al living a la que Edoardo nos prohibió la entrada, y un lugar más al que fuimos nosotros los que nos prohibimos el ingreso dado el olor insoportable y la suciedad: el baño.

El diálogo de silencios

Nuevamente nos fuimos con Edoardo al Centro, no sin antes retirar las 22 bolsas de residuos que recogimos, con lo cual, su casa parecía hasta más grande. Dentro del Centro de salud se iniciaba lo que a posteriori sería parte de la rutina en el trabajo con él: la ducha y las consecuentes conductas resistentes, el cambio de ropa, el almuerzo juntos, el regreso a su casa sin indicio alguno de desear compañía. Hasta la salida de su casa, la forma de comunicación verbal de Edoardo era a través de los insultos; en el Centro propiamente dicho o la calle, solamente su respuesta era el silencio.

De aquí en más, en las reuniones vespertinas, el tema Edoardo siempre ocupó un espacio en la información, transmisión y discusión de la operativa. El equipo me alentaba con connotaciones positivas acerca de lo que yo no sentía como progreso o progresos diminutos. Mi ansiedad no me permitía tomar en cuenta los pequeños y lentos logros en la interacción con él. En este corto e intenso tiempo de relación, para mí y para los profesionales del Centro, Edoardo era una total incógnita en su pronóstico. Nadie se atrevía a aventurar si sería factible modificar su situación.

Al tercer día, después de trabajar en el Centro, alrededor de la 10 de la mañana hice mi visita domiciliaria a la casa de Edoardo, pero esta vez solo. Subí las escaleras para llegar al cuarto piso agitado, golpeé la puerta de manera discreta y no con cierto temor, puesto que todavía pensaba en los raptos de agresión de Edoardo y los excrementos que le había arrojado al otro director. Tenía la fantasía de que algún día me abriese la puerta y arrojara sobre mí el balde con esputos que se hallaba lateral a su cama. Mientras fantaseaba, vi un ojo que me observaba por el agujero de la puerta. La abrió sin recibirme, no me saludó, pegó una media vuelta y caminó hacia el fondo del zaguán y, mascullando su bronca con actitud resignada (pero no sometida), abrió el cajón de la cómoda, sacó la afeitadora y comenzó a afeitarse.

Mientras que él se ocupaba de su aspecto, me dediqué –a pesar de que me observaba contrariado– a abrir las ventanas para que el aire circulara, aprovechando para pasar revista a su casa disimuladamente. Fue en ese momento cuando me di cuenta de que siendo pleno verano triestino tenía la estufa prendida. Entendí, entonces, que Edoardo había creado un microclima oscuro y tibio, que conjuntamente con la rotura del elástico de su cama que lo obligaba a dormir en forma fetal, además del deficiente control de esfínteres y la cantidad de gaseosas que ingería, completaba el cuadro de una regresión perfecta. Fuimos juntos al Centro y después del baño no comimos en el comedor del Centro, y anexamos a la rutina una modificación: un pequeño paseo hasta el restaurante para almorzar juntos y luego acompañarlo a su casa.

Todo transcurría en silencio, solamente algunas intervenciones mías en un idioma italiano rudimentario que no obtenían respuesta. Edoardo me escudriñaba desconfiadamente, a veces me decía *sí* o *no* solamente con el movimiento de la cabeza. De forma paulatina y con el pasar de los días, tuvo irremediablemente que habituarse a mi presencia. Recién a los diez días comencé a arrancarle las primeras palabras, algunos banales comentarios que más adelante se transformaron en diálogo.

Edoardo necesitaba, como un niño que empieza a crecer y a dar sus primeros pasos, la guía y la dirección, la puesta de límites, para que a posteriori pudiera recrear sus propios criterios y desarrollar sus particulares iniciativas. Descubría en él un hermoso mundo interno que no se atrevía a mostrar o que mostraba a retazos por temor al abandono. Su mirada era un poco más cálida, hasta si se quiere afectiva. Iba, poco a poco, ofreciéndome pedazos de sus vivencias, de su historia. Pero, por sobre todo, el vínculo se estaba cimentando en el afecto: comencé a tenerle mucho cariño y él manifestaba pequeños signos que indicaban que era recíproco.

En los días y meses posteriores, juntos fuimos alcanzando algunos logros interesantes. Todo parecía ir en cámara lenta pero, a la vez, existían indicios claros de pasos agigantados en su evolución. Por ejemplo, comenzó a cooperar en las tareas cotidianas de ordenar y limpiar su casa –plumero y franela en mano–, desempolvando los viejos objetos que –en ese momento descubrí– desde que su madre había fallecido, había mantenido en los mismos lugares.

En su casa había lugares prohibidos. Dos sectores de la casa donde Edoardo rehuía a entrar: uno era la pequeña habitación que había oficiado en alguna época de taller de electricidad y el otro era el dormitorio de su madre. Ambos eran trozos de su historia que se negaba a incorporar: la primera era la actividad con la que él se podía autoabastecer y ser adulto. La segunda, la muerte que no estaba dispuesto a asumir. Así, quedaba entrampado en un estado de tristeza letal. No deseaba crecer y automantenerse porque esto implicaba aceptar que su único afecto –su madre– había muerto. Este era un abandono insoportable.

En ese ínterin, para que se vistiera, pasaron mudas de ropa que tomábamos del Centro y que después eran llevadas por la lavandería. Sólo dejó que las sábanas de su cama fueran cambiadas, pero se manifestó muy enojado cuando le dije que *debíamos arrojarlas a la basura.*

Mi actitud, por momentos, fue complaciente y en otros, directiva. Debía por todas formas, comenzar a internarme en su mundo personal intentando comprenderlo desde adentro. Su búnker era su casa. Su casa era su mundo interno. Necesitaba ser habilitado por él para moverme con libertad y sin lugares prohibidos. Para lograr este objetivo, Edoardo me debía aceptar e incorporarme a su vida como una parte legítima de afecto verdadero, pero solamente él podía darme ese permiso. Permiso para ayudarlo, para entrar en la política del cambio y del crecimiento. No obstante y sin darnos cuenta, con el paso del tiempo, ya habíamos comenzado a construir una historia juntos.

Aproximadamente al mes, trámite mediante la asistente social, pude saber que era subsidiado desde hacía ocho años por la Unidad Sanitaria Local de Trieste, o sea, recibía una paga de alrededor de 600.000 liras al mes e inclusive en el banco (dado los escasos gastos que generaba) poseía algunos ahorros. A través de esa misma asistente social, con el equipo se decidió contratar a una señora para que mantuviera su casa en condiciones. Todas las semanas, entonces, Lina –una señora encantadora y de muy buen humor– llegaba a casa de Edoardo y colocaba la cuota de limpieza y orden, los días martes y jueves.

Dentro de la operativa en este sistema, la presencia de esta señora fue de gran valor en el proceso de restitución de la vida de Edoardo. Sería ingenuo pensar que fue importante solamente porque dejase su casa ordenada y limpia, más bien porque era una mujer de gran empuje, simpática, directiva pero a la vez amable y fundamentalmente eficiente. En diferentes momentos, en el juego de tres, estas características posibilitaron generar alianzas y coaliciones en la toma de decisiones y llevarlas a cabo eficazmente. En este transcurso, era ya habitual que almorzásemos juntos o con otros operadores, fueran voluntarios o del plantel estable. En muchas ocasiones, fijábamos directamente el encuentro en el restaurante. Esto implicaba que Edoardo se levantase sin ayuda, se aseara y estuviese puntual en el encuentro. Nunca falló. En muchas ocasiones, tomábamos café juntos o realizábamos alguna salida con un auto del Centro que estuviese disponible, conjuntamente con algún integrante del equipo, otro voluntario u otros pacientes. Edoardo se mostraba cada vez más expresivo, su mirada y el gesto de su rostro habían cambiado. Ahora había comenzado a reírse.

Las crisis, los cambios y la ventana del cuarto piso

A lo largo del trabajo terapéutico con Edoardo, se suscitaron algunas situaciones que marcaron momentos de crisis, no sólo en su evolución sino en nuestra relación. Estas situaciones fueron experiencias que generaron saltos cualitativos muy importantes. Una de ellas, en coalición con la señora que realizaba la limpieza, fue el cambio de su cama *deforme*. Esta tarea conllevó una planificación estratégica conjunta, ya que la modificación implicaba penetrar en el cuarto prohibido, del cual yo –en algunos raptos de sabueso y a espaldas de Edoardo– sabía de la existencia de otra cama de una plaza.

Se podría decir que a la fuerza, siempre con la posición antagónica de Edoardo, mediante intervenciones enérgicas y directivas, palabras de un alto tenor emocional connotando positivamente las ventajas de tal cambio, logramos aproximar una pesada pero más digna cama para el reposo de nuestro guerrero triestino. Habíamos consumado el hecho transgresor: el lugar prohibido había sido violado.

No obstante la lluvia de protestas e insultos que mostraban una férrea defensa a entrar en su pasado, fue la primera vez que Edoardo tomó contacto con aquella parte de su historia que intentaba seguir negando y que había sido el detonante de su profunda regresión.

Para este tiempo, su aspecto físico mejoró notablemente. Subió unos kilos de peso y se lo encontraba limpio y bien peinado, ya que una vez al mes –como parte del programa de asistencia terapéutica– asistía a la peluquería. En lo que al aseo personal competía, no podía ser considerado el rey de la pulcritud, pero comparativamente con el período precedente, había desarrollado un gran adelanto. Su piel pálida se encontraba más rozagante, su mirada vidriosa y ojerosa había desaparecido, y hasta podría afirmarse que poseía algunas dotes de coquetería.

Sus gestos y sus expresiones denotaban cierta alegría. Poco a poco se alejaba de su abatimiento y su boca semiprognática comenzaba a desarrollar el ejercicio de la sonrisa. Nuestro código de comunicación estaba poblado de miradas, algún eventual abrazo y escasas verbalizaciones. Por mi parte, continué siendo directivo y operativo en lo pragmático, pero la apertura de Edoardo me permitía desarrollar estas funciones afectivamente.

En nuestra complementariedad relacional, había descubierto que frente a una propuesta mía, la resistencia y el rechazo cortante eran las respuestas constantes e inmediatas. Edoardo hacía elogio a la frase que dice: *No se de lo que se trata pero me opongo.* Notablemente, tuve que aprender a esperar, puesto que a las horas o al día siguiente se observaban los resultados positivos, es decir, cumplía mis sugerencias. Es el caso, por ejemplo, de su aseo personal. Edoardo tenía los dientes marrones de la nicotina, además de sendos restos de comida que pululaban en sus encías. Le sugerí que comprase un cepillo de dientes y dentífrico, para que diariamente realizara su higiene bucal. El irreducible *¡No!* / *Lascia estare* (déjalo así) / *Ritorna a la Argentina* eran sus respuestas más habituales, para que un día después me encontrara con el cepillo y la pasta dental depositados sobre la mesada de la cocina y sus dientes más limpios.

A esta altura de nuestra relación, Edoardo seguía vistiéndose usufructuando el cambio de mudas de ropa del Centro. Descubrí en el *lugar prohibido,* revisando dos roperos antiguos, trajes, perramus, camisas, corbatas, ropa interior, todo de muy buena calidad. Era notable, él nunca había logrado usar esas vestimentas: esa era la última ropa que había lavado y planchado su madre y no estaba dispuesto de ninguna manera a utilizarla. El mantener en el cuarto prohibido todos los objetos en el mismo lugar, casi petrificados desde la muerte de su madre, y al no descolgar ninguna de las prendas planchadas por ella, era una manera simbólica pero a la vez concreta de mantener vivo el recuerdo de su mamá.

El día del pantalón azul, la técnica psicodramática del espejo sirvió de gran ayuda para poder iniciar el contacto con esa ropa simbólica de la vida de la madre y dar paso a una nueva etapa. Fueron muchas y muchas las conversaciones de corte ericksoniano en las que intenté persuadirlo esbozando las ventajas de la estética, la seducción y de para qué y por qué usaba esa ropa de beneficencia teniendo tal cantidad de prendas que harían gala a su natural elegancia. Además le remarqué cuán contenta estaría su madre si él luciera la ropa que con tanto amor ella había lavado y planchado.

En un ingreso furtivo por el cuarto, revisando un ropero, había encontrado un pantalón azul inglés, realmente precioso, que intuí por la talla que a Edoardo le quedaría perfecto. Lo tenía preparado sobre una silla en el living-dormitorio y cuando volvimos de desayunar, directamente le propuse que se vistiera con ese pantalón y no con otro raído que traía puesto siempre. Por supuesto que la negativa (por lo tanto, el fracaso de la solución intentada) fue su única respuesta. Cuanto mayor era mi solicitud, mayor era la resistencia que le generaba. Decidí, entonces, abandonar la persuasión y las connotaciones positivas para entrar en el terreno de la provocación.

En el fragor del desafío, la vehemencia enérgica de las intervenciones fue parte de la estrategia, buscando hablar en *up,* es decir, en asimetría relacional por arriba, tal cual el padre a un niño. Frente a la persistencia del no y del rechazo hacia mi propuesta, decidí (casi sin pensarlo) comenzar un espejo de sus actitudes negativas. Para responderle mediante el no, era necesario que jugara una actitud desafiante que él debiese prohibirme realizar. Entonces, tomé una silla y la acerqué a una de las ventanas del cuarto piso, abrí la doble puerta, me trepé al borde y apoyé mis manos en los laterales y un pie en actitud de salto. Frente a sus ojos y su mirada impávida, Edoardo presenciaba semejante cuadro sentado en su cama, paralizado y pálido como a quien lo asalta una cruda hipotensión.

Cuando reaccionó, trató de pedirme, exigirme, rogarme, hasta suplicarme que no me arrojase por la ventana, a lo que respondí: *Ah..., tú me puedes pedir a mí que yo cumpla tu deseo y yo debo aceptar..., ¡pero yo no puedo pedirte que te pongas los pantalones azules porque tú sí, tú sí tienes derecho a negarte y yo no! ¿No te parece injusto?* Para este momento, mi nivel de adrenalina estaba elevadísimo, además de que una taquicardia me llegaba hasta los oídos y la sudoración destapaba sobre mí claros torrentes. Estaba presenciando en mi persona un notable *ataque de pánico.*

Se hizo un silencio. Su mutismo fue absoluto. Me clavó su mirada desconcertado, dio vueltas, hasta que tomó los pantalones, se sacó los que tenía puestos y comenzó a vestirse con los azules. Yo presenciaba la situación todavía parado sobre la cornisa de la ventana, endurecido muscularmente. Cuando tomé consciencia de ello, recién bajé. Edoardo se encontraba en calzones e intentaba acertar sus largas piernas en cada una de las piernas de los pantalones. Al recapacitar sobre la efectividad de esta estrategia, se desarrolló esta técnica de espejo –claro que con menos riesgos– en multiplicidad de situaciones similares, convocando permanentemente al cambio de actitudes. Después del *azul,* llegaron otras prendas: camisas, sacos, cinturones, medias, etc. Edoardo había comenzado a utilizar su vestuario prohibido, y a pesar de que no usaba toda su ropa, había logrado conectarse afectivamente a una parte de su vida muy resistida.

Mi ayudante de campo –la señora de la limpieza– continuaba aliándose conmigo, con la finalidad de fortalecer las decisiones e iniciativas. Edoardo le solía aconsejar pícaramente, entre la seriedad y la risa, que tratara de no contradecirme, puesto que yo era *un po volubile* (un poco susceptible) –recordando la escena de la ventana– y me enojaba con suma facilidad. Si en este triángulo relacional, alguno de los tres era el loco, ahora había pasado yo a ocupar ese puesto.

En las reuniones de equipo cotidianas, solamente me remití a informar acerca de los constantes logros de Edoardo y de cómo seguía el curso del trabajo con él. En función de su evolución positiva, se decidió reducir la dosis de medicación a la mitad.

Edoardo y su regreso a la civilización

La vida social de Edoardo había mejorado notablemente. Su mirada se conectaba más con la gente, había abandonado su vista al pecho, introvertida. Levantaba su cabeza y observaba a los demás en silencio, a veces hilando algún mensaje telegramático. Por ejemplo, en esta evolución, con otro paciente del Centro logró organizar una salida al cine. Si bien ambos no eran la elocuencia de la palabra, habían logrado establecer una salida agradable y hasta fueron a un café luego de la película.

Su rostro se relajaba y una sonrisa llena de picardía se constituyó en un gesto cada vez más habitual. Su cuerpo había dejado de encorvarse como antes, ya que debido a su cama nueva, una postura normal al dormir lo ayudó a enderezar progresivamente su columna. Pero también, el hecho de comenzar a mirar a sus interlocutores, lo obligaba a levantar su cabeza y colocar recta su espalda. Comenzamos, dos clases por semana, a asistir al gimnasio del ex manicomio, donde una profesora hacía trabajar el cuerpo de un grupo de pacientes con algunas pesas livianas.

En una oportunidad organicé, conjuntamente con un grupo de enfermeros y voluntarios, una salida al campo con veinte pacientes del Centro. Edoardo asistió, participando en juegos y en las dinámicas de grupo que implementamos. El gran día llegó cuando, a pesar de la lluvia torrencial, fuimos con cuarenta pacientes de otra circunscripción a un restaurante en una ciudad costera vecina que se especializaba en pescados y mariscos. Edoardo irrumpió en el Centro: su cabello estaba peinado con gomina, se había colocado un traje gris, corbata, un perramus impecable y un paraguas en mano. Fue aplaudido y abrazado por distintos integrantes del equipo que, sorprendidos, se alegraron con su cambio. Ese cambio que en lo externo reflejaba sus modificaciones y su crecimiento interiores.

Nuestras charlas se incrementaron en cantidad y se agudizaron en profundidad. En algunas salidas, por ejemplo, logramos hablar –en tono bajo casi susurrando, como de costumbre– sobre su historia: su madre, su papá, sus estudios sobre técnico en radio y TV, sus dificultades para hacerse de amigos o pareja, etc. Comenzó a abrirse a temas más íntimos y podría decirse, hasta aquí, que me había convertido en persona de su confianza.

Así, en una relación de cuidado y afectivamente nutritiva, un día Edoardo se atrevió a mostrarme su segundo lugar oculto: la pequeña habitación en donde guardaba celosamente, herramientas, televisores, radios desarmadas, válvulas, transistores, etc. Todo empolvado, pero en un minucioso orden, era el resquicio de un equilibrio que en algún momento de su historia poseyó, un orden que se contraponía con el desorden y el caos que (ahora podíamos afirmar en pasado) hace unos meses encontramos en su casa.

Con el objetivo de agudizar y apuntalar sus intercambios sociales, decidimos juntos realizar una *piccola* reunión en su casa invitando a pacientes, enfermeros y voluntarios. Principalmente, aquellos con los que tenía mayor relación. La invitación estaba dirigida a cinco pacientes y tres voluntarios que, en alguna oportunidad, conocieron el caos de su departamento.

En la preparación, revisando y ordenando su cocina para poder servir unas masas y café, se presentó el primer problema. La cafetera –que desde la muerte de su mamá nunca había sido reabierta– estaba trabada y nos resultaba imposible abrirla para cargar el agua y el café, y estando en Italia, era imposible que no hiciésemos esa reunión sin el café, de lo contrario no era reunión. Después de toda una operativa juntos, en donde Edoardo y yo debimos traer las herramientas del cuarto de radio y televisión, luego de algunos golpes y forcejeos, logramos abrirla, para descubrir no sólo el herrumbre, sino una amplia colectividad de hongos que se habían instalado en prehistóricos restos de café.

Después de la cafetera, se presentó el segundo problema: no había azúcar, ni café, tampoco cucharitas, pero sí unas hermosas tazas de porcelana. A continuación, sabía que se desencadenaría el circuito comunicacional de siempre. Le pedí que saliera a comprar todo lo que faltaba, inclusive un kilo de masas a la panadería. Refunfuños de por medio –siguiendo la modalidad habitual–, sabía ya para este tiempo que al otro día encontraría lo pedido en algún armario.

Aquel día martes fueron llegando los invitados. Charlas, chistes, sonrisas fueron rondando en un clima afectivo de mucha tranquilidad. No podía dejar de recordar que su casa (su mundo interno), aquel búnker caótico que encontramos, se había transformado en un lugar más armónico y acogedor. El director del Centro también fue invitado. Él, que había conocido su departamento aquel primer día en medio de una montaña de basura, quedó sorprendido del cambio. No sólo por el orden, sino por la modificación en la actitud personal y relacional de Edoardo. Todos lo felicitaron y agradecieron por la pequeña reunión.

Pasaron los meses. En una de mis últimas conversaciones con Edoardo, pudo comprender más profundamente algunas situaciones vividas, logrando construir una nueva visión de la realidad. Contarse otra historia. En el proceso del trabajo terapéutico, paulatinamente fue aceptando la muerte de su madre que, aunque se resistió a llorarla, logró hablar de ella en tiempo pasado. También logró conectarse con los lugares prohibidos de su historia que se corporeizaban en su casa, así pudo equilibrar su vida y colocar un nuevo orden otorgándole otro sentido. Aprendió a confiar en la gente, a veces con mucha ingenuidad: debería aprender a ser más selectivo.

Pero uno de sus grandes logros se relaciona con su valoración personal. Edoardo nunca se valorizó, siempre vivió dependiente de su madre y dentro de su regresión se desestimó aun más y se apartó del mundo por miedo a no ser aceptado. Ahora, poco a poco ha empezado a entender que es una persona valiosa, que puede entregarse a los afectos, que puede ser querido y sentir afecto libremente sin temer que lo abandonen o lo rechacen. En pos de su desarrollo personal, su valimiento e independencia, conjuntamente con una asistente social del Municipio de Trieste se programó incorporarlo a alguna de las cinco cooperativas dependientes de la organización para trabajar como técnico de radio y televisión, y así no sólo favorecer sus ingresos mensuales sino su reinserción social.

Más allá del acompañamiento terapéutico, las sesiones espontáneas en su domicilio, bares, plazas o en el Centro de salud mental, poner un orden en su casa fue resignificando colocar un orden en sus pensamientos y sentimientos. Paralelamente a esto, su mutismo –evidencia de su bloqueo introversivo en los contactos con su universo social– fue transformándose en pequeñas aperturas que le posibilitaron generar nuevas relaciones. Conocer que *allá afuera*, fuera de las fronteras del hogar, podía construir una realidad de afectos como así también de frustraciones que, en síntesis, de eso se trata la vida. Ahora, sus ventanas estaban abiertas, ya no había lugares prohibidos. Su casa era una casa que podía ser abierta a quien él desease y no una barricada de reclusión y ensimismamiento.

En los prolegómenos de mi regreso a Buenos Aires, después de mi fiesta de despedida en el Centro de salud mental, caminamos y caminamos a la vera del Adriático. En silencio, sin palabras, nos abrazamos y no nos volvimos a ver.

BIBLIOGRAFÍA

Andersen, T. (1994), *El equipo reflexivo. Diálogos y diálogos sobre diálogos*, Barcelona, Gedisa.

Andolfi, M. (1977), *La terapia con la famiglia*, Roma, Astrolabio Ubaldini editore. Versión en esp. (1994), *Terapia familiar*, Buenos Aires, Paidós.

Bateson, G. (1979), *Mind and Nature. A Necessary Unity*, Nueva York, E. P. Dutton. Versión en esp. (1979), *Espíritu y naturaleza*, Buenos Aires, Amorrortu.

Bateson, G. (1972), *Step to an Ecology of Mind*, Nueva York, Ballantines Books. Versión en esp. (1976), *Pasos hacia una ecología de la mente*, Buenos Aires, Paidós.

Campanini, A., Luppi, F. (1992), *Servicio social y modelo sistémico*, Buenos Aires, Paidós.

Ceberio, M. R., Linares, J. L. (2005), *Ser y hacer en terapia sistémica. La construcción del estilo terapéutico*, Barcelona, Paidós.

Ceberio, M. R. (2006), *La buena comunicación*, Barcelona, Paidós.

Ceberio, M. R., Watzlawick, P. (1998), *La construcción del universo*, Barcelona, Herder.

Ceberio, M. R., Moreno, J., Deschamps, C., "La construcción del estilo terapéutico", en *Revista Mosaico*, nro. 12, España.

Ceberio, M. R. (1986), *El proceso de desinstitucionalización psiquiátrica. El paradigma de Trieste. Tesis Doctoral*, España, Ed. UB.

Craig, G. (1997), *Desarrollo psicológico*, México, Prentice Hall.

Flusser Vilém (1994) Los gestos. Herder. Barcelona.

Foerster, Heinz, von (1994) Visión y conocimiento: disfunciones de 2° orden en Schnitman, D. (comp.) Nuevos paradigmas, cultura y subjetividad. Paidós. Bs. As.

Glasersfeld, E. von (1988), "Introducción al constructivismo radical", en Watzlawick, P. y otros, *La realidad inventada*, Barcelona, Gedisa.

Haley, J. (1973), *Uncommon Therapy: The Psychiatric Techniques of Milton H. Erickson MD*, Nueva York, Norton. Versión en esp. (1980), *Terapia no convencional. Las técnicas psiquiátricas de Milton Erickson*, Buenos Aires, Amorrortu.

Hall, E. (1976). "Beyond Culture". Doubleday. New York.

Harré, R., Lamb R. (1990), *Diccionario de psicología evolutiva y de la educación*, Barcelona, Paidós.

Hurlock, E. (1980), *Psicología de la adolescencia*, Madrid, Paidós.

Keeney, B. (1983), *Aesthetic of Change*, Nueva York, The Guilford Press. Versión en esp. (1987), *Estética del cambio*, Barcelona, Paidós.

Krueger, A. (2000), *Nuestro bebé*, Buenos Aires, Vergara.

Laing, R. (1961), *The Self and Other. Further Studies in Sanity and Madness*, Londres, Tavistock. Versión en esp. (1974), *El yo y los otros*, México, Fondo de Cultura Económica.

Lemoine, G., Lemoine, P. (1972), *Le Psychodrame*, París, Robert Laffont. Versión en esp. (1979), *Teoría del Psicodrama*, España, Gedisa.

Lowen, A. (1995), *El lenguaje del cuerpo*, Barcelona, Herder.

Maturana, H. (1997), *Biología del amor y el origen de lo humano*, España, Librerías Proteo y Prometeo.

Maturana, H. (1994), *Amor y juego. Fundamentos olvidados de lo humano*, Chile, Instituto de Terapia Cognitiva.

Maturana, H. (1988), "Ontología del conversar", en *Revista de Terapia Psicológica*, año VII, nro. 10, pp. 15-21, Chile.

Milicic, N., Alcalay, L., Torreti, A. (1994), *Ser mujer hoy y mañana*, Santiago, Sudamericana.

Montenegro, H., Guajardo, H. (1994), *Psiquiatría del niño y del adolescente*, Santiago, Salvador.

Monsó, M., Castro, J. (1972), *El gesto*, España, Ed. Barcelona.

Mussen, P. (1985), *Desarrollo de la personalidad en el niño*, México, Trillas.

Papalia, D., Olds, S. (1998), *Desarrollo humano*, México, McGraw Hill.

Remplein, H. (1971), *Tratado de psicología evolutiva*, Barcelona, Labor.

Onnis, L. (1997), *La palabra del cuerpo*, Barcelona, Herder.

Perl, F. (1969), *Sueños y existencia*, Santiago, Cuatro Vientos.

Piaget, J.; Inhelder, B. (1969) La psychologie de l'enfant. Presses Universitaires de france, París. Versión cast. Psicología del niño. Morata, Barcelona.

Piaget, J. (1937), *La construction du réel chez l'enfant*, Neuchâtel, Delachaux & Niestlé. Versión en esp. (1989), *La construcción de lo real en el niño*, Barcelona, Crítica.

Satir, V. (1972), *Peoplemaking*, California, Science and Behavior Books.

Satir, V. (1967), *Conjoint Family Therapy*, Palo Alto, Science and Behavior Books. Versión en esp. (1989), *Psicoterapia familiar conjunta*, México, Prensa Médica.

Saussure, F. de (1984), *Curso de lingüística general*, Barcelona, Planeta.

Simon, F., Stierlin, H., Wynne, L. (1984), *The Language of Family Therapy*, Stuttgart, Ernst Klett Verlag GmbH & Co. Kg. Versión en esp. (1993), *Vocabulario de terapia familiar*, Barcelona, Gedisa.

Spencer Brown, G. (1973), *Laws of the form*, Nueva York, Bantam Books.

Watzlawick, P., Beaving J., Jackson, D. (1981), *Teoría de la comunicación humana*, Barcelona, Herder.

Watzlawick, P., Weakland, J., Fisch, R. (1974), *Change: Principles of Problem Formation and Problem Resolution*, Nueva York, Norton. Versión en esp. (1976), *Cambio*, Barcelona, Herder.

Watzlawick, P. (1988), *La realidad inventada,* Barcelona, Gedisa.